Martin Luther

루터의 두 얼굴

Luthers Erbe : Eine Kritik des deutschen Protestantismus
By Wolfgang Wippermann
Copyright © 2014, by Primus, an imprint of WBG(Wissenschaftliche Buchgesellschaft), Darmstadt, Germany.
All rights reserved.

Korean Translation Copyright © 2017 Common Life Books.
Korean edition is published by arrangement with Primus, an imprint of WBG through Corea Literary Agency, Seoul.

이 책의 한국어판 저작권은 Corea 에이전시를 통한 Primus, an imprint of WBG와의 독점계약으로 도서출판 평사리에 있습니다. 신저작권법에 의해 한국 내에서 보호받는 저작물이므로 무단 전재와 복제를 금합니다.

루터의 두 얼굴
미완의 종교개혁, 루터에 갇힌 오늘날의 프로테스탄트

펴낸날 | 2017년 10월 31일

지은이 | 볼프강 비퍼만
옮긴이 | 최용찬

편집 | 김지환, 김관호
디자인 | 랄랄라디자인

펴낸곳 | 도서출판 평사리 Common Life Books
펴낸이 | 홍석근
출판신고 | 제313-2004-172 (2004년 7월 1일)
주 소 | 서울시 마포구 성산로 2길 39 금풍빌딩 7층
전 화 | 02-706-1970 팩 스 | 02-706-1971
전자우편 | commonlifebooks@gmail.com

ISBN 979-11-6023-229-5 (03230)

잘못된 책은 바꾸어 드립니다.
책값은 뒤표지에 있습니다.

루터의 두 얼굴

미완의 개혁,
루터에 갇힌
오늘날의
프로테스탄트

볼프강 비퍼만 지음
최용찬 옮김

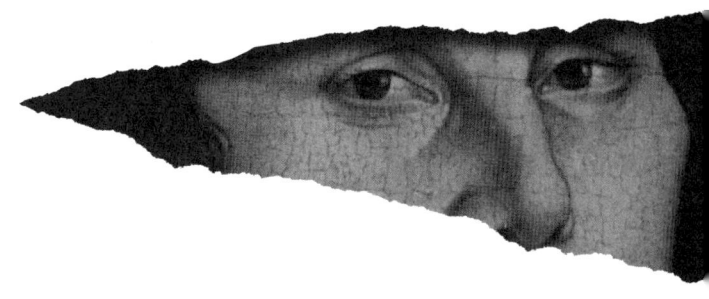

평사리

일러두기

* 이 책에 나오는 성경 구절은 주로 표준새번역 및 개역개정판 우리말 성경을 참조해 번역했다.
* 인명과 지명은 「한글맞춤법 외래어 표기법」에 따랐으나, 일부는 원어 발음이나 널리 쓰이는 표기를 따랐다.

옮긴이의 글

2017년 10월 31일, 루터의 종교개혁 500주년을 기념하는 날이다. 500년 전 그날은 중세 가톨릭에 '항의'해 새로운 종파의 탄생을 알린 실로 역사적인 순간이었음에 틀림없다. 무엇보다도 오늘날의 전 세계 인구 중에서 개신교도 수가 대략 7억 명가량이라니, 루터의 종교개혁을 기념하는 일은 마치 개신교도의 종교적 의무라고 설교하는 강단 위에 선 목회자들의 주장도 무리는 아니다. 따라서 루터의 종교개혁 100주년을 기념하는 특별한 해인 1617년, 1717년, 1817년, 1917년, 그리고 2017년까지도 루터의 종교개혁을 긍정적으로 평가하는 데 치우친 현상은 어쩌면 당연한 논리적 귀결이다.

사실상 루터의 종교개혁은 '오직 믿음(Sola Fide), 오직 성서(Sola Scriptura), 오직 은혜(Sola Gratia)'라는 신앙의 원리에 입각한 프로테스탄트적 저항신학을 손에 들고 부패한 중세 가톨릭의 불신앙적, 비성서적, 무감동한 교회문화를 전복시킨 실로 문화혁명적인 대사건이었다.

루터의 종교개혁은 '성전은 너희 마음 텃밭에 건축하라!'는 문화적 명령이었다. 요컨대, '오직 믿음'의 원리는 새로운 신앙 및 예배 공동체의 탄생과 함께 교회의 새로운 영성문화를, '오직 성서'의 원리는 독일어 성경의 새로운 번역과 더불어 교회의 새로운 지성문화를, '오직 은혜'의 원리는 새로운 회중 찬양 형식을 도입해 교회의 새로운 감성문화를 재구축해냈다. 따라서 루터의 종교개혁은 무엇보다도 교회의 문화개혁 운동이었다. 이런 문화사적 시선에서 볼 때, 중세 가톨릭의 교회문화와 전혀 다른 새로운 프로테스탄트 교회문화의 탄생을 알린 루터의 종교개혁은 500년 동안 줄기차게 찬양받을 만큼 충분한 문화사적 가치를 지닌다고 할 수 있다.

그러나 이 책 『루터의 두 얼굴(Luthers Erbe)』(원제목은 『루터의 유산』)의 저자인 볼프강 비퍼만의 입장은 다르다. 루터의 종교개혁 500주년을 맞는 당대인들의 '열광적 분위기'에 찬물을 끼얹은 듯, 비퍼만은 루터의 종교개혁을 '비판하라'고 제안한다. 원서의 분량이 고작 200쪽 정도밖에 되지 않는 이 비판서는 루터와 그의 종교개혁을 다룬 그 어떤 연구서보다도 비판적인 내용으로 가득하다. 비록 이 책에 대한 평은 독자의 종교적 성향에 따라 달라질 수 있겠지만, '루터의 유산'에 대한 비퍼만의 날선 비판은 독일 개신교도뿐만 아니라 한국의 개신교도도 경청할 만한 가치가 충분하다고 판단한다.

이 책에 담긴 비퍼만의 비판의 골자는, 한마디로 말하면, '독일 프로테스탄트를 다시 개혁하라'는 명제로 간단히 요약할 수 있다. 그의 개혁 요구는 독일 개신교의 지배적 이데올로기(국가주의, 주전주의, 자본주의, 반유대주의, 반집시주의, 반페미니즘)에 대한 비판에 집중되어 있다. 본문의 내용을 이곳에 다시 요약할 필요는 없겠지만, 그럼에도 그의 비판이 주로 세 가지 층위에서 다각도에서 진행되었다는 점은 이 자리에서 다시 한 번 강조할 필요가 있다. 첫째, 루터의 신학은 이데올로기이다, 그러므로 루터를 비판하라! 둘째, 루터의 이데올로기적 유산을 아무런 비판 없이 계승한 독일 프로테스탄트를 비판하라! 셋째, 루터의 유산을 전면 수용한 독일 프로테스탄트가 만든 보수적인 역사를 비판하라! 바로 이런 의미에서 비퍼만은 루터 종교개혁 500주년을 맞이하는 바로 지금이야말로 '루터의 유산'에 대한 역사적 재평가 작업을 비판적인 관점에서 다시 시작할 것을 강력히 촉구한다. 따라서 루터의 종교개혁 500주년을 맞이하면서 '루터의 유산'을 새롭게 재평가하려는 비퍼만의 책은 비판적인 독일 역사학자의 철저한 고증작업의 성과물인 동시에 독일 개신교도의 처절한 자기반성의 결과물이라는 점에서 높이 평가해야 한다.

볼프강 비퍼만은 1945년 1월, 독일의 북부도시 브레머하펜에서 출생했다. 1964~1972년에 독일 중부의 괴팅겐대학교와 마부르크대학교에서 역사학, 독어학, 정치학을 전공한 다음, 1975년에 「기사단국가 이데올로기」로 박사학위논문을, 1978년에 「마르크스와 엥겔스의 보나빠르티즘론」으로 교수자격을 취득했다. 1978년부터 베를린자유대학교에서 시작한 강의 활동이 10년 동안 지속되었다. 그런데 1986년의 '역사가논쟁'을 통해 지도교수인 에른스트 놀테(Ernst Nolte)를 정면으로 비판한 것을 계기로 자유대학교의 강의실에서 쫓겨나다시피 했다. 그때부터 그는 안정된 연구 기반 없이 미국, 오스트리아, 중국 등지에서 초빙교수로서 고단한 삶을 살았다. 그럼에도 그의 학문적 열정과 역사적 비판력은 결코 꺾이지 않았다. 에른스트 놀테 교수가 은퇴한 뒤에 베를린자유대학교의 프리드리히 마이네케 연구소 근현대사 특별 교수로 초빙되어 지금까지 교수 및 연구 활동을 왕성하게 이어가고 있다. 그의 주요 연구 분야는 '이데올로기사(史)'이다. 대표적인 저작으로는 『파시즘론』, 『전체주의론』, 『근본주의』를 비롯한 50편 이상의 탁월한 연구서와 다수의 논문이 있다. 특히 루터의 종교개혁 500주년에 맞춰 출간한 이 책 『루터의 두 얼굴』은 독일 프로테스탄트의 역사를 의구심을 갖고 비판적으로 읽어낸 개신교도 역사학자의 '프로테스탄트'적 역사 연구의 수준을 정확하게 보여준다.

한 권의 책이 지닌 가치는 그것을 수용하는 독자에 의해 최종 결정된다. 비퍼만의 책도 한국 독자들의 비판적 읽기와 문화적 수용 및 창조적 전유의 유무에 따라 날카로운 문화적 무기로 사용할 수도 있고, 그렇지 않을 수도 있다. 당연히 이 모두는 우리 독자들의 몫이다. 그러나 만일 당신이 한국교회의 '혁명적인' 종교개혁을 꿈꾸고, 갈망하고, 실천하는 비판적인 개신교도라면 이 책의 일독을 강력 추천하고 싶다. 베를린자유대학교 마이네케 역사연구소의 홈페이지에 밝힌 비퍼만의 교육 철학을 살짝 변용해본다면, 첫째, 읽으라! 둘째, 비판하라! 셋째, 신'학'을 불신하라!

이 책을 번역하는 과정에서 많은 분들의 도움을 받았다. 먼저 어려운 사정에도 불구하고 이 책의 출판을 흔쾌히 허락해준 평사리 출판사의 홍석근 대표님께 깊은 감사의 마음을 전한다. 그의 오랜 기다림과 적절한 도움이 없었다면, 이 책이 루터의 종교개혁 500주년 기념일 전에 햇빛을 보기 힘들었을 것이다. 이 자리를 빌려 홍 대표님의 묵묵한 인내심에 찬사를 보낸다. 그리고 어색한 번역투 문장으로 넘치던

원고를 한층 가독성 높은 상태로 만들어준 김지환 편집자께도 진심으로 감사를 드리고 싶다. 나이가 들고 번역 횟수가 늘면, 그에 따라 자연스레 번역 문장력이 개선될 줄 알았지만, 그것은 분명히 단순 착각이었다. 이번에도 편집자의 탁월한 첨삭 지도(!)가 없었더라면, 비퍼만의 훌륭한 책이 번역자의 어눌한 실력 탓에 고사될 뻔했다. 그런데도 이 책의 가독성이 여전히 문제가 된다면, 그것은 전적으로 번역자의 책임임을 분명하게 밝히며, 이에 대한 독자들의 질정을 바란다. 끝으로 볼프강 비퍼만의 비판적인 역사 지평에 동참하게 되신 것을 진심으로 환영한다.

2017년 10월
아주대 성호관에서 최용찬

머리말

우리는 잘못된 길로 들어섰다

우리가 정치생활에서 정치적 수단을 가지고 악(惡), 어둠, 불의에 맞서는 선(善), 빛, 의의 전선을 구축해야 한다고 생각했을 때, 우리는 잘못된 길로 들어섰다. (……) 우리가 그것을 깨닫고 우리 죄를 고백함으로써 예수 그리스도의 공동체인 우리는 하나님의 영광과 인간의 영원하고 현세적인 구원을 위해 새롭고 더 나은 사역을 하라고 석방되었음을 잘 안다.[1]

이는 1947년 8월 8일 개신교 대표위원회가 발표한 다름슈타트 선언에 나오는 자기비판적 문장이다. 바로 이러한 문장에서 이 책이 처음 구상되기 시작했다. 위의 선언문에는 다음과 같은 질문과 대답이 제시되어 있다. "우리" 독일 프로테스탄트들은 왜 "잘못된 길로 들어섰는가?" "우리는" 과거에 저지른 잘못을 털어놓았는가? 그래서 이제는 우리 교회가 "하나님의 영광과 인간의 영원하고 현세적인 구원을 위해" 이바지할 상태에 있는가?[2]

첫 번째 질문에 대한 대답은 다음과 같다: 독일 개신교는 무엇보다도 국가, 전쟁, 자본을 선(善)하게 여기고, 유대인, 로마, 여성을 악(惡)하게 여겼기 때문에 "잘못된 길로 들어섰다." "정치생활"에서 국가와 전쟁과 자본을 찬양하고 "정치적 수단을 가지고" 유대인과 로마인와 여성을 저주하는 일은 이데올로기, 즉 개념(ideo)과 단어(logien)로 설명되었고, 정당화되거나 촉구되기도 했다.[3] 이러한 이데올로기에는 권위주의, 주전(主戰)주의, 맘몬주의와 반유대주의, 반집시주의, 반페미니즘이 있다. 그것들은 '인수(因數)와 지수(指數)'[4]로서 국가, 전쟁, 자본에 대한 교회의 태도를 각인시켰고, 동시에 반영했다. 아래 본문에서는 사상사적 연구 방법과 이데올로기 비판적 접근 방식의 도움을 받아 이 문제를 다루고 비판한다.[5] 루터의 (이데올로기적) 유산이 독일 개신교에 대한 비판의 중심에 있다.

우리는 언제나 만물의 시초인 성경과 율법, 계명과 함께 시작한다. 본문의 처음 세 장에서는 교회가 "사람보다 하나님께 더 복종했는지," 교회가 교회 및 국가의 '적'을 사랑했는지, '맘몬'을 섬기지 않았는지에 대해 따져 묻는다.[6] 이때 교회란 '구교'라 불렸던 가톨릭교회와 루터가 개혁한 '신교'를 뜻하는 복음주의 교회를 모두 아우르는 개념이다.[7]

그런 다음 이어지는 세 장에서는 교회가 유대인을 악마시했는지, 로마인을 박해했는지, 여성을 폄하했는지를 분석한다. 이는 성경에 나오는 여러 구절을 가지고 설명하겠지만, 항상 그렇게 하지는 않는다. 그리고 「맺음말」에서는 교회가 구원사적 임무를 완수했는지, "인간의 영원하고 현세적인 구원"에 이바지했는지에 관한 질문에 대한 대답을 제시한다. 이 과정에서 루터로 되돌아가 그의 종교개혁이 실제로 충분했는지 질문을 던진다.

이 책은 문제 제기와 연구 방법론, 특히 비판적 설명과 가치 평가라는 점에서 다른 책의 주제와 구별된다.[8] 우선 이 책은 보편사, 교회 쪽의 표현방식을 따르면, 세속사 측에서 출간한 수많은 책자와 구별된다. 독일사 개설서나 총서에서 다루는 독일 개신교의 역사는 종교개혁 직후에 금세 끝나버리고, 뒷시대는 전혀 다뤄지지 않는다. 그러다가 제3제국 시기를 다룰 때 다시 잠시 언급되지만, 이때도 언제나 교회의 투쟁(Kirchenkampf)이라는 주제에 편중되어왔다.[9]

그와는 반대로 독일 개신교회의 역사서술에서는 보편적인 정치적, 사회적 역사, 특히 이데올로기의 역사가 도외시되었고, 많은 저자들은 교회의 제도와 신학에 대한 서술에서 그치고 만다. 여기서도 종교개혁 다음으로 교회의 투쟁이 특별한 관심의 대상이었다. 그러나 제3제국 시대 전후의 교회사는 소홀하게 다루어졌다.[10]

두 가지 입장은 모두 비판받아야 한다. 세속 역사가들은 교회사에 더 많은 관심을 가져야 하고, 교회 역사가들은 교회사를 다시 보편사와 결합해야 한다. 오늘날 유행이 된 전체 사회사뿐만 아니라 오늘날에 다소 소홀하게 취급되는 사상사와 이데올로기의 역사와 함께 말이다. 끝으로 교회의 역사는 우리 독일사의 중요한 부분이기 때문에, 우리 자신의 사고와 행동을 위해 역사에서 뭔가를 배우려고 한다면, 우리는 교회사를 반드시 알아야만 한다.

이것이 바로 이 책이 기여하고자 하는 바이다. 여기서 언급하는 것은, 마찬가지로 교회사와 종교사적 문제와 주제를 함께 연구해온 일반 개신교 역사가들이 집필한 것이다.[11] 이 책에서 드러나듯이, 이는 항상 교회와 종교를 비판하려는 의도에서 이데올로기를 비판하는 방식으로 진행되었다.[12] 그렇지만 독일 개신교에 대한 지극히 개인적인

이 비판을 독자들에게 강요하고 싶지는 않고, 가능하다면 많이 토론해보고 싶을 뿐이다. 그래서 최대한 많은 독자들을 얻기 위해 이 책은 친절하게, 상식적 수준에서, 전문 용어를 피하는 방식에서 서술했다.[13]

차례

옮긴이의 글 5
머리말: 우리는 잘못된 길로 들어섰다 10

1장 사람보다 하나님을 더욱 섬기라 — 교회와 국가

교부와 파트너 20
신앙과 자유 24
옥좌와 제단 27
신정정치와 관용 28
개혁과 반동 32
제국과 공화국 35
박해와 저항 37
복구와 혁명 44

2장 너희 원수를 사랑하라 — 교회와 전쟁

정당하고 거룩한 전쟁 56
군인들이 거룩한 상태로 있을 수 있을까? 60
영원한 평화를 위해 63
철십자 훈장이 달린 십자가 65
하나님께 영광을 드리라 67
제5계명은 영원하리라 71
검을 쟁기로 75

3장 맘몬을 섬기지 마라 — 교회와 자본

은행가와 거지 84
폭리에 관한 설교 87
가난한 죄인들의 복음 90
내지선교 93
종교적 사회주의자들 98
더 나은 사회주의 101
사회적 민주주의 103

4장 악마의 자식들 — 교회와 반유대주의

악마화와 개종 112
루터와 유대인 115
루터에서 히틀러까지? 120
침묵하는 증인들 126
우리는 우리 자신을 고발한다 131
우애 주간 136

5장 엠스란트의 빗자루 — 교회와 반집시주의

혐오스럽고 까무잡잡한 사람들 143
루터와 집시들 146
계몽주의와 집시들 148
교회와 집시들 152
라인벡에서 리터까지 154
민족학살의 도우미 159
복권에 반대하며 163
엠스란트의 집시 빗자루 168

6장 교회에서 잠잠하라 — 교회와 반페미니즘

성녀과 마녀 177
루터, 마녀, 여성 183
계몽주의, 마녀, 여성 186
나는 자유의 제국을 위한 여성 시민에 지원한다 191
그녀는 우리 합창단에서 노래하고 있습니다 195
여성 목사(Frau Pastor)는 목사의 부인(Frau des Pastors)이 아니다 203

맺음말: 인간의 영원하고 현세적인 구원을 위해 207

부록: 용어 해설 214
주 227 | 참고문헌 256 | 인명 색인 275

1장

사람보다 하나님을 더욱 섬기라

— 교회와 국가 —

토마스 뮌처 초상. 크리스토펠 반 시켐의 판화(1608)(왼쪽).
루터의 신봉자 루카스 크라나흐가 만든 루터의 브로드사이드(1551)(오른쪽).

루터는 농민전쟁에서 제후들의 편에 섰고, 봉기한 농민들을 마구 공격하라고 요구했다. 실제로 수천 명의 농민이 학살당했다. 한때 모두가 칭송하던 농민들의 친구가 저주받는 제후의 종복이 되어버린 것이다. 그와 동시에 루터는 종교개혁을 구해내기 위해 무엇보다도 토마스 뮌처가 요구한 혁명을 저지시켰다.

"사람보다 하나님을 더욱 섬기라." 이 구절은 누가복음 5장 29절에 나오는 말씀이다.[1] 그런데 로마 교회에 보낸 서신에서 사도 바울은 거꾸로 "모든 사람"은 "권력 당국에" "복종"하고 순종하라고 경고한다. "왜냐하면 하나님에 의하지 않고서는 당국은 존재할 수 없기 때문이다. 당국이 있는 곳이라면, 그 당국은 하나님에 의해 임명된 것이다."(로마서 13장 1절) 많은 신학자들은 바울이 요구한 당국(當局)에 대한 복종을 종교적 계명으로 받아들였다.[2] 그러나 이것은 바울 자신에게는 한층 더 정치적 몸짓이었는데, 바울은 로마 당국에게 새로운 종파인 그리스도인들이 로마 국가에 아무런 위해를 끼치지 않을 것이라는 확신을 주려 했다. 그에 따라 바울은 테러리스트적인 방법을 동원해 팔레스티나에 대한 로마의 지배에 저항해온 젤롯당 유대인 독립투사들과 거리를 두었다.

사실상 기독교인은 로마의 지배 권력에 맞서는 저항에 가담하지 않았다. 그래서 그들이 도리어 유대인에게 분노의 대상이 되었다. 예수는 젤롯당에 속하지 않았고, 독립된 유대 국가의 건설을 위해 단 한 번도 행동하지 않았다. 그런데도 바로 이 점 때문에 팔레스타인 지방의 로마 총독 본디오 빌라도는 예수를 비방했다. 빌라도는 예수가 유대인의 왕이 되려 한다고 비난했다. 빌라도의 유죄 평결에 따라 "INRI"라는 글자의 명패가 십자가에 달렸다. INRI는 "Iesus Nazarenus Rex Iudaeorum"의 약자인데, 그 뜻은 유대인의 왕 나사렛 예수이다. 현대식으로 말하면, 예수는 국가권력에 저항한 죄목으로 처형당했다.

그의 제자들과 다른 추종자들은 이런 운명을 피해야 했다. 그래서 바울은 그들에게 로마 당국에 충성하라고 명령했다. 바울의 경고는 준수되었다. 그리스도인들은 로마에 반대하는 유대인들의 지속적 봉기에 가담하지도 않았고, 국가권력에 어떠한 저항도 하지 않았다. 국가가 그들을 무자비하게 박해했음에도 불구하고, 그들의 태도는 동일했다.

교부와 파트너

기독교도에 대한 박해는 4세기까지 이어졌다. 313년, 콘스탄티누스 황제가 반포한 밀라노 칙령과 함께 이 박해는 끝났다. 391년, 콘스탄티누스 황제가 공인하여 기독교는 로마제국의 국교가 되었다. 이렇게 완성된 국가와 교회의 결합은 양쪽 모두에게 이로웠다. 국가는 당국에 복종하고 세금을 정직하게 내고 국가의 안녕을 위해 목숨을 바칠 각오가 된 기독교인을 신민으로 갖게 되었다. 교회는 국가의 보호를 받고 국가로부터 재정 지원을 받았으며, 추가적인 특혜까지 누릴 수 있었다. 이는 교회가 다른 종파와 올바르지 않은 신앙을 가진 모든 사람에 맞서서 자기의 정치적 및 종교적 이해를 관철할 수 있는 상황으로 몰고 갔다. 구체적으로 말해, 이단, 유대인, 무슬림까지 필요하다면 무력을 사용해서라도 개종시키고, 신앙을 저버린 배교자를 이단이라 선언한 다음, 그들을 이교도로 화형시킬 수 있게 되었다. 이 모두는 마치 교회의 교부처럼 행세하는 국가의 도움으로 이루어졌다.[3]

그런데 교회는 그것에 만족하지 않았다. 교회는 교부 국가의 피후견인을 넘어서서 동등한 권한을 지닌 국가의 파트너가 되고자 했다. 이런 정치적 주장은 새로운 종교적 이데올로기로 정당화되었는데, 이것이 이른바 두 개의 검 이론이다. 이 이론은 누가복음 22장에 나오는 구절에 대한 매우 환상적인 해석에 바탕을 두고 있다. 제자 중에서 그를 따르지 않는 자들이 있을 것이라는 예수의 비판에 대해 제자들이 말하기를, "주여, 보소서, 여기 두 개의 검이 있나이다."(누가복음 22장 38절) 그런데 예수께서는 미래의 범행에 대해 처벌을 받겠다는 제자들의 제의를 받아들이지 않았고, "됐다"는 말로 대화를 끝내셨다. 494년, 교황 겔라시우스 1세는 이 성경 구절을 다음과 같이 해석했다. "하나님은 세속적 권력(regalis potestas)을 뜻하는 검 하나를 왕과 황제에게 위임하셨다. 그러나 영적 권력(sacrata auctoritas)을 뜻하는 다른 검 하나는 오로지 교회에 속한다."

이러한 이데올로기는 성공적이었다. 476년 서로마제국의 몰락 이후, 프랑크 왕들과 독일 왕들이 교황의 파트너가 되었다. 그들은 로마에서 교황에 의해 카이사르의 후계자로 임명되었고 황제에 즉위했다. 그 대가로 그들은 종종 교회 당국에 복종하지 않는 로마 시민으로부터 교황을 지켜줘야 했고, 그리스도의 제1의, 심지어 유일한 진짜 후임자

이자 대변자라는 교황의 주장을 지지해야 했다. 그것을 통해 로마의 주교는 로마의 신민을 만족하게 했고, 동로마의 성직자들에 맞선 자신의 우위론을 관철할 수 있었다. 이처럼 교황권의 부단한 성장은 국가에 의해 용인되었고 촉진되었다.

그러나 국가, 곧 독일 왕과 황제는 그 일에 대한 감사의 인사를 받지 못했다. 그 대신에 교황은 두 개의 검 이론의 변형된 해석을 통해 국가와 파트너 관계를 파기 선언했다. 그의 해석에 따르면, 하나님은 두 개의 검, 곧 두 개의 권력을 모두 교황에게 위임했다. 그에 따라 교황의 독점적이면서 총체적인 권력에 대한 주장이 정당화되었다. 교황의 통치에 관한 이러한 정당화 이데올로기는 또 다른 하나의 성경 구절에 대한 환상적이면서도 명백히 잘못된 해석을 통해 설명되었다.

이번에는 마태복음에 나오는 이야기이다. 그에 따르면, 베드로는 예수의 체포를 저지하려 했다. 그때 선량한 베드로가 고위 성직자의 하인의 귀를 잘라버렸다 한다. 그런데 그 일은 예수의 마음에 들지 않았다. 그래서 예수께서 베드로에게 말씀하셨다. "네 검을 제자리에 꽂으라." (마태복음 26장 52절) 이 명령은 역시 명심해야 할 만큼 잘 알려진 경고의 말씀으로 이어진다. "왜냐하면 검을 든 자는 검으로 망하기 때문이다."

이 성경 구절이 교황의 총체적인 권력 주장과 도대체 무슨 상관이 있는지에 관한 간단한 질문에 대해 교황의 이데올로그들은 다음과 같이 답변했다. 교황이 베드로의 후임자에 올랐기 때문에, 그가 베드로의 검도 차지하게 된다. 그에 따라 교황은 영적인 동시에 세속적인 권력의 소유자가 되었다.

교황의 이러한 이데올로기는 1075년에 처음으로 그레고리우스 7세의 「교황 훈령Dictatus Papae」으로 성문화되었다. 이 이데올로기를 통해 이른바 서임권 투쟁에서 드러난 황제의 권력투쟁이 설명되었다. 이 투쟁에서 교황들은 주교들의 선출에 대해 독점적 권리를 관철했다. 그 밖에도 교황들은 왕과 황제를 임명할 뿐만 아니라 폐위시키는 권한까지 갖게 되었다. 그러나 그것이 교황 인노첸시오 8세(1198~1216)에게는 충분하지 않았다. 그는 모든 세속의 통치자가 그에게서 분봉(分封)을 받아야 한다고 생각했다. 마침내 그는 베드로의 대리인일 뿐만 아니라 지상에 계셨던 그리스도의 대리인이 된 것이다. 교황의 세계 지배에 대한 주장은 1302년의 교황 보니파키우스 8세의 교서 「거룩한 교회(Unam Sanctam)」에서 다시 한 번 확인되었다.

그 일은 도가 너무 지나쳤으며, 교황의 총체적인 권력 주장은 문제시되었다. 제일 먼저 세속적인 권력에 의해 시작되었지만, 당연히 독일의 왕들과 황제들은 아니었다. 왜냐하면 그들은 교황과 투쟁에서 결국 패배를 맛보았기 때문이다. 교황을 저지한 것은 프랑스의 국왕들이었다. 1309년, 프랑스 국왕은 교황에게 프랑스 아비뇽으로 망명을 떠나라고 강요했고, 그곳에서 교황은 국가의 통제를 받았다.

이른바 '아비뇽 유수'가 끝난 이후, 교황의 권력 입지는 공의회 운동을 통해서도 도전받았다. 교회는 더 이상 교황이 아니라 공의회에 의해 대변되고 지도받게 되었다. 그에 따라 시급하게 필수적인 교회개혁이 어렵게 되었다. 공의회는 그럴 능력이 아직 없었고, 반면에 교황들은 더더욱 그럴 처지가 아니었다.

공의회에서 행동보다 토론이 더 많이 이루어지는 동안, 교황들은 점점 더 국가의 통치자로서 감당해야 할 그들의 과제에 매달리게 되었다. 그것도 아마 필연적이었을 것이다. 만약 이 국가에서 세속적인 것이 중시되었다면, 그 일은 비판받지 않았을지도 모른다. 그러나 이 국가는 교회국가(Kirchenstaat)와 전혀 달랐다. 이 국가는 마치 세속적인 국가처럼 통치되었다. 교황들은 국가를 통치하고 극도로 세속적인 욕망을 충족하기 위해 돈이 필요했다. 결국 그들은 관료와 용병, 예술가, 고급매춘부에게 돈을 지불해야 했다. 엄청난 금액이 점점 더 많이 궁정생활과 교회 및 궁전 건축 비용으로 소모되었다.

교회국가의 지출은 세속적인 신민의 세금과 교회에 속한 모든 신자의 교회세 형식으로 받은 수입으로도 충당되지 못했다. 교회국가는 국가재정 파산의 위협에 노출되었다. 이 재정 파산을 막으려면 세금이 인상되어야 했다. 그러나 교황의 직속 신민이나 그의 교회의 어린양들은 그럴 준비도 그럴 형편도 되지 않았다. 그래서 이 문제는 일종의 속임수로 해결되었다. 이는 아마 세속적인 재정장관이 감탄할 만한 속임수였겠지만, 이 땅에 사는 그리스도와 하나님의 대변자에게는 기분을 상하게 하는 것이었다. 세금을 인상하는 대신에 반드시 지불 의무가 있는 교회의 미사 서비스가 확대되었다. 그들의 죄 때문에 천국에 못 가고 지옥에 갈까 봐 두려워하는 모든 죄인에게 이런 미사는 확실히 두려움을 없애주었다. 그들은 기도나 여타의 종교적 묵상 같은 모든 참회행위에서 면제되었다. 그 대신에 그들이 소액의 기부금을 헌납하기로 이미 말했을 때, 죄사함과 천국행이 약속되었다.

신앙과 자유

이런 면죄부 장사는 참신했지만, 솔직히 그 참신함은 악마적이었다. 전혀 기독교적이지 않았다. 이미 당시 사람들은 이 점을 간파하여 비판했다. 그들 중 한 사람이 바로 수도사이자 교수였던 마르틴 루터(Martin Luther) 박사였다.[4] 루터는 면죄부 장사에 반대했을 뿐만 아니라 이 행위를 정당화하는 이데올로기까지도 반대했다. 루터에 따르면, 하나님의 은혜는 돈과 선행을 통해서 얻는 것이 아니라 오직 믿음을 통해서만 가능하다. 그리고 그 믿음은 교황의 교리와 가르침이 아니라 오로지 성경에서만 발견된다.

교황은 루터를 이단이라 선언하고 교회에서 파문한다고 밝히면서 그에 대한 비난과 공격에 대응했다. 루터는 이런 대응을 무시했고 교황의 파문장을 불태워버렸다. 그의 저항에 맞서 교황은 아무것도 할 수가 없었다. 그는 세속권력, 곧 황제와 제국의회의 도움이 절실했다. 루터는 보름스에서 열리는 제국의회에 소환되었고, 그의 이단적 가르침을 철회하라고 강요받았다. 하지만 루터는 이를 거부했다.

그러자마자 교회에서 이미 파문당한 루터는 국가에 의해서도 추방되었다. 그는 이제 화형대의 장작더미 위에서 화형당할 운명에 처했다. 그때 작센의 선제후가 루터를 바르트부르크의 은신처로 숨겨 이 운명에서 지켜냈다. 이곳에서 루터는 근본적으로 자신이 창안한 새로운 고급 독일어로 성경을 번역했다. 더 나아가 루터는 그의 신학 체계를 계속 구축해갔는데, 그때 중요한 한 가지 지점을 수정하였다. 그것은 두 제국 이론과 관련되어 있었다.

루터의 두 제국 이론은 1520년과 1523년에 출간된 소책자 『기독교인의 자유에 관해』와 『세속 당국에 관해: 세속 당국에 어디까지 복종해야 하는가』에서 발전되었는데, 그 주요 내용을 요약하면 다음과 같다. 하나님의 제국 좌편에는 황제가 다스린다. 정의를 세우는 그에게 복종해야 한다. 하나님의 제국 우편에는 그리스도께서 말씀과 성사(聖

事)로 통치하신다. 이곳에는 사람들 사이의 공평이 다스린다. 정의의 자리에 은혜와 용서가 들어선다.

종교개혁은 이러한 가르침을 통해 확산될 수 있었다. 독일의 여러 도시에서 자치 행정을 갖춘 독립적인 공동체가 새로 형성되었다. 이는 국가나 교회가 규제하는 방식에 따라 성직자와 장로를 선출하지 않는다는 뜻이다.

하지만 봉기한 농민들은 그것에 만족하지 못했다. 농민들은 종교적이고 세속적인, 지금 이곳에서 완전한 "기독교인의 자유"를 요구했다. 그때 그들은 루터의 신학을 불러들였다. 그러나 루터는 이를 단호하게 거절했다. 농민들은 당국에 대한 절대복종 규율을 위반했다. 루터는 농민전쟁에서 제후들의 편에 섰고, 봉기한 농민들을 마구 공격하라고 요구했다. 실제로 수천 명의 농민이 학살당했다. 한때 모두가 칭송하던 농민들의 친구가 저주받는 제후의 종복이 되어버린 것이다.

그와 동시에 루터는 종교개혁을 구해내기 위해 무엇보다도 토마스 뮌처가 요구한 혁명을 저지시켰다. 다시 말해, 종교개혁은 (개신교) 제후들의 개입이 없었더라면, 실패했을 것이다. 제후들이 루터를 보호해주었고, 그들이 1529년에 슈파이어에서 개최된 제국의회에서도 그의 추방에 항의했다. 그것을 계기로 이후부터 프로테스탄트로 명명된 루터의 추종자들이 종교개혁을 완수해야 했다. 그러나 이것은 종교개혁자 루터가 애초에 계획했던 것과는 다른 형태였다.

민주주의적인 공동체 개혁에서 출발한 종교개혁이 권위적인 제후들의 종교개혁으로 변질되어버렸다. 1530년 제국의회가 아우크스부르크 신앙고백(confession Augustana)이라 명명하고 공인한 루터의 가르침을 추종하는 사람들은 교황의 오랜 영적 지배에서 해방된 것이 사실

이다. 그러나 그들은 동시에 새로운 지배에 굴복하고 말았다.[5]

옥좌와 제단

새로운 개혁교회는 이제 공동체와 선출된 성직자가 아니라 선제후들에 의해 실질적으로 관리되고 대변되었다. 그들은 오랜 가톨릭교회에서 종래의 주교들이 지녔던 직권을 넘겨받았다. 루터 자신이 표현했듯이, 그들은 "임시주교"로서 이 직권을 일시적으로만 행사하게 되어 있었다. 하지만 그 이후 이러한 세속적인(!) 임시주교에서 최고위직 주교들이 나왔다.

당시의 프로테스탄트 제후는 총대주교로서 교회의 주인이었다. 그가 교회의 전 재산을 관리했고, 교회의 모든 업무를 정할 수 있었으며, 교회의 모든 직원을 통솔할 수 있었다. 더욱이 1555년 아우크스부르크 종교화약에 근거해 제후는 자기 신민의 종파를 결정할 수 있었다. 이 개혁법은 사실상 가톨릭 제후들에게도 해당되었지만, 제도의 이점을 누린 것은 개신교파 제후들이었다. 그들은 세속권력뿐만 아니라 영적 권력까지 장악했다. 이로써 그들은 모든 신민이 자신의 권위적 통치에 복종하게 하고 모든 혁명적 시도를 억압할 수 있게 되었다.

그들은 이 두 가지 권력을 모두 행사했다(이 점은 특히 몇몇 역사가에게 분노의 대상이 되었다). 이를 통해 "지각한 민족의 특수한 길"(헬무트 플레스너)이 출현했고, 그 길은 결국 히틀러의 독재에서 끝났다는 식이다. 그런데 이 말은 맞는 말일까? 복음주의 제후들은 언제 어디서나 권위적으로 통치했는가? 다시 한 번 다름슈타트의 선언문을 인용하자면,

"우리 개신교 기독교인들은 절대적인 독재로의 발전을 참고 용인했는 가?" 예를 들면, 최초의 가장 강력한 프로테스탄트 국가인 프로이센은 어땠는가?[6]

신정정치와 관용

프로이센의 전신인 프로이센 기사단 국가는 총체적인 신정정치 체제였다. 중세 유럽 어디에도 이런 형태의 국가체제는 존재하지 않았다. 독점적이고 무제한적 통치권을 지닌 제후가 독일의 기사단 출신이었는데, 그는 종교적 이데올로기로 자신의 지배를 정당화했다. 그 이데올로기란 중세 전성기의 십자군 사상이었다. 이 사상은 중세 말기에는 더 이상 시대에 걸맞지 않은 것으로 인식됨으로써 비판의 대상이 되었다. 분명 시대착오적인 이데올로기였음에도, 기사단 국가에서는 매우 효율적이고 여러 관점에서 분명 근대적으로 작동하는 공적 기관이 중요하다.

기사단 국가는 군사적·경제적 위력 때문에 자주 칭송과 공포의 대상이 되었다. 인접한 나라인 폴란드는 후자에 해당되는데, 폴란드는 기사단 국가 때문에 발트 해로부터 격리되었다. 폴란드는 경제적 요충지인 발트 해에 접근하려고 독일 기사단과 여러 차례 전쟁을 치렀지만, 모두 패배했다.

1410년, 그사이에 기독교로 개종한 리투아니아와 통일한 폴란드가 독일 기사단에 파멸적인 패배를 안겨주었을 때, 사정은 달라졌다. 폴란드에서 오늘날까지 말하듯이, 탄넨베르크나 그룬발트 전투에서 승리했음에도, 폴란드-리투아니아 왕국은 기사단 국가 전체를 정복하지는 못했다. 원주민이 억압적이라 느꼈던 기사단 통치에 맞서 봉기하여 폴란드 국왕에 복속된 이후에야, 기사단 국가의 서부 지역이 마침내 폴란드에 넘어왔다. 그 사건은 13년의 내전이 끝난 1466년에 일어났다.

1525년, 마찬가지로 폴란드에 복속되어 있던 프로이센 대공국이 동쪽 지역에서 나왔다. 그곳은 개신교로 개종한 최후의 독일 기사단 단장 알브레히트 폰 호헨촐레른이 프로테스탄트의 원리에 따라, 독일 기사단이 조직한 행정구조를 적용해서 다스렸다. 가톨릭 신정정치에서 권위적으로 통치하는 프로테스탄트 국가가 나타난 셈이다. 1618년, 이 국가는 역시 프로테스탄트가 된 브란덴부르크 선제후와 통일되었다. 1701년, 여기서 프로테스탄트 왕국인 프로이센이 탄생했다.

교회 및 종교 정책은 이미 관용적이라 할 만큼 뛰어났다. 이 정책은 1613년부터 벌써 시작되었다. 그해에 브란덴부르크 선제후 요한 지기스문트는 칼뱅주의로 개종했고, 그 과정에서 자신에게 부여된 개혁법에 의한 권리를 주장하지 않았다. 그의 브란덴부르크와 프로이센 신민은 루터교파로 머물 수 있었고, 주군의 칼뱅주의 종파를 받아들이지 않아도 상관없었다. 이 일은 당시 유럽에서는 유일무이한 사건이었다.

요한 지기스문트의 계승자들은 이러한 관용적인 교회 및 종교정책은 지속해갔다. 1640년부터 1688년까지 통치한 선제후 프리드리히 빌헬름은 특히 그랬다. 위대하다고 칭송받을 만한 이 선제후는 1671년에 빈(Wien)에서 추방된 50명의 유대인 가족들을 브란덴부르크에 정착할 수 있도록 해주었다. 1년 뒤인 1672년에 그는 브란덴부르크 가톨릭교도들에게 자유로운 종교 활동을 허용해주었다. 당시로서는 매우 드문 일이다. 1685년의 포츠담 관용칙령을 통해 브란덴부르크로 이주해온 프랑스 출신의 위그노들은 심지어 교육 및 종교 정치적 자치까지 인정받았다.

이 위대한 선제후의 후계자인 국왕 프리드리히 1세와 프리드리히 빌헬름 1세, 프리드리히 2세는 루터파를 추종하는 잘츠부르크인들과 프로테스탄트 종파를 추종하는 뵈멘인들을 영내로 수용했다. 프리드리히 대왕은 심지어 무슬림인 튀르크인들을 프로테스탄트 국가인 프로이센에 이주시킬 생각까지 했다. 그들에게도 자유로운 종교 활동이 허용되었다. 프리드리히 대왕은 슐레지엔을 정복한 이후 급속하게 증가했던 가톨릭 신민을 위해 베를린 한복판에 가톨릭 대성당을 건축하도록 했다. 그곳은 가톨릭 슐레지엔인의 수호성인 헤트비히의 이름을 따라 명명되었다.

그런 반면에 프로이센의 유대인은 이런 관용을 누리지 못했다. 그들은 프리드리히 대왕의 통치 기간에도 권리를 얻지 못했고, 도리어 권리가 점점 더 줄어들었다. 그들은 훨씬 더 많은 세금을 내야 했고, 일상생활과 가정생활까지 차별당했다. 이는 프리드리히 대왕의 분명한 바람에 따라 진행되었다. 그는 유대인에게는 전혀 호의적이지 않았다.

그러니까 아주 유명세를 지녔던 프로이센의 관용은 한계를 드러냈다. 그 밖에도 프로이센의 관용은 단지 종교적 영역에만 국한되었다. 프리드리히의 프로이센에서는 사실 모든 사람은 "자기방식대로 구원을 받을 수 있게 되었다." 그러나 국가에 반기를 드는 행위는 아무에게도 허용되지 않았다. 국가의 "제1 종복" 행세를 한 국왕을 포함한 모든 신민들은 국가를 위해 일해야 했다. 양쪽은 프로테스탄트의 노동윤리와 당국에 대한 충성을 언급하면서 정당화되었다. 스스로 불가지론자이며 계몽주의자로 이해한 프리드리히 대왕도 그것을 정당화하기는 마찬가지였다.

프리드리히 대왕은 단 한 번도 국가와 교회를 분리해서 생각한 적이 없다. 옥좌와 제단은 단단히 결속되어 있었다. 프로이센 국왕은 그에게 총대주교직을 허용한 교회에 대한 명령권한을 이용해 아마 선왕이 세운 절대주의 체계를 계속 구축하고 강화하는 데 이용했다. 그가 주도하는 국가교회와 함께 제1의 세속적인 국가 장치보다도 훨씬 효율적이고 훨씬 더 영향력이 강한 "제2의 국가장치"가 갖추어졌다. 그가 임명한 성직자들과 교회 직원들을 통해 그는 구석구석에 자리한 모든 마을을 관리하고 돌볼 수 있었다. 국가교회의 공무원들도, 그리고 이중적인 감독을 당하는 신민 측에서도 항의나 심지어 저항은 없었다. 그들은 모두 당국에 대한 충성심이 증명되었다.

그러므로 프로이센의 '계몽 절대주의'는 스페인의 '신앙적 절대주의'와 프랑스의 '궁정 절대주의'보다 훨씬 더 절대적이었다. 프랑스와 달리 프로이센 절대주의는 내부혁명으로 무너지지 않았다. 그 절대주의는 외부의 충격으로 파괴되었다. 좀 더 정확히 말한다면, 1806년 예나와 아우어슈테트 전투에서 승리한 나폴레옹과 그의 군대에 의해서 파괴되었다. 이 파멸적 패배로부터 이전에는 고도의 효율성 때문에 높이 칭송받던 프로이센의 군대는 더 이상 회복할 수 없게 되었다. 프로이센 자체도 1년 뒤에 1807년 틸지트 평화협약을 통해 엘베 강 서쪽 지역과 2, 3차 폴란드 분할로 획득한 지역을 포기해야만 했다.

개혁과 반동

중앙 영토가 축소된 프로이센은 이제 군사적, 정치적 및 경제적 구조 개혁에 온 힘을 쏟았다. 그러나 교회는 개혁 대상에서 제외되었다. 교회와 국가의 통합은 견고하게 유지되었다. 그것은 1794년에 공포된 "프로이센 국가를 위한 일반법"에 명시되어 있었다.

그에 대해 교회는 고마울 따름이었다. 교회는 프로이센 신민들이 프로이센 국가 당국에 대한 절대적인 충성심을 가질 뿐만 아니라 적국 프랑스에 맞선 단호한 투쟁을 전개하라고 호소함으로써 감사함을 표시했다. 그것은 분명 기독교적이지 않았지만, 그럼에도 기독교적 언어와 상징물로 설명되었다. 독일민족을 신성시한다거나 해방전쟁을 축복하는 식이었다. 이런 식의 비기독교적이고, 실로 신성모독적인 효력을 갖는 세속적 이데올로기인 주전주의(主戰主義)와 민족주의를 수용한 문제에 대해서는 다음 장들에서 더 자세히 다룰 것이다. 여기서는 프로이센의 국가와 교회와의 관계로 다시 돌아간다.[7]

그럼에도 이른바 해방전쟁의 승리 이후 프로이센 교회의 개혁이 추진되기는 했다. 이 개혁은 1817년 국왕 프리드리히 빌헬름 3세에 의해 추진되었는데, 그는 루터파와 개혁파를 프로이센 연합교회로 통합시켰다. 하지만 이 교회 연합 제도는 1866년에 프로이센이 점령한 영토에는 더 이상 도입되지 않았다. 이 교회 연합은 오로지 프로이센의 옛 영토에만 적용되었기 때문에, 이 교회는 1867년부터 '구프로이센 연합교회'라고 명명되었다.

그런데 (구)프로이센 연합에 속하는 모든 지역 교회에 도입된 새로운 통일된 예배의식(이른바 전례집)은 정통 루터파의 비판에 부딪쳤는데, 그들은 연합교회를 거부하고 독자적인 '구(舊)루터파' 공동체를 건설했다. 여기서 그들은 여태까지 루터 교회에서 적용되었던 총회원리를 그대로 유지했다. 이 총회는 오로지 총감독들과 다른 고위 교회 직원들만이 소속된, 국가가 임명한 총회에 의해 관리되었다.

그와 반대로 새로운 (구)프로이센 연합의 교회에서는 (우선) 개혁교회의 의원총회 원리가 적용되었다. 이곳의 교회 행정은 위에서 아래로 임명하는 방식의 교회총회뿐만 아니라, 아래에서 위로 추대하는 방식의 선출된 공동체 위원회와 교인들이 선출한 총회원에 의해 이루어졌다. 후자는 세속적인 의회와 다소 유사한 교회의 대의기구였던 셈이다.

의원총회의 원리는 진작부터 민주주의적 효력을 발휘했다. 불과 몇 년 지나지 않아 축소되지만 않았다면, 교회의 민주화가 이루어질 수도 있었다. 1835년에 도입된 의원총회법에는 의원총회(나중에는 주 의원총회) 의석의 절반이 교회 기구의 대표자들에게 부여된다고 규정되어 있었다. 그 규정을 통해 안 그래도 제한된 권력을 지닌 선출직 의원들의 권한이 강력하게 제한되었다. 그럼에도 그들은 자신들의 교회정치적 공동발언권을 고집했다. 이는 완전히 실패하지는 않았다. 1843년에 프로이센의 모든 지역에서 이른바 지역 의원총회가 구성되었다.[8] 이 지역 의원총회는 세속적인 지역의회와 비교될 만한 영적인 교회 기구였다. 교회와 세속의 대의기구는 1846년과 1847년에 각각 통합되었다. 교회의 지역 의원총회에서 전국적인 대의원총회가 탄생했고, 지역 의회들에서 연합 지역의회 기구가 탄생했다. 그에 따라 프로이센은 두 개의 유사한 의회 기구를 갖추게 되었다. 만약 이 기구들의 도움이 있었다면, 당장에 필요한 교회와 국가의 민주화가 관철될 수가 있었을 것이다. 그러나 1848년 혁명의 발발과 좌절 이후에 모두 허사가 되고 말았다.

이러한 실패에 대한 책임은 혁명을 파괴한 독일의 반동분자들에게 있었지만, 혁명을 끝까지 완수하지 못한 독일의 혁명가들 자신에게도 있었다. 이곳에서는 어떤 세속 군주도 몰락하거나 처형당하지 않았다. 제후적인 교회 정부가 여태까지 단 한 번도 무너진 적이 없었다. 미국과 혁명 프랑스와 달리, 독일에서는 절대로 국가와 교회가 분리되는 일은 없었다.

심지어 새로운 프로이센 헌법에서는 국가와 교회의 분리 금지 규정이 확정되었다. 프로이센은 '기독교 국가'이기 때문에, 교회와 국가는 서로 분리되어서는 안 된다. 그러나 이 규정에서 강조한 기독교적 성격이란 국가가 교회를 더욱더 심하게 제어하려 할 때, 그것을 저지하지는 못하는 정도였다. 이러한 과제는 오로지 이 목적을 위해 설치된 국가의 감독청에 위임되었다. 1850년에 문화교육부에서 탄생한 이 감독청은 '개신교 고등 교회법원'이라고 불렸다. 이 기구를 통해 종교개혁까지 소급되는 제후적인 교회 정부가 한층 더 강화되었다. 교인들의 저항이나 심지어 반대조차도 없었고, 더 나아가 세속 당국에 대한 교회의 절대적인 충성심이 유지되었다.

그럼에도 교회와 국가는 경제와 사회의 일반적인 근대화 과정을 거스를 수는 없었다. 교회, 곧 고등 교회법원은 1860년대에 지역 의원총회를 재건하는 것을 허용했고, 1875년에는 거기서 다시 새로운 대의원총회가 탄생했다. 국가는 심지어 종교개혁 이후 교회가 행사하고 소유해온 몇몇 업무들과 기능들을 다시 박탈하는 쪽으로 나아갔다. 이것에는 학교 제도가 포함되어 있었는데, 학교는 이제 오로지 국가 관청에 의해서만 지도 관리 받게 되었다. 1872년에 학교감독법이 제정되었다. 3년 뒤인 1875년에는 독일 제국 전역에 시민결혼제도가 도입되었다. 그에 따라 교회는 이제 국가적인, 더 정확히 말해, 호적 관청의 업무 권한을 상실했다.

단지 가톨릭교회만이 이런 소소한 권리 박탈에도 반대했다. 이른바 '문화투쟁(Kulturkampf)'이 발생했다. 개신교 교회는 이 문제에 개입하지 않았다. 한편으로 개신교는 이른바 1873년의 5월법의 적용대상이 아니었고, 다른 한편으로 개신교는 루터까지 소급되는 반가톨릭적 태도와 선입견이 있었기 때문이다.

게다가 로마서 13장에 따른 당국에 대한 절대 복종 이데올로기가 있었는데, 이 도그마는 가톨릭교회보다 프로테스탄트교회가 훨씬 단호하게 준수했다. 그 대가로 교회는 물질적 측면에서 국가의 재정 지원을 받아 교회 살림에 보탰고, 이데올로기적인 측면에서도 그랬다. 그리고 제2제국도 스스로 기독교 국가라고 이해했고, 마지막 황제는 지치지도 않고 늘 '신의 은혜'로 통치한다고 강조했다.[9]

제국과 공화국

황제가 선포한 신의 은혜와 함께, 1차 세계대전의 패전과 후속적인 (반쪽) 혁명이 지나갔다. 황제는 퇴위했고, 제후적인 교회정부는 사라졌다. 그럼에도 변한 것은 그리 많지 않았다. 혁명가들은 교회의 재산 몰수를 포기했고, 모든 처벌 조치와 탄압 조처를 보류했다. 헌법의 아버지들은 교회와 국가의 분리를 선언하고, 그것을 헌법 속에 명기할 준비가 아직 되지 않았음을 깨달았다. 독일 민주주의자들과 사회민주주의자들이 국가와 교회의 완전한 분리를 계속 요구했다. 독일의 많은 이웃나라에서는 국가와 교회가 이미 오래전에 분리되었다. 바이마르 헌법 137조에 의거해, 사실상 '국가교회'는 더 이상 존재하지 않았지만, 그럼에도 교회와 여타의 '종교공동체'(오늘날에는 유대교까지 포함함)는 바이마르 제국헌법의 동일한 조항에 '공공법인'이라고 설명되었다. 더 나아가 교회세금(과 회당세금)을 징수할 수 있는 권한이 부여되었다. 교회세금은 (오늘까지도) 국가가 거둬들여 교회(나 회당)에 다시 지급해주었다.

전반적으로 교회는 지속되는 특권에 감사할 이유가 충분했다.[10] 그럼에도 교회는 그렇게 하지 않았다. 개신교는 옛날의 권위적 국가에게 보였던 태도와는 달리 새로운 민주적 국가에 충성하고 복종할 마음이 전혀 없음을 내비쳤다. 이 점은 가톨릭교회와 구분된다. 가톨릭교회는 새로운 민주국가와 원만한 관계를 유지했고, 더 나아가 민주적인 가톨릭 중앙당은 이 국가에 대한 공동 책임을 떠맡고 지지했다.

비록 전부는 아니지만, 개신교 대표들은 대부분 민주주의를 거부했고, 반민주적인 우익 정당을 지지하고 투표했다. 더욱이 헌법 제135항에 보장된 "신앙과 양심의 자유"에 제한을 둔 이러한 국가시민들을 지지할 마음을 가진 이는 그들 중에는 아무도 없었다. 무엇보다도 독일 유대인이 이에 해당되었는데, 그들은 바이마르공화국 시대에도 수많은 폭력적인 반유대주의자들의 공격에 노출되어 있었다.

이 모두가 그저 뒤돌아보니 실수였다고 말해버릴 수는 없는 노릇이다. 더욱이 개신교가 나치당의 성장을 저지하지 않았다는 것 또한 용서 받을 수 없는 일이다. 예컨대, 신자들에게 파문하겠다고 위협하면서 나치당 가입을 금지했고, 항상 민주적인 중앙당에 투표할 것을 촉구한 가톨릭교회의 사례를 따르려 했다면, 개신교도 전적으로 그렇게 할 수 있었을 것이다.[11]

나치당에 대한 가톨릭의 거부와 투쟁은 정당 정치적일 뿐만 아니라 종교적 이유에서 추동되었다. 가톨릭교회는 나치당의 이데올로기 강령의 일부를 반기독교적이라고 판단했다. 이 부분은 개신교에서도 파악할 수 있었을 텐데, 실제로는 그렇게 하지 못했다. 개신교의 여러 신자들과 대표들은 가톨릭교회가 정당하게 거부한 인종주의적인, 따라서 반기독교적인 강령의 요구 사항을 공유했고 공공연하게 대변했다.

1932년, 자칭 '독일 기독교도(Deutschen Christen)'라고 부른 이 사람들은 교회정치적인 당파를 세웠는데, 교회 선거에서 단박에 모든 의석의 3분의 1을 차지했다.[12] 다음과 같은 대목에서 명백히 인종주의적 강령이 읽힌다. "우리는 인종, 민족, 국민 안에서 신으로부터 선물 받고 위탁받은 우리의 생명질서를 본다. (……) 따라서 인종 혼합에 맞서야 한다. (……) 특히 독일인과 유대인 간의 혼인은 금지되어야 한다."[13] 그 밖에도 프로테스탄트 종파에서 '유대인 퇴출', 모든 '비(非)아리안' 교회 직원의 해임과 29개의 주 교회를 모두 포함하는 '제국교회'의 설립을 요구했다.

박해와 저항

'독일 기독교도'의 이러한 강령은 히틀러가 제국총리로 임명된 이후 하나씩 실현되었다.[14] 1933년 6월, 프로이센 주 교회 담당 특사로 임명된 아우구스트 예거는 선출된 교회 대표기구들을 해체했다. 그러나 국가의 위로부터 통폐합은 힌덴부르크 대통령의 항의로 좌절되었다. 그러자 독일 기독교도는 곧장 개신교를 교회 내부의 선거를 통해, 말하자면 아래로부터 통폐합을 시도했다. 그것은 성공했다.

1933년 6월에 치른 선거에서 독일 기독교도는 압도적인 성공을 거두었다. 그들은 총투표수의 3분의 2를 획득했고, 거의 모든 교회위원회에서 다수 의석을 차지했다. 1933년 9월 5일, 그들이 내세운 후보인 루트비히 뮐러가 구프로이센 연합교회의 주교에 당선되었다. 이 일은 '갈색 의원총회(braune Synode)'라고 알려진 의원총회에서 발생했는데, 대의원 중에서 많은 목사들이 교회 행사에 돌격대(SA)의 갈색 유니폼을 입고 나타나는 것이 적절했다고 간주되었다.

'갈색 의원총회'의 결정 사항은 그야말로 치를 떨게 했다. 뮐러의 선출과 함께 지도자 원리가 개신교 교회연합 내부에 도입되었다. 그 밖에도 국가의 아리안조항이 교회 내부에 적용되어 과격한 양상을 띠었다. 1933년 4월 7일의 공무원 재건법에 나타나 있듯이, '비아리안' 혈통인 사람은 교회의 업무에서 해고당했을 뿐만 아니라, '비아리안' 여성과 결혼한 사람도 그렇게 되었다.[15] 이는 기독교의 두 가지 성사인 세례식과 결혼식의 원리에 어긋난 것이다.

이 점을 파악하고 비기독교적이라고 낙인찍은 소수자 중에는 전직 해군장교 출신 목사인 베를린 달렘의 마르틴 니묄러가 있었다. 1933년 9월 11일, 니묄러는 달렘의 목사관에서 이른바 목사비상연맹을 조직했다. 그러나 이러한 시도는 실패한다. 아리안조항을 공포하는 일이나 뮐러를 '제국교회'에 통합된 개신교의 '제국주교'로 선출하는 일을 저지하지는 못했다. 두 사건은 모두 1933년 9월 27일에 개최된 전국의원총회에서 일어났다.

그것을 통해 독일 기독교도는 강령의 가장 중요한 핵심 사항을 달성했다. 교회는 통폐합되어 '제국교회'로 재편되었다. 교회의 과격한 아리안조항은 관철되었다. 아직 미흡한 것은, 프로테스탄트 종파에서 '유대인 퇴출'이었다. 1933년 11월 13일, 베를린 스포츠팔라스트에서 개최된 독일 기독교도의 대중집회에서 이 문제는 공개 표명되었다. 크라우제라 불리는 독일 기독교도의 한 직원은 그의 신앙 및 정당 동지들에게 "유대인적 성격"과 "게르만적 이념"과 맞지 않는 구약 전체와 바울 서신을 더는 중시하지 말라고 촉구했다.[16]

이는 반기독교적 이단에 매우 가까웠다. 니묄러의 목사비상연맹은 즉각적이고 매우 적극적으로 독일 기독교도의 반기독교적 성명서에 항의했고, 이에 점점 더 많은 사람들이 지지를 보냈다. 점점 더 많은 목사들이 독일 기독교도에 등을 돌렸고, 그들의 새로운 제국 주교인 뮐러를 따르지 않겠다고 공포했다. 그러나 뮐러는 단호하게 이에 대응했다. 1934년 1월 4일, 그는 자신과 교회에 대해 쏟아낸 모든 비난을 교회 신도들 앞에서 부인했다. 정확히 표기되었듯이, 이 '재갈 법령'은 제국교회 내부의 "질서 있는 상태"의 재건에 이바지하려는 것이었다.

그런데 그 일은 이루어지지 않았다. 뮐러의 비판자들은 1월 26일에 뒤따른 니묄러의 해임에 대해 눈도 끔쩍하지 않았다. 대신에 그들은 목사비상연맹의 회원들과 이른바 물들지 않는, 곧 독일 기독교도에게 지배당하지 않는 주 교회들의 대표들을 고백의원총회로 불러들였다. 이 총회는 1934년 5월 말에 부퍼탈 교구에 속하는 바르멘-게마르케에서 개최되었는데, 이곳은 독일 기독교도가 교구위원회의 다수를 차지하지 못한 곳이다. 바르멘에 모인 '루터파와 개혁교회, 통합교회의 대표들은' '제국교회 정권'을 따르지 않기로 선언했다. 이는 유명해진 바름(Barm)선언(공식적으로 "현 상황에 대한 독일 복음주의 교회의 신학적 시국 성명"이라 불림)의 다섯 번째 테제에서 다음과 같이 설명되었다.

교회가 자신의 특수 임무를 넘어서서 국가업무와 국정과제, 국가적 위엄을 횡령해 스스로 국가조직이 되려 하는바, 우리는 이 잘못된 가르침을 거부한다.[17]

그로써 이른바 교회 투쟁이 시작되었다. 1945년 이후 여러 차례 주장되었듯이, 그것도 국가에 대항한 투쟁이었는가? 그것은 저항이라고 볼 수 있는가? 바름 선언의 다섯 번째 테제에 나오는 훨씬 더 중요한 후속 문장은 이에 대해 긍정하는 입장을 담고 있다. 그것은 다음과 같다.

국가가 자신의 특수 임무를 넘어서서 인간 삶의 유일하고 총체적인 질서가 되어 교회의 사명까지도 수행하려 하는바, 우리는 이 잘못된 가르침을 거부한다.

의심할 여지없이, 이는 전대미문의 중요한 문장이다. 이 문장을 통해 바름 총회는 바울이 제공하고 루터에 의해 효력을 갖게 된, 모든 당국, 심지어 나치 당국에 대한 절대적 충성심을 거부했다. 이는 제대로 높이 평가받지 못했다. 1935년 5월에 두 번째 고백의원총회에서 설립되어 나중에 고백교회라 불리는 이 단체의 구성원들이 이 주장에 따랐는지는 완전히 별개의 문제다. 간단하게 다시 묻는다면, 교회 투쟁은 '단순히' 교회의 내부 투쟁이었는가, 아니면 마찬가지로 교회와 국가에 대항한 투쟁이었는가?

고백교회가 통폐합 과정을 거쳐 정치적, 이데올로기적으로 나치화된 제국교회에 대항해서 싸웠다는 것과 그 투쟁이 모든 분야에서 이루어졌다는 것은 의심할 여지가 없다. 한편, 교구 차원에서, 고백교회에 충성한 남녀 기독교인들이 독일 기독교도의 목사들에게 대항했고, 그 유명한 붉은 종이에 쓴 동일한 성명서에 서명함으로써 일반적인 독일 기독교 정권에 대한 거부감을 표명했다. 다른 한편, 지방 및 제국 교회 차원에서, 고백교회의 대표자들은 나치화된 제국교회의 갖가지 조치에 반대했다.

나치국가는 항상 교회 내부의 대립 속으로 파고들었다. 반대하는 성직자들은 해임되었고, 벌금형에 처했고, 감옥에 갇혔다. 다른 한편, 1935년 7월 16일, 교회 업무를 담당하는 장관에 임명된 한스 케를은 (독일 기독교도가 다수를 차지하지 못한) 하노버(아우구스트 마라렌스)와 바이에른(한스 마이어), 뷔르템베르크(테오필 부름)의 전염되지 않는 교회의 주교들이 독일 기독교도가 지배하는 전국교회와 함께 새로 구성된 제국교회위원회에서 함께 일하도록 하는 데 성공했다. 그로써 고백교회의 공동방어전선이 쪼개졌다.

1936년 2월, 바트 외인하우젠에서 마지막 공동 제국고백의원총회가 개최되었다. 나치 정권과 협력할 준비가 된 사람들은 '개신교-루터파 독일교회'를 구성했다. 타협을 모르는 급진적인 진영은 1936년 3월 12일에 새로운 '임시 교회 지도부'를 선출했다. 그 지도부는 1936년 5월에 인종주의와 지도자숭배와 같은 나치적 세계관의 핵심 사항을 분명하게 거부하는 건의서를 작성했다.[18] 그들의 문건이 조금 일찍 공개되었다. 그러자 곧바로 나치들이 달려들었다. 이 건의서의 작성자인 프리드리히 바이슬러는 체포되자마자 즉각 살해되었다. 1937년에는 니묄러 목사마저 체포되었다. 1938년 2월에 그에 대한 재판이 열렸다. 그는 단지 7개월 동안 구금 선고를 받았고, 더욱이 미결 구류를 이미 다 살았음에도, 게슈타포는 그를 작센하우젠 강제수용소로 끌고 갔다. 그에 따라 교회 내 반대 진영의 탁월한 지도자가 제거되었다.

1938년 9월, 이른바 주데텐란트 위기가 최고조에 달했을 때, 임시교회 지도부는 히틀러가 당시에 이미 깨트리려 한 평화를 지키려는 목적으로 작성한 기도전례서를 갖고 기도하기를 감행했다.[19] 이는 온건한 개신교-루터파 독일교회에서는 분명히 허용되지 않았다. 이 독일교회는 1938년 11월의 파렴치한 유대인 포그롬(Judenpogrome)에 대해서도 더는 항의하지 않았다. 단지 고백교회의 소수 목사만 항의했을 뿐이었다. 그와는 달리 독일 기독교도의 대표들은 나치 정권의 반유대주의적 조치를 옹호하는 것이 적절하다고 여겼다.[20]

히틀러가 도모한 전쟁에 대해서도 더는 아무도 저항하지 않았다. 비록 이 전쟁이 처음부터 절대 정당하지 않고 이해할 수 없으리만치 잔인한 '인종전쟁'이라는 것을 모두가 분명하게 알았지만, 고백교회의 구성원들조차 독일 군대의 승리를 위해 기도하는 일이 필수적이라고 여겼다.[21]

물론 나치의 인종정책에 반대한 개별적 저항과 이 정책에 따른 희생자를 돕는 일은 훨씬 더 높게 평가되어야 한다. 베를린의 목회자 하인리히 그뤼버는 박해받는 개신교 '비아리안들'을 돕기 위한 구호소를 설치했다.[22] 이 구호소는 해외로 이주하려 하고 사회적 문제를 극복하려 하는 신앙의 형제들을 도와주려 했다. 그러나 1940년 12월에 그뤼버는 체포되었고, 강제수용소로 끌려갔다. 그에 앞선 1940년 7월에 뷔르템베르크의 부름 주교는 개신교의 다른 대표들처럼 '유전병 환자'의 살해에 반대하는 글을 작성해 항의했다.

그에 반해 브레슬라우의 여성 목사 카타리나 슈타리츠가 작성한 1941년 9월의 호소문은 유대인에 대한 살해를 반대하는 내용을 약간 언급했지만, 아무런 호응도 얻지 못했다. 1943년 10월에서야 비로소 유대인과 인종살인은 구프로이센 교회연합의 제12차 고백총회에서 공공연하게, 공개적으로 심판되었다. 내용은 다음과 같다.

'근절', '박멸', '무가치한 생명' 같은 개념들은 신의 질서를 알지 못한다. 단지 범죄자의 일원이라서, 늙거나 정신적인 질병이 있어서, 또는 다른 인종에 속해 있어서 인간을 멸절시키는 것은 하나님이 당국에 부여한 검의 집행이 아니다.[23]

그것은 용감한 행동이었다. 하지만 충분하지 않았다. 그 밖에도 이처럼 너무 뒤늦은 말에 너무 작은 행동만 뒤따랐을 뿐이었다. (로마인들과 달리) 아주 소수의 유대인만이 실질적인 도움을 받았다. 1945년 10월에 슈투트가르트에서 모인 독일의 복구된 개신교 대표자들은 이 사실을 정확히 알았다. 그들은 그 일에 대한 자신들의 책임을 다음과 같이 고백했다.

우리는 우리 자신을 고발한다. 우리는 조금 더 용감하게 알려고 하지 않았고, 우리는 조금 더 진실하게 기도하지 않았고, 우리는 조금 더 즐겁게 믿으려고 하지 않았고, 우리는 조금 더 열정적으로 사랑하지 않았다.[24]

유감스럽게도 이것은 기껏해야 불분명하게 표현된 책임감에 관한 고백인데, 상당히 기만적인 자기 찬양과 결합해 있다. 고발 이전에 다음과 같은 문장이 보인다. "우리는 나치의 폭력정권에서 무서운 형태로 표출된 정신에 반대해 예수 그리스도의 이름으로 오랜 세월 동안 부단하게 투쟁해왔다. 그러나……."

불길한 "정신"에 반대한 투쟁은 교회 투쟁이라고 생각되었다. 이것은 이후 수많은 개신교의 표명에서 "저항"이라고 표기되었다. 정치적 저항이라고 계산되었다. 물론 거짓말은 아니지만, 그것은 하나의 이데올로기일 뿐이다. 이 이데올로기와 함께 개신교는 자체적인 탈나치화를 방해했고, 그들의 모든 권력과 주권의 복구를 정당화했다.

복구와 혁명

먼저 나치 시대 이전에 존재했던 교회법이 복구되었다. 나치화된 제국교회와 그것에 반대한 고백교회가 해체된 자리에 '독일개신교(EKD)'가 들어섰다.[25] 이때 상당히 느슨하고 연립적인 성격을 띤 루터파, 개혁교회, 통합교회의 연합체가 중요해졌다. 1969년 이후부터는 동독 지역에 있던 교회들은 더 이상 이 단체에 소속되지 않았다. 그들은 '동독개신교연합'을 따로 조직했다.

둘째로, (서독에서는) 나치 시대 이전에 존재했던 헌법상의 교회 지위가 회복되었다. 이는 위에서 언급한 바이마르 제국헌법의 교회 조항이 기본법으로 받아들여짐으로써 이루어졌다. 그에 따라 국가와 교회의 실질적인 분리가 규정되지 않았다.

셋째로, 교회의 정신적 및 물질적 권력이 복구되었고, 원래보다 훨씬 더 보수화되었다. 이 두 가지는 교회를 재정적으로 지원하고 그들의 종교적 구상을 공유하고, 그것을 구체적인 국가정책으로 실현했던 국가에 의해 추진되었다. 그것은 무엇보다도 가족 및 성 정책에서 그러했다.

비록 그 정책 분야가 우세한 가톨릭 정치가들에 의해 헌법에 정착되었던 특별히 가톨릭적 가치관에 토대를 두고 가톨릭교도가 다수인 국가에 의해 실행되었지만, 그러한 정책은 개신교에서도 환영했고 함께 책임을 맡았다.

그런데 이 국가는 처음 20년 동안에는 한 정당이 통치했다. 그 당은 사실 가톨릭중앙당에서 출발했으나 그 당의 전신과 달리 종파를 초월하였다. 왜냐하면 프로테스탄트를 당원으로 받아들였기 때문이다. 그 정당이 바로 기독교민주연합(CDU)이다.

비록 가톨릭주의와 프로테스탄트주의 사이의 전통적이고 매우 치명적인 대립이 완전히 극복된 것은 아니지만, 이 정당 덕분에 그것은 본질적으로 약화되었다. 그 밖에도 CDU와 이 당의 카리스마적인 정치지도자이자 장기간 총리를 지낸 콘라트 아데나워는 이전에는 반가톨릭적이고 반민주주의적인 생각을 지녔던 대부분 프로테스탄트가 가톨릭교회와 민주주의 국가헌법에 대한 미온적인 태도를 버리고 새로운 기독교적-민주주의적 공화국을 지체 없이, 그리고 처음부터 공동책임을 맡고 지지하도록 하는 데 공을 세웠다.[26] 그에 따라 본(Bonn)은 바이마르(Weimar)를 반복하지 않았다. 이 점은 인정할 만하다. 그러나 (구)연방공화국의 (복음주의) 교회의 전반적인 정치적 태도는 칭찬할 이유가 없다.

그들이 이미 반페미니즘적이고 동성애를 혐오하는 특징을 지닌 가족 및 성 정책에 대해 동의한 사실은 비판받을 만했고, 지금도 마찬가지다. 교회는 형법 175항과 218항의 개정을 반대하는 입장을 너무 늦게 철회했고, 그에 따라 (구)연방공화국의 거의 전 시기에 걸쳐 낙태와 동성애적 성관계를 조사하고 처벌하는 것을 용인해왔다.

그와 달리, 다수의 복음주의 교회가 서독의 재무장에 대해 오랫동안 반대해왔다는 점은 칭찬할 만하다. 이 문제와 1980년대의 평화운동에 대한 지지는 다음 '교회와 전쟁' 장에서 다시 다루어보기로 한다.

전체적으로 정리하자면, 아래와 같이 상반된 결론이 도출될 수 있다. 교회가 서독의 민주적 국가질서를 인정했다는 것은 칭찬받을 만하다. 그러나 교회가 민주적인 당국에 일방적으로 복종하고 "사람보다 하나님을 더욱 섬기라"는 계명을 자주 인식하지 않으려 했다는 점은 비판받아야 한다. 다름슈타트 선언에서 비판되었듯이, 서독 연방공화국의 교회는 "혁명의 권리를 부정했고," "절대적인 독재"가 아닌 민주주의로의 "발전"을 "용납했고 찬양했다."

동독은 사정이 달랐다.[27] 이곳에서는 1949년 동독 헌법 제43조에 의거해 처음부터 국가와 교회가 분리되었다. 이 조항에서 '국가교회(Staatskirche)'의 복구는 거부되었고, 동시에 "종교공동체의 통일을 위한 자유는 보장되었다." 그 밖에도 헌법 41조에는 "완전한 종교 및 양심의 자유" 외에도 "방해받지 않는 종교 행위"가 동독 시민들에게 허용되었다.

그러나 이처럼 소비에트의 압력으로 공포된 동독 헌법의 자유주의 규정은 국가정당인 사회주의통일당(SED)에 의해 너무 빨리 위반되었고 파괴되었다. 다시 말해, 사회주의통일당은 이른바 다른 연합정당들

뿐만 아니라 교회에 대해서 당의 수위권을 관철했다. 교회와 사회주의 통일당과의 갈등은 특히 학교와 청소년 정책에서 제일 먼저 나왔다. 사실상 교회는 국가와 교회의 분리를 감수했지만, 학교와 일반적인 교육 시스템에서 퇴출당하기를 바라지는 않았다. 교회는 학교에서도 종교 수업을 수행할 수 있는 헌법상의 성문화된 권리를 주장했고, 1950년 중반에 사회주의통일당이 공포한 (변증법적 유물론을 노동계급의 과학적 세계관으로 모든 학교에서 관철하려는) 계획을 비판했다. 교회의 대표자들은 그것을 학생들에게 '불신'을 강요하는 시도라고 보았다.

'청소년 공동체'라는 교회의 청년 조직들은 그러한 계획에 저항했다. 그들은 국가의 청소년 조직인 자유독일청년단(FDJ)을 탈퇴해버렸다. 당은 그런 저항을 테러로 응수했다. 청소년 공동체 소속 회원들에 대한 검거 활동이 대대적으로 일어났다. 1952, 1953년에만 해도 72명의 교회 청소년 조직 지도부가 체포되었고, 300명의 청소년이 학교에서 퇴학당했다. 복음주의 주교들은 항의했고 소비에트 주무관청에 도움을 요청했다. 그것은 성공적이었다. 소비에트의 압력 때문에 사회주의 통일당은 한층 더 온건한 교회정책을 수행했다.

하지만 수많은 복음주의 기독교인들도 참여했던 1953년 6월 17일의 인민봉기 이후에 그런 분위기는 사라졌다. 1957년에 사회주의통일당 정치국은 "성인식 준비와 실행을 위한 (……) 정치 지침"을 새로 공포했다. 이런 반기독교적이고 사이비 종교적인 의식에 동독의 모든 청소년이 복종해야만 했다. 교회는 그것을 거부했고, 국가의 성인식과 교회의 입교식이 통합될 수 없음을 공포했다.

그러자 사회주의통일당은 1958년 제5차 전당대회에서 국가와 교회의 한층 더 급격한 분리를 결정했다. 당이 공포한 "사회주의 도덕과 윤리의 십계명"에 따르면, "종교적 교리의 확산은 국가와 국가기관의 업무가 아니다. 종교적 숭배의식의 수행과 그와 관련된 교리의 학습은 오로지 교회의 울타리 안에서 교회와 관련된 사람들이 수행하는 사적인 일이다."[28]

이에 교회는 그들 나름대로 동독의 국가 당국에 대한 복종을 거부하고 그에 대항했다. 그것은 1949년부터 1961년까지 독일의 복음주의 교회 협의회 의장이기도 했던 베를린-브란덴부르크 주교인 오토 디벨리우스에 의해 표명되었다. 디벨리우스는 교회의 거대한 부분이 나치 국가에 협력하려던 태도에서 기독교도는 언제 어디서나 '전체주의' 국가에 절대로 복종해서는 안 된다는 가르침을 끌어냈다. 동독이 '전체주의' 국가에 해당하기 때문에 그들의 법을 반드시 준수할 필요가 없다는 것이다. 심지어 디벨리우스는 동독에 통용되는 교통법규까지도 이에 포함시켰다.[29]

이는 오늘날에도 대단히 흥미로운 대목이다. 그러나 당시에는 동독의 당과 국가 지도부는 그것을 저항의 선언으로 감지했고 그렇게 판단했다. 그에 따라 동독은 여전히 전독일적인 EKD 지도부와 공식적인 관계를 끊었다. 이유인즉슨, EKD가 서독의 재무장을 지지했다는 명목이었다.

(EKD가 격렬하게 항의했던) 1961년 8월의 장벽 건설 때문에 분단된 독일 교회의 공조가 점점 더 어려워졌고, 끝내는 거의 불가능하게 되었다. 그에 따라 동독 교회의 대표들은 사회주의통일당의 압력에 끝내 굴복했고, 1969년에 '동독복음주의교회연합(BEK)'과 함께 독자적인 동독 교회를 세웠다. 그러나 이 독자적인 교회는 "독일의 전체 복음주의 기독교의 특수한 공동체"의 기본 질서를 따르는 것을 의무처럼 느꼈다.

이신교적일 뿐만 아니라 사회주의적인 국가에서 교회의 역할과 기능은 1971년 7월 BEK의 연합 의원총회에 의해서 다음과 같은 개념으로 정리되었다.

"증인과 예배 공동체 내에서 우리는 교회가 사회주의의 측면이나 맞은편에 있는 것이 아니라 사회주의 내부에 존재한다"는 것을 배우고 있다.[30]

상당히 많이 인용된 이 문장은 오해의 소지가 매우 많다. 사람들은 "사회주의"를 현존하는 동독 국가라고 이해했을 뿐만 아니라, 동독국가의 (명목상!) 사회주의식 이데올로기라고도 이해했다. 그래서 그들은 교회의 지도부가 이데올로기에 흔들려 '현존하는 사회주의'의 독재 체제에 굴복했다고 비난했다.

사실상 1970년대에 늘 동독에 비판적이었던 총회장 하이노 팔케가 '상호 안정화 시스템'이라고 지칭한 것을 관철하였다. 원했든 원치 않았든, 어쨌거나 교회는 근본적인 반대 입장을 포기함으로써 정권의 안정화에 기여했다. 그 대가로 교회는 국가로부터 '독자적인 삶과 영향력'을 행사할 수 있는 '국가 없는 공간'이 허용되었다. 이러한 타협안은 1978년 3월 6일 에리히 호네커와 주교 알브레히트 쉰헤어가 이끄는 교회 지도부 사이의 '좌담회'에서 성사되었다.[31]

그럼에도 여기서 성사된 현상 유지(modus vivendi)는 아주 허약했고, 양측 모두에게 장단점이 있었다. 동독 지도부는 독일 국내와 국제적 영역에서 교회를 "제국주의와 전쟁을 탐하는 서구"에 맞서는 그들의 "평화정책"을 위한 도구로 활용하려 했고, 이것은 부분적으로 성공적이었다. 그런데도 솔직히 평화라는 주제는 모호했고, 동시에 함정이 될 수도 있었다. 끝내는 사실 (서구와 동구) 양측이 모두 군비를 증강했다. 1981, 1982년 이후에 교회 내부에서, 말하자면 교회 산하에서 생겨난 평화 단체들은 한쪽 눈을 감은 맹인이 될 수 없었고, 그들은 무엇보다도 동독에 도입된 강제적인 '교련수업'뿐만 아니라 동구의 군비증강을 비판했다. 평화운동은 1983년 이후부터 당 지도부와 국가 지도부에 위험한 존재가 되었지만, 그때부터 교회가 '평화를 위해 구체적인' 네트워크 단체와 연대해 '검 대신 쟁기'라는 슬로건으로 공동의 강력한 상징성을 갖추게 되었다.[32]

평화운동 이후, 그 측면에서 다시금 교회 산하에 환경, 여성, 아주 보편적인 인권 문제에 개입하는 단체들이 더 많이 생겨났다. 당연히 이 모든 일은 정당과 국가 지도부에는 눈엣가시였고, 그 때문에 그들은 교회에 이러한 행동을 중단해 달라고 요구했다.

(베를린의 총감독인 귄터 크루세와 같은) 몇몇 사람들은 국가의 이러한 지침을 따랐다. 베를린-브란덴부르크 총회장 만프레트 슈톨페 같은 다른 사람들은 (슈타지와 함께) 협상에 전념했다. 교회의 또 다른 대표들이 '사회주의 내부의 교회'는 '비판적 연대'의 정치에서 전향하라고 요구했다.

누가 옳았는지, 어떤 노선이 올바른 것이었는지 결정하기란 어렵다. 어쨌거나 현재의 관점에서 과거를 판단해서는 안 된다.[33] 결정적인 것은 그 결과다. 즉 교회는 저항하는 여러 평화단체, 환경단체, 인권단체를 위한 보호소로 남았을 뿐만 아니라, 동독에서 저항운동의 출발점이자 정점이 되었다. 그에 따라 교회는 1989년 혁명을 사전에 준비했을 뿐만 아니라 함께 만들어갔다. 그렇다고 이 혁명을 '프로테스탄트 혁명'[34]이라고 기술할 수 있는지는 또 다른 문제로 남는다.

동독의 저항하는 기독교인들이 "사람보다 하나님을 더욱 섬기라"는 복음을 듣고 따랐는지는 문제가 아니다. 다름슈타트 선언을 (조금 변형해서) 다시 한 번 인용하자면, 그들은 (동독의) "절대적인 독재의 발전"을 "용납하고 찬양하지" 않았고 "혁명에의 권리를 부정"했다(부정하지 않았다).

2장

너희 원수를 사랑하라

— 교회와 전쟁 —

마르틴 니묄러 목사.

연방공화국이 건설된 직후부터 분명하게 파악된 서독의 재무장 노력은 날카롭게 심판되었다. 이때 옛날 고백교회의 창립자이기도 하고 카리스마적인 지도자였던 마르틴 니묄러가 전면에 나섰다.

1950년 1월, 독일 복음주의 교회의 의원총회(EKD)가 재무장에 반대하고 평화를 보전하는 입장을 표명한 것은 그의 공로 때문이다. 이러한 요구는 1950년 8월 에센에서 개최된 독일 개신교의 날에 의해서도 지지되었다. 그러나 형제협의회는 한 발 더 나아갔다. 1950년 8월 29일, 이 협의회는 다음과 같은 성명서를 공포했다. "우리는 독일의 재군사화를 반대한다. 왜냐하면 우리는 예수 그리스도에 대한 믿음 안에서 낯선 군대와 그 어떤 군사력으로도 우리 민족을 돕는 일은 원하지 않기 때문이다."

"너희의 원수를 사랑하라. 너희를 비방하는 자를 축복하라. 너희를 미워하는 자에게 선대하라. 너희를 모욕하고 핍박하는 자를 위해 기도하라."(마태복음 5장 44절) 예수는 이 말씀으로 그의 제자들에게 평화를 보존하라고 경계하셨다. 그런데 사도 바울은 기독교인에게 당국에 복종하라고 경고했다.(로마서 13장) 그렇다면 기독교인은 당국이 전쟁터에 보낼 때도 복종해야만 하는가? 기독교인은 그때에도 "사람보다 하나님을 더욱 섬[길]"수 있을까? 정말 그렇게 해야 할까?(사도행전 5장 29절) 이 질문은 바울에게서도, 신약 전체에서도 분명한 답변이 제시되지 않았다.

그 답변은 구약에서도 분명하지 않다. 왜냐하면 구약에서는 평화보다는 전쟁에 관한 언급이 훨씬 더 많기 때문이다. 여기서 유대인이 그들의 적에 대해 수행한 전쟁은 심지어 분명하게 허용되었고 상세하게 서술되었다. 이것이 적어도 마카비서에서는 정말 피비린내 나는 방식으로 일어났고, 오늘날 평화의 친구들이 이 책과 성경 읽기를 꺼릴 정도로 끔찍하다. 그래도 여기서 평화를 보존하라고 이미 언급한 경계뿐만 아니라, 어떻게 행동할 수 있는지에 대한 조언을 발견한다면, 그들은 그렇게 행해야만 한다. 모든 무기를 단념하고 파괴함으로써 그렇게 행동해야 한다. 선지자 미가의 책에 쓰여 있기를, "그들은 검을 쟁기로 만들고 창으로 낫을 만든다. 민족이 민족에 대해 검을 높이지 말지며, 전쟁을 수행하는 법을 이제는 더 이상 배우지 않게 될 것이다."(미가서 4장 1-4절)

기독교 신자는 어떻게 행동해야 하는가? 그는 복음서 저자인 마태와 선지자 미가를 따라서 평화를 보전하고 무기를 파괴해야 하는가? 아니면, 바울 사도의 조언에 따라, 항상 당국에 충성해야 하는가? 당국이 전쟁 수행을 요구할 때에도 그렇게 해야 하는가?[1]

나는 이 문제는 모든 기독교인이 스스로 결정해야 하고 그렇게 해도 된다고 생각한다. 이 문제는 자신에게 속한 것이고 (모든) 기독교인의 자유에 속한다. 하지만 지극히 개인적인 나의 생각은 나의 교회가 이를 항상 공유하지는 않았다. 교회는 항상 평화를 위해 기도했지만, 동시에 훨씬 더 많이 전쟁을 선포해왔다는 것은 확실하다. 교회와 전쟁의 역사는 길고도 슬픈 역사다.

정당하고 거룩한 전쟁

교회와 전쟁의 역사는 예수와 제자들과 함께 시작되지도, 바울과 다른 사도들이 세운 (초대)교회와 함께 시작되지도 않았다. 초대교회의 신자들은 절대적으로 평화로운 선남선녀였는데, 그들은 박해에 대해서 단 한 번도 저항하지 않았다. 수도사들과 수녀들 이외에도 "사람보다 하나님을 더욱 섬기"기 원했던 이른바 교인이라고 불린 신도들이 이러한 전례를 따랐다. 그들은 모두 당국이 요구하는 전쟁의무를 거부함으로써 "인간보다는 하나님을 더욱 섬"겼다. 그들 중 몇몇은 공교회에 의해 순교자로 지명되고 성인으로 추대되었다. 그와 달리 공교회에 복종하지 않았기 때문에 이단시되고 박해받고 화형당한 사람도 많다. 그들은 이른바 '이교도적' 신앙공동체를 떠나지 않았고, '이단적' 신앙에 대한 신의를 저버리지 않았다.

공교회의 이단과 이교도에 대한 박해를 정당화하기 위해, 아우구스티누스 같은 교부들은 '정당한 전쟁'에 관한 가르침을 발전시켰다. 이른바 '정당한 전쟁'은 먼저 세속 당국이 교회와 국가의 대적(大敵)에 맞서서 수행하는 것이었다. 이교도 이외에 이른바 이방인들도 여기에 포함되었다. 그들의 가차 없는 싸움을 위해 심지어 교회에서 기도가 드려졌다. 이것은 성경 구절을 완전히 터무니없이 잘못 해석한 결과다.

누가복음 14장의 성경 구절을 보자. 여기서는 어떤 주인이 초대했지만 참석하지 않은 손님들을 위해 차려진 "저녁을 먹을 수" 있도록 임의로 선택한 행인들을 그의 집에 오라고 "간청하라"고 명령했다.(누가복음 14장 16-23절) 아우구스티누스와 다른 교부들의 생각에 따르면, 이교도들과 이단들도 교회의 집에 들어오도록 강요되어야 한다는 것이다. 라틴어 성경에서 이를 'compellere intrare(사람들에게 들어오라고 강요하다)'라고 썼다.

11세기 이후부터 그런 권한이 세속 당국에서 교회로 넘어갔다. 이것은 이미 언급한 두 개의 검 이론에 관한 해석을 통해 이루어졌다. 그에 따르면, 두 개의 검, 즉 종교적 및 세속적 권력은 모두 오로지 교황에게만 책임을 지게 되었다. 그에 따라, 그레고리우스 7세와 우르바누스 2세와 같은 교황은 황제가 아닌 다른 세속 군주와 일반 기사에게 교회의 적에 맞선 거룩한 전쟁을 수행할 임무를 맡기고 권력을 부여했다.[2]

이러한 전쟁은 십자가 표식을 한 채 수행되었기 때문에 이를 십자군전쟁이라 불렀다. 이교도와 이단 외에도 무엇보다도 무슬림이 공격 대상이 되었는데, 무슬림은 기독교의 십자군 이념에 대해 이슬람의 지하드 이념으로 대항했다. 아마도 그 정반대도 가능했을 것이다. 기독교의 십자군은 이슬람의 지하드에 대한 응답이었다. 그렇지만 그리스도인과 무슬림이 수행한 거룩한 전쟁은 그 무엇에 의해서도, 그 누구에 의해서도 정당화될 수 없는 범죄였다는 사실에는 변함이 없다. 기독교의 십자군이 입에 올린 '하나님의 뜻이다(Deus Vult)'라는 구호는 솔직히 신성모독이고 극히 반기독교적이다.

중세 말기에 벌써 소수의 신학자들은 이러한 전쟁의 성격을 정확하게 인식했고 적절하게 비판했다. 그들은 십자군전쟁의 발상과 이데올로기를 문제 삼았고, 그 전쟁의 수행인과 옹호자들, 즉 세속 및 성직 십자군 기사단을 공격하기도 했다. 후자들은 기사단의 단원들인데, 그들은 모든 십자군 원정에 참여했고, 그들 중에서 광적으로 싸울 수 있는 핵심 군단을 구성했다. 이러한 고도로 의심스러운 군사적 공직을 위해 기사단들은 영적인, 세속적인 권력으로부터 수많은 특혜와 물질로 대가를 받았다. 그 대가로 그들은 엄청난 부자가 되었고 막강한 힘을 갖게 되었다. 그 정도가 너무 심해 성속 및 세속 당국이 시기하고 욕심을 부리기 시작했다. 그러나 그것은 공개적으로는 거론되지 않았고, 대신에 이데올로기적 비난 속에 감추어졌다. 그에 따르면, 이 기사

수도사들, 곧 수도사 기사들은 수도사도 기사도 될 수가 없다는 것이다. 그 밖에도 전쟁하는 기사와 평화의 수도사는 성적 순결의 의무를 져야 했다.

이미 말했듯이, 중세에 표명된 십자군전쟁과 십자군 기사단에 대한 이러한 비판은 마르틴 루터와 연결되었다. 1523년에 출간된 소책자 『독일 기사단의 주군들에게(An die Herren deutsch Ordens)』에서 그가 직접적으로 "그들은 잘못된 순결을 피하고 혼인을 통한 올바른 순결을 붙잡아라"고 경고했다. 루터는 독일 기사단 전체를 비판하면서 다음과 같이 설명했다. "당신들의 기사단은 희귀한 기사단이다. 대부분 불신자들에 대한 전투를 수행하려고 설립되었기 때문에, 이 기사단은 세속적 검을 휘둘러야 하고 세속적이어야 한다. 그러나 동시에 다른 수도사처럼 순결, 가난, 복종을 찬양하고 유지할 만큼 영적이기도 해야 한다."[3]

이 소책자를 헌정한 대상은 루터의 조언을 따르는 독일 기사단의 주군 알브레히트 폰 호헨촐레른이었다. 그는 프로테스탄트로 개종해 결혼하고 프로이센의 마지막 기사단 국가를 세속적인 공국으로 바꾼 장본인이다. 그 일 때문에 그는 루터의 찬사를 받았다. 끝내 이 프로이센 공국이 첫 번째 프로테스탄트 국가가 되었다. 그의 국가와 뒤따르는 프로테스탄트 국가들의 존재 때문에 루터는 전쟁과 평화의 문제에 대해 근본적인 견해를 밝혀야만 했다. 3년 뒤인 1526년에 루터는 『군인들이 거룩한 상태로 있을 수 있을까?(Ob Kriegsleute in seligem Stand sein können)』라는 소책자를 출간했다.[4] 이 소책자는 개신교가 전쟁과 평화에 대한 입장을 갖추는 데 결정적인 영향을 미쳤다. 따라서 이 소책자는 조금 더 상세하게 다루고 해석해봐야 한다.

군인들이 거룩한 상태로 있을 수 있을까?

아사 폰 크람(Assa von Kram) 기사에게 보내는 소책자를 쓰면서 루터는 곧바로 전쟁이 "사랑의 사역"이 될 수도 있다는 테제를 제기한다. 극히 주목할 만한 이 테제를 그가 당연히 산상수훈에 나오는 "너희 원수를 사랑하라"는 계명으로 설명하지는 않았다. 여기서 루터는 산상수훈을 그야말로 무시해버린다. 그 대신에 루터는 전쟁과 "전쟁 수행"에 대한 설명에서 "세속 당국에 복종"하라는 바울의 경고에 의지한다. 위대한 개혁자에 대한 존경심에도 불구하고, 위대한 신학자의 자기 평가에 따르면, 루터는 바로 이 논거로 인해 그에게 제기된 평화의 주제를 소홀히 하고 말았다. 원수 사랑과 당국에 대한 충성은 완전히 근본적으로 달랐다.

루터는 이 문제를 정확히 알았던 것처럼 보인다. 그래서 이 문제를 해결하려고 두 개의 검 이론을 활용했다. 그 과정에서 『기독교인의 자유에 대해』가 아닌 『세속 당국에 관해: 세속 당국에 어디까지 복종해야 하는가?』라는 자신의 소책자에 의존한다. 루터에 따르면, "하나님은 인간들 사이에 이중 통치를 세우셨다. 하나는 영적 통치인데, 검 없이 말씀만으로 인간이 신실하고 정의로워진다. (……) 또 하나의 통치는 검에 의한 세속적인 통치인데, 말씀에 의해 신실하고 정의로워지는 영원한 삶을 원하지 않는 사람들이라 할지라도 세속적인 통치에 의해 세상 앞에서 신실하고 정의로워지도록 강요될 수 있다."[5] 그렇다고 해도 그것이 과연 전쟁과 폭력에 의해 일어나야 하는가?

루터는 '그렇다'고 생각했다. 하나님은 "검을 통해 그러한 공의를 실현하신다." 그리고 "인간들 사이의 평화"는 전쟁을 통해서도 "유지된다"는 것이 "그의 뜻에서 비롯된다." 따라서 "세속 당국이 전쟁으로 부를 때" 기독교인은 "싸워야만 한다." 그러나 "자신을 위하거나 (……) 자기 의지가 아니라 당국에의 의무와 복종 안에서" 그래야 한다. 더욱이 루터는 '농민 봉기'에 관한, 정확하게 말하면, 그것에 반대하는 자신의 소책자에서 이처럼 섬뜩한 전쟁의 정당성을 다시 한 번 정당화했다.

전쟁을 찬성하는 입장을 담은 소책자가 널리 보급될 때, 루터는 또한 폭군 살해의 문제를 다루었는데, '이교도'라고 표기된 몇몇 고대 철학자들과 달리 그는 근본적으로 폭군을 거부했다. 기독교인들은 당국이 하나님에 의한 것이 아닐 때만 그 '당국'에 반대해도 된다. 그때, 오로지 그때에만, "사람보다 하나님을 더욱 섬길" 수 있고 섬겨야만 한다.(사도행전 5장 29절) 그러나 이 말이 누구를 또는 무엇을 염두에 둔 것인지, 루터는 여기서도 여전히 밝히지 않았다. 그것은 이후 교황과 악마(이 순서대로)에 반대하는 그의 소책자에서 다루어졌다.

그 외에 루터는 또한 부당한 침략전쟁과 정당한 방어전쟁을 다르게 보았다. 그는 전자를 "탐욕전쟁", 후자를 "비상전쟁"이라고 표기했다.[6] 그러한 "비상전쟁"은 '튀르크'를 상대로 수행할 수 있다.

결론 부분에서 루터는 또한 "군인들"에게 그들의 직업을 어떻게 수행해야 하는지에 대해 확실히 좋게 받아들일 만한 조언을 몇 가지 해주었다. 사실상 그들은 대가를 받게 될 것이지만, 그러나 "명예심과 돈 욕심" 때문에 전쟁을 수행해서는 안 된다. "전투가 시작되면," "군인들은 이 일에서 기독교인으로 처신해야" 하고, "그저 신의 은혜로 명령해야" 한다. 이러한 목적과 목표를 위해 개혁자 루터는 "기도"라고 표기되는 군대의 방침을 고안해냈다. 이 전문을 아무 논평 없이 그대로 인용하고 싶다.

하늘에 계신 아버지, 하나님의 뜻에 따라 제가 이 외적 행동과 나의 군주의 의무를 수행하려고 여기에 서 있습니다. 우선은 하나님과 하나님의 뜻에 따라 세워진 이 군주들에게 제가 얼마나 많은 빚을 지고 있는지요. 하나님께서 나에게 이 사역을 맡기셨으니, 하나님의 은혜로우심과 긍휼하심에 감사를 드립니다. 저는 이곳이 죄가 아니라 공의와 하나님의 뜻과 일치하는 복종이 있는 곳이라는 것을 확신합니다. 우리의 선한 행실은 우리에게 아무런 도움이 되지 않으며 군인으로서는 아무도 도움이 되지 않고 오로지 그리스도를 통해서만 거룩하게 될 수 있다는 것을 당신의 은혜 충만한 말씀을 통해 배워 알기 때문에, 저는 이러한 저의 복종과 그러한 행위에 결코 의지하지 않겠습니다. 그 모두가 하나님의 뜻을 이루기 위해 행하겠습니다. 저는 오로지 당신의 사랑스러운 아들인 나의 주 예수 그리스도의 죄 없으신 보혈만이, 당신의 은혜로운 뜻에 복종하여 나를 위해 흘리신 그분의 보혈만이 나를 구원하고 거룩하게 할 것이라 굳게 믿습니다. 이 믿음에 머물며, 이 믿음에서 살고 죽을 것입니다. 이 믿음을 위해 싸우고 모든 것을 할 것입니다. 사랑하는 주, 하나님 아버지, 하나님의 성령을 통해 나의 이 믿음을 지키시고 굳세게 하옵소서. 아멘![7]

자료를 통해서는 전혀 증명되지 않았지만, 위대한 개혁자가 조언한 것처럼, 루터의 "거룩한 군인들"이 16, 17세기 전쟁에 돌입했을 때, 그때는 실제로 종교전쟁이 문제시되었다. 오늘날 많은 역사가가 주장하듯이, 몇몇 유럽 지역에서 권력이나 전체 유럽에서 헤게모니를 획득하려는 전쟁은 중요하지 않았다. 거의 전례가 없는 섬뜩한 종교전쟁은 (개신교와 가톨릭) 두 교회에서 축복되었다. 그 전쟁은 "하나님을 위해" 악마적 "이단," 즉 '교황파'에 맞선 전투에 참전하도록 호소한 그런 전쟁이었다. 루터는 (아마) 그것을 원하지 않았을지 모른다. 그럼에도 그가 전쟁 대신에 평화를 보전하기를 호소했다면, 그것을 막을 수는 있었다.

영원한 평화를 위해

"영원한 평화를 위해"를 호소한 사람은 신학자 루터가 아니라 1795년 동명 책자를 저술한 철학자 칸트였다.[8] 사실 칸트는 이러한 평화를 위한 호소를 철학적인, 더 정확하게 말해, 계몽주의적인 주장으로 설명했다. 하지만 그 자신이 "철학적 기획"이라는 제목을 붙인 책자는 무엇보다도 산상설교에서 발견되는 기독교적 사상과 가치에 밑바탕을 두었다. 이미 설명했듯이, 이것들은 사실상 공교회에서 계속 거부되었지만, 그래도 몇몇 교인이나 수도회나 수녀회에 소속된 성직자들은 항상 이를 지켰으며 실천해왔다.

종교개혁 이후, 몇몇 프로테스탄트 신앙공동체는 자신들의 전례를 따랐다. 그러나 그들은 루터와 그가 세운 새로운 공교회에서 이단이라고 낙인찍혀 배척당했다. 그들은 자칭 기독교 국가들에 의해 모든 병역의무를 거부한다는 구실로 심지어 박해까지 받았다. 그들은 미국에서 보호받았는데, 그곳에서는 유럽에서 이단이라고 무시되던 프로테스탄트 신앙공동체가 훨씬 더 강력한 프로테스탄트 교회로 성장했다.

그리고 유럽에서 발전된 평화의 사상을 이른바 평화협회의 형태와 도움을 받아 19세기 초에 다시 유럽으로 들여온 것이 마찬가지로 바로 북미의 기독교인들이었다. 1828년에 '미국평화협회'를 통합한 미국의 평화협의회의 모범을 따라, 1830년에 프랑스의 '평화협회'와 함께 유럽 최초의 평화협회가 등장했고, 1848년 브뤼셀에서 최초의 국제평화대회가 개최되었다.[9]

2년 뒤인 1850년에는 요한 야코비의 '쾨니히스베르크평화협회'와 함께 독일 최초의 평화협회가 설립되었다. 이 단체는 1892년 많은 자매 조직들과 함께 '독일평화협회(DFG)'로 통합되었다. 베르타 폰 주트너와 알프레트 헤르만 프리트가 설립하고 주도한 이 조직은 고작 1,000여 명 남짓의 회원만 있었지만, 그 조직은 매우 강도 높은 공공사업을 추진했다. 이 조직은 처음에는 성공적이었다. 1897년에 독일평화협회는 함부르크에서 '세계평화대회'를 개최했고, 이는 국제평화회의의 소집을 널리 알렸다. 실제로 1899년과 1907년 헤이그에서 두 차례 국제평화회의가 개최되었고, 이곳에서 전쟁 수행에 대한 몇 가지 규정이 마련되었다. 그럼에도 평화운동에서 거론할 만한 여타의 성공은 더 이상 없었다. 그 운동은 1차 세계대전의 발발을 막아내지도 못했다. 그에 따라 그들의 영향력은 약화되었다. 그러나 독일평화협회는 1933년에 나치들에 의해 금지되고 결국 해체 되었다.

비록 독일의 (더 나아가 국제적인) 평화운동에 목사들도 포함되었지만, 이 운동은 존속되는 전 기간에 독일의 공교회에서 지원을 받지 못했다. 왜일까? 첫째로, 그들의 이데올로기가 계몽주의적이고, 아울러 반기독교적인 것으로 인식되었기 때문이다. 둘째로, 교회의 자체적인 이데올로기에 대한 고집 때문이다. 즉 교회는 당국에 대한 절대 충성과 당국이 수행하는 전쟁의 정당화에 단단히 붙들려 있었다.[10]

나폴레옹과 프랑스 민족에 맞서 수행된 이른바 해방전쟁은 절대적으로 좋고 극히 기독교적인 것으로 통했는데, 그 전쟁은 단지 하나님과 국왕을 위해서뿐만 아니라 '국왕, 민족, 조국'을 위해 수행되었기 때문이다. 이때 '민족'은 독일민족을 의미했는데, 해방전쟁의 지도적 이데올로그인 에른스트 모리츠 아른트의 말에 따르면, 그것은 (인종주의적으로) "순수한" 민족일 뿐만 아니라, "하나님을 찾고, 영적인, 신실한 민족"이다.[11]

그것은 순전히 신성모독이다. 당국의 신성화, 그들의 전쟁의 축복, 독일국민의 종교화[12]는 하나님의 이름으로 정당화되어서는 안 된다. 그럼에도 "하나님을 위한" "국왕, 민족, 조국"을 위한 비기독교적 전투는 기독교 십자가의 표식으로 수행되었다.

철십자 훈장이 달린 십자가

철십자 훈장에 관한 이야기다.[13] 철십자 훈장의 도상 형태와 모양은 싱켈이 제작하였다. 그것은 중세의 독일 기사단에서 차용했는데, 다른 기사단들과 마찬가지로 기독교의 평화의 기호를 달고 기독교의 대적과 맞서 싸워도 좋다는 것을 의미했다. 독일의 십자기사단의 경우, 그들은 흰색 망토 위에 검은색 십자가를 달았다.

사실상 기사단의 색인 검은색과 하얀색을 프로이센 국가가 넘겨받았고, 프로이센의 깃발 모양을 위해 활용되었다. 그러나 그것이 독일 기사단의 십자군 이데올로기의 수용과 연관되어 있지는 않다. 종교적 관용의 원리가 지배적이고 "모두가 자기 취향대로 거룩한" 국가에서 그것은 생각할 수 없는 일이었다. 항상 (가톨릭적) 독일 기사단과 거리를 두었고 그의 이데올로기적 유산을 거부한 프리드리히 대왕과 직접적인 후계자들, 곧 (프로테스탄트적인) 프로이센 국왕들에게도 매 한가지였다.

그런데 프리드리히 빌헬름 3세는 이런 프로이센적-프로테스탄트적 전통을 부숴버렸다. 마르크스와 엥겔스가 '나무대가리'라고 비난한 이 프로이센 왕은 1813년에 '그의 민족'과 전체 독일'민족'에게 독일 기사단에서 차용한 십자가 표식을 달고 '민족의 적' 프랑스와 싸우라고 요청했다. 이때 표식을 단 사람들은 새로운 기사단에 받아들여졌는데, 그것이 바로 철십자단이었다. 이 기사단의 배지는 1813년 3월 10일의 왕령에 근거해 "신분과 계급 고하를 막론하고, 모든 용감한 군인들에게" 수여되었다.

2달이 채 되지 않은 1813년 5월 5일, 프리드리히 빌헬름 3세는 한 가지를 더 추가했다. 그는 철십자 훈장을 받았거나, 또는 "그의 상관과 동료들의 만장일치적 증언에 따라" 철십자 훈장을 받을 수 있었던 모든 "전사한 군인들"을 위해 모든 "연대의 교회"에 "추념비"를 세울 것을 약속했다. 그리고 그렇게 용감하지는 않았던 군인들이지만, 마찬가지로 "명예의 자리에서 죽었다면," "모든 교회 내에 명판"을 설치할 것이다. 하지만 이것은 사실 국가가 아니라 교구가 비용을 대고 국가는 단지 철십자 훈장을 수여하고 국가가 작성한 문구로 장식되었다. "이 교구 출신이 국왕과 조국을 위해 전사했다……."

사정이 그러했다. 당국에 대한 악명 높은 충성심을 갖고 전쟁에도 열광하는 프로이센과 독일의 신민들은 모든 프로이센의, 독일의, 마지막으로 '대독일'의 계속되는 전쟁들을 위해 새로운 전쟁기념비를 세웠다. 또는 계속되는 전쟁의 날짜와 전쟁에서 살해당한 군인들, 처음에는 "하나님, 국왕, 조국"을 위해, 마지막으로는 "지도자, 민족, 조국"을 위해 "쓰러진" 군인들의 이름으로 예전의 전쟁기념비를 보강했다. 예전과 새로운 전쟁기념비 대부분이 철십자 훈장과 다른 기독교적 상징물로 장식한 것이 눈에 띄었다.

오늘날에는 아무도 이 문제에 대해 격분하지 않는다. 왜 그럴까? 기독교적 상징물의 신성모독적인 사용에 대해 왜 아무도 항의하지 않을까? 그들이 직접 죽이고 난 이후에 "국왕과 조국"을 위해 쓰러졌다거나 심지어 "하나님을 위해" 죽은 군인들을 부르고 기리는 추념비가 늘 그대로 있는 교회에서, 신자들은 하나님을 찬양하고 교회에서 평화를 위해 기도할 수 있을까? 그런 식의 영웅숭배는 비기독교적이다. 적어도 오늘날 교회에서는 더 이상 전쟁설교가 행해지지 않는다. 그러나 옛날과 19, 20세기 전 시기 동안에는 사정이 달랐다.

하나님께 영광을 드리라

군목인 에밀 프롬멜은 1870년 9월 30일에 행한 전쟁설교에서 "하나님께 영광을 돌리"기를 원했다.[14] 계기는 여태까지 프랑스에 속해 있던 슈트라스부르크의 정복 사건이다. "예전의 독일 도시"를 "우리" 복음주의 기독교인들은 "마치 빼앗긴 신부를 위해 싸워야 했고," 그것은 "피를 수반하는" 것이었다. 이러한 피와 신부의 은유법과 함께 프로테스탄트 목사는 그가 여성뿐만 아니라 전쟁과 평화에 대해서도 상당히 비정상적인 관계에 있었다는 것을 암시했다.

그런데 좋은 목자인 프롬멜은 이런 점에서 혼자가 아니었다. 다른 많은 프로테스탄트 목사(과 가톨릭 성직자)는 이 전쟁에서 독일적인 것을 위해 기도했고, 그들의 설교에서 독일의 승리를 축하했다. 프리드리히 폰 보델슈빙크 목회자도 이 부류에 속했다. 그는 1870년 9월 1일 스당(Sedan)에서 프랑스군을 상대로 획득한 승리에서 "살아계신 하나님의 손"을 알아보았고, 그 손은 "매우 확실하고 강력하게 역사 속에 개입하셨다."[15] "당연히" 좋은 독일인 편에 서셨다. 이러한 "근본 생각"을 잊어버리지 않기 위해, 보델슈빙크는 매년 스당의 날을 기념하는 '기념축제'를 제안했다. 스당 기념축제는 (독일제국의 방방곡곡에서) 아래와 같이 개최되어야 한다.

우리는 아버지 아른트의 제안으로 축제 전날에 전야제를 개최한다. 어둑어둑해질 때, 종이 축제의 날의 도래를 알린다. 무리를 지어 흥에 겨워 밖으로 나와 가까운 언덕에 오른다. 그곳에서 큼직한 기쁨의 불꽃이 점화된다. 애국주의 노래를 부르며 1870년 9월 1일의 치열한 전투의 날을 기념한다. 강렬한 언어가 그곳에서 승리를 쟁취한 영웅들을 기억하게 만든다.

9월 2일, 이른 아침에 대포의 굉음과 타종 소리로 즐거운 축제일이 깨어난다. 오전에 군인들이 모여들고 축제 대열로 정렬한다. 철십자기사단이 맨 앞에 선다. 앞장선 장교들을 따라서 그들은 깃발과 장식으로 치장된 거리를 통과해서 교회나 미리 마련된 빈 광장으로 행진한다. 지방 당국이 길을 안내하고, 앞날에 아버지들의 모범을 따르기로 한 청소년 학생들이 그 뒤를 따른다. 전체 마을 사람들과 어린이 합창단이 주고받는 축가와 함께, 축제가 시작된다. 성직자의 설교는 위대한 과거를 떠올리게 하고, 당신의 의지로 민족의 운명을 이끄시고 살아 있는 거룩한 감사 제물을 요구하시는 하나님 앞에서 겁을 내지 말라고 경고한다. (……)

여기서 어떤 것이 한층 더 섬뜩하고 한층 더 혐오스러운 영향력을 발휘하는지를 결정하기란 어렵다. 하지만 그것은 과거의 전쟁을 신성시해 미래의 전쟁을 이데올로기적이고 선전적으로 준비한 이 독일 성직자의 기독교적 열성이나 쇼비니즘적인 선동일 것이다. 둘 다 모두 성공적이었다. 비록 모두는 아니지만, 대부분 독일인은 1914년 8월에 환호성을 지르며 새로운 전쟁인 1차 세계대전에 참전했다. 그들은 이 전쟁을 똑같이 신성시하고 하나님이 원했다고 주장한 쇼비니즘적이고 (비)기독교적인 성직자들에 의해 선전선동당했다.[16] 그에 대한 한두 가지 사례들만 언급해보자. 목사이자 이후에 개신교 신학 교수가 된 마틴 라데는 전쟁을 "흥미롭다"고 발견하고, 전쟁 안에서 "살고" "전쟁의 축복"을 위해 기도하는 것을 "하나의 쾌락"이라고 느꼈다.[17] 《일반 개신교-루터파 교회 신문(Allgemeinen Evangelisch-Lutherischen Kirchenzeitung)》에서 전쟁의 발발은 "하나님의 계시"로 경축되었다. "전쟁의 하나님의 계시"를 통해 인간은 "다시 하나님을 생각하고 그를 찾기를 배우게 된다."[18] 극히 주목할 만한 이런 인식은 개신교 총회와 연결되어 있었다. "우리의 민족"이 전쟁을 통해 "그의 하나님"을 다시 발견했기 때문에 "겉으로 죽어버린 믿음의 불꽃"이 다시 타오르게 될 것이다.[19] 주둔군의 군목인 오 마이어 박사는 1914년 9월에 그의 양들인 군인들에게 전쟁 "사역"을 완벽하게 수행하라고 부탁했다. "전쟁사역은 곧 예배행위"다.[20] 그 자신이 직접 표현했듯이, "독일의 기독교인"은 "기독교인을 미워해도 되는가?"라는 자기 스스로 제기한 질문에 대해 "우리 아버지의 제5계명"을 다음과 같이 신성모독적인 말로 바꿔버렸다. "오늘날 무엇보다도 우리 민족의 과제에 적용할 때," 이 계명은 다음과 같은 의미가 있다. "적을 무찌르기 위해 최선을 다하지 않는다면, 우리를 용서해주소서. 우리가 빗나가게 한 모든 총알과 모든 타격을 용서하소서."[21]

이만하면 충분하다! 나는 교회의 대표들이 "하나님, 국왕, 조국"을 위해 전사한 사람들을 어떻게 추념했는지 그 방식에 대한 설명과 비판을 단념했다. 이 끔찍한 죽음의 축제는 전쟁에서 패배한 이후에도 계속되었다. 이러한 목적과 목표를 위해 "독일 전몰자 묘지 유지 민족연합"의 제의와 (양쪽!) 교회의 분명한 동의에 따라 이른바 민족 애도의 날이 제정되었다. 이날의 행사는 1926년에 처음으로 '사순절' 일요일(이는 부활절 이전 다섯 번째 일요일이다)에 열렸다.[22] 이날은 "세계 전쟁에서 전사한 우리의 아버지와 형제, 아들을 명예롭게 추념하는 데 바쳐진다." 실제로 이날은 새로운 전쟁을 이데올로기적으로 준비하는 데 기여했고, 이 전쟁을 통해 1차 세계대전에서 패배의 '치욕'을 청산할 것이다.

이러한 목표는 누구에게나 알려졌다. 당연히 교회에도 알려졌다. 하지만 몇 가지 예외를 뒤로한다면, 교회는 이러한 이데올로기적 목표를 저지하지 않았다. 무엇보다도 히틀러가 제국의 총리로 임명된 후에 추진된 새로운 전쟁 준비를 멍하게 쳐다만 보았다. 국민개병제의 도입과 베르사유 조약을 근거로 무장 해제된 라인란트에의 침략은 심지어 열렬하게 환영받았다. 오스트리아를 '합병'한 이후에 두 교회에서는 대대적으로 환호하는 일치된 태도가 지배적이었다. 히틀러가 이른바 주데텐란트를 포기하라는 압력을 넣으려고 체코슬로바키아에 전쟁으로 위협했을 때에야 비로소, 고백교회 측에서 소심하게 항의했다. 고백교회의 임시 지도부는 1938년 9월 30일에 계획된 기도회를 위한 전문을 작성했다. 아래는 그것의 일부 내용이다.

"이제 하나님께 기도합시다. 하나님께서 우리와 우리나라에 은혜를 베푸셔서 전쟁에서 지켜주시고 (전쟁에서 벗어날 수 있게) 우리와 우리 아이들에게 평화를 선사해주십사고 기도합시다! (……) 우리는 하나님 앞에서 무기를 들라는 부름을 받은 모든 이들을 기억합니다. 그들이 고향과 가정, 아내와 아이를 떠나게 될 때, 그들이 적 앞에서 여러 가지로 고통에 처하게 될 때, 그들이 부상을 당하거나 병들게 될 때, 그들이 포로로 붙잡히거나 죽음이 그들에게 닥치게 될 때, 하나님이 그들을 강하게 하시기를 기도합시다."[23]

이런 경우는 사실상 많지 않았다. 그래도 이런 소수자는 나치 국가와 나치화된 공교회에 의해 강력하게 심판받았다. 그 때문에 1939년에는 어느 누구도 감히 평화를 위한 기도를 공개적으로 계속할 수 없었고, 독일이 일으킨 전쟁에 저항도 할 수 없었다. 이 두 종파의 기독교도들은 그들의 교회에 의해 "하나님을 위해" 싸우라, 민족의 대적을 죽이라는 새로운 경고를 받게 되었다. 이때 그들은 오직 이 목적을 위해 교회가 운용한 군목들의 지지를 받았고, 그들은 "지도자, 민족, 조국"을 위해 전사한 전몰자들을 축복했다. 반대하는 고백교회 출신의 많은 목사도 이러한 거북한 과제에 복무했다. 병역의무를 거부해 사형선고를 받은 프로테스탄트가 바로 헤르만 슈퇴어였다.[24]

제5계명은 영원하리라

"제5계명은 영원하리라." 1943년 10월 구프로이센 연합의 제12차 고백의원총회는 단언했다. 그런데 이것은 필수적인가? 살인금지는 언제 어디서나 전쟁에서도 유효하다는 것은 누군가가 의심했던 걸까? 분명히 그랬다! 그러니까 고백교회는 나치 국가와 나치화된 공교회에 "하나님께서 살인을 금지하신다"는 것을 반드시 상기할 필요가 있다고 생각했다. 그러나 이것은 아래와 같이 극히 주목해볼 만한 설명과 함께 이루어졌다. 이 '사실', 즉 종교적인 살인금지에 비해 "전쟁에서 살인을 받아들이는 범위는 우리를 단박에 무감각하게 만들어버릴 수 있다."[25]

그러나 이 '범위' 이외에도, 맨 처음부터 인종전쟁이기도 했던 이 전쟁에서 살인의 성격도 말 그대로 비판받았다. 자행된 인종살해는 당국에 허용된 일이 아니다. 이는 하나님이 당국에 부여한 검의 집행이 아니다. "'박멸,' '근절,' '무가치한 생명'과 같은 개념들은 하나님의 질서를 모른다." "사람이 단지 범죄자에 속했거나, 나이가 들었거나, 또는 정신병이 있거나, 다른 인종에 속했다는 이유만으로 인간을 파괴함"도 마찬가지다.

이 경고는 인종살인을 당한 유전병자들과 유대인들과 로마인들(그들은 분명히 "다른 인종에 소속된 자들"로 구분되었음)을 위해 너무 늦게 나왔다. 그래서 그들은 비참한 최후를 맞이할 때까지 계속 살해되었다. (두 교회!) 교회는 모든 것을 알고 있었다. 그런데도 교회는 인종살인이나 일반적인 살인을 저지하거나 심지어 막기 위해 아무것도 하지 않았다.

제3제국의 몰락 이후, (개신교) 교회는 인종 및 민족 살인에 (다소 유보적인 표현을 쓴다면) 동조했다는 것을 사과했다. 1945년 10월, 이른바 슈투트가르트의 참회 고백에서 이것은, 이미 1장에서 언급했듯이, 매우 불분명한, 근거 없는 자화자찬과 결합한 형식에서 진행되었다.

1947년 8월의 다름슈타트 선언문은 이 대목에서 조금 더 분명해졌다. 그 외에도 지금도 존재하는 형제협의회의 구성원들인 그 선언문의 작성자들은 앞으로 "하나님의 영광을 위해 더 좋은 사역과 인간의 영원하고 현세적인 구원을 위해" 이바지하겠다고 약속했다. 이와 관련해서 그들은 "다가올 전쟁에 대한 의심"에서 등을 돌리고 모든 개인에게 "헌법과 복지, 내적 평화와 민족의 화합에 기여할" "더 좋은 독일 국가제도의 건설"에 이바지하라고 요구했다.

2년 뒤, 1949년 5월 23일에 세워진 독일연방공화국(서독)이 이러한 "더 나은 독일 국가제도"라고 생각했다. 이 연방공화국은 "헌법과 복지, 내적 평화와 민족의 화합"에 기여했는가? 분명히 그렇다. 연방공화국은 처음부터 민주적이고, 자유적이고, (자주 잊어먹고 강조하지 않는) 사회적인 법치국가였다. 그 안에서 특히 사회복지정책을 통해 시민의 '복지'가 보장되었고 '내적(사회적) 평화'가 보전되었다. 그러나 이 모든 것은 서구 국가공동체의 정치적, 경제적, 특히 군사적 통합을 통해서만 가능했고, 그 비용은 독일의 분단과 먼저 서독만의 재무장으로 지급되었다. (개신교) 교회의 대부분은 이 비용을 지급하고 싶어 하지 않았다. 그들은 서독의 재무장에 반대했고, 그것을 통해 독일의 분단이 심화될 것이고, '민족의 화합'이 위험에 빠질 수도 있음을 두려워했다.[26]

1949년 10월 14일, 형제협의회는 새로운 공산주의 '십자군 이데올로기'의 도움을 받아 서구에 의해 냉전이 추진되었다고 비판했다. 교회는 "서구의 것이나 동구의 것을 하나님의 것이라고 동일시해서는 안 된다."[27] 연방공화국이 건설된 직후부터 분명하게 파악된 서독의 재무장 노력은 날카롭게 심판되었다. 이때 옛날 고백교회의 창립자이기도

하고 카리스마적인 지도자였던 마르틴 니묄러가 전면에 나섰다.

1950년 1월, 독일 복음주의 교회의 의원총회(EKD)가 재무장에 반대하고 평화를 보전하는 입장을 표명한 것은 그의 공로 때문이다. 이러한 요구는 1950년 8월 에센에서 개최된 독일 개신교의 날에 의해서도 지지되었다. 그러나 형제협의회는 한 발 더 나아갔다. 1950년 8월 29일, 이 협의회는 다음과 같은 성명서를 공포했다. "우리는 독일의 재군사화를 반대한다. 왜냐하면 우리는 예수 그리스도에 대한 믿음 안에서 낯선 군대와 그 어떤 군사력으로도 우리 민족을 돕는 일은 원하지 않기 때문이다."

그러나 EKD의 협의회는 재무장을 거부하는 입장에 대한 신학적 설명을 철회했다. 이 협의회는 1950년 11월 17일에 발표하기를 "언제나 그래온 재무장을 피할 수 없는 것인가 하는 문제는 (……) 신앙 안에서 다양하게 답변할 수 있고, 그래야만 한다." 그와 함께 세속적인 재무장에 반대하던 기독교적 방어전선이 무너졌다. 이듬해 의원총회에서 그 문제에 대해서는 이야기조차 되지 않았다. 이후 1955년 3월 에스펠캄프에서 열린 의원총회는 연방공화국의 재무장을 실제로 받아들였다.

그런데 새로운 서독의 군대가 예전 독일 군대가 그랬듯이 군대의 영적 보호자를 받아들여야 하는가의 문제는 여전히 논쟁거리로 남았다. 1950년 이후 아데나워 정부가 들어서면서 이 문제에 대한 협상안이 마련되었다. 그때 몰래 진행된 협상은 1956년 6월 EKD 의원총회에서 공개되었다. 반년 뒤인 1957년 2월 22일, 여전히 전체 독일 EKD의 의장인 티벨리우스 주교는 군대의 영성 업무 협약을 서독 국가와 체결했다.

교회는 그것으로 오로지 서독 국가에 복종할 의무를 지녔다는 것을 암시하고 싶었던 것일까? 교회가 동독 국가와 전체 동구 진영에 맞선 미래의 전쟁에서 서독을 지지하거나 심지어 서독의 승리를 위해 기도해야 할 것이기 때문에? 이러한 해석은 이론의 여지가 없지는 않지만, 동독의 당과 국가 지도부가 전 독일 개신교와의 관계 단절을 해명하기 위해 제출하고 활용되었다(고 말할 수 있다). 전 독일 교회에서 탈퇴하고 독자적인 교회연맹을 세우도록 강요되었다. 바로 '동독의 복음주의 교회 연맹'이다. 그러나 이 사건은 1969년에 와서야 일어났고, 기껏해야 "전 독일의 전체 개신교 기독교의 독특한 공동체"에 대한 의무감을 느낀다는 유보 사항과 결합해 있었다.

독일의 정치적 균열이라는 사실과 이제는 또 교회 정치적 균열이라는 사실에서 본다면, 이는 단절을 시도한 것은 아니다. 그리고 교회도 이 두 가지 균열에 책임이 있다. 교회는 냉전 상황에서 서구 진영을 위한 일방적인 편들기와 서독의 재무장을 위한 무조건적인 보증과 함께 독일의 '내적 평화'에 기여하지 못했다. 그 결과, 독일은 두 쪽으로 쪼개졌고 화합 없이 대립하게 되었다.

검을 쟁기로

그러나 교회가 방치한 서독의 평화운동은 중단되지 않았고, 적어도 냉전이 열전으로 급상승되어 (양쪽에서!) 핵무기로 싸우게 될지도 모르는 사태를 막으려고 노력했다.[28] 이때 시민 측의 많은 지지가 확보되지는 못했다. 68세대도 매한가지다. 왜냐하면 이들은 평화주의자와는 완전히 달랐기 때문이다. 미국의 베트남 전쟁에 맞선 그들의 저항을 아마도 정당한, 어쨌거나 (북)베트남을 위한 일방적인 편들기와 결합했다. 미국의 동지들과 달리, 그들은 이때 기독교 사상과 상징을 사용하는 것을 포기했다. 그들은 교회의 감독을 전혀 받지 않았다.

물론 병역의무를 거부하는 젊은이들의 노력을 지지하는 교회 사람들이 점점 더 늘어났다. 그것은 당시로써는 대단히 힘들었지만, 그래도 병역의무 거부는 말 그대로 종교재판과 같은 양심 심사를 통해서만 허용되었다. 이때 치러진 약식 시험도 종교적 원리에 입각했다. 이는 교회의 분명한 동의를 받았다. 마지막으로 교회는 국민개병제를 재도입할 때 그것은 윤리적이고 종교적인 이유로 거부될 수 있다고 주장했다.

1970년대 말부터 여러 교회조직이나 적어도 교회와 관련된 조직들, '무기 없이 평화를 이루자', '화해의 표시/평화사역 행동 e.V'[29]은 다시 강성해진 평화운동을 지지했고, 나토의 이중협약을 근거로 추진된 서구의 추가적인 핵무장에 반대했다. 복음주의 교회의 날 행사에서 다시 평화를 이야기했고, 기도가 드려졌다. 그러나 현실 참여적인 많은 기독교인에게 그것은 충분하지 않았다. 점점 더 많은 숫자가 1980년대 서독의 여러 도시에서 개최된 대규모 반전 시위에 참여했다.

이는 동독의 당과 국가 지도부와 서독 지지자들의 분명한 환호를 받았다. 동독의 지도부는 평화의 주제를 국정 과제로 삼았다. 동독의 국가정당은 심지어 유일한 평화정당인 것처럼 행동했다. 당연히 그 모두가 선전이었는데, 아무도 진지하게 받아주지 않았다. 그러나 동독의 몇몇 시민은 달랐다. 동독에서는 다소 아이러니한 음조로 표현된 것처럼, 이 '평화의 벗들'은 그 외에는 별로 인기가 없었던 당과 국가의 지도부에서 언질을 받아 "무기 없이 평화를 만들자"는 구호로 행동할 것을 요구했다. 서구뿐만 아니라 동구의 군비증강은 저지되어야 하고, 서구뿐만 아니라 동독의 프로파간다에서 급기야 "평화의 무기"라고 주장하는 동구의 무기도 제거되어야 한다.[30]

동독의 '평화의 벗들'의 이러한 주장은 노련하기도 하고 명민하기까지 했다. 그들의 프로파간다적 실행력이 그야말로 천부적이고 큰 영향력을 행사했다. 그것은 서독에서처럼 미디어의 도움을 통해 이루어지지는 않았다. 동독의 미디어는 엄격하게 통제되고 검열되었다. 그래서 서구와 동구의 공산주의자들과 좌파들도 사용했기 때문에, 그것은 국가가 원래부터 용인한 개념, 그림, 상징을 활용해 이루어졌다. 그들 중 많은 것이 성경을 기반으로 하는데, 많은 좌파와 공산주의자에게도 전부 알려져 있었다.

평화 개념 이외에도 다양한 평화의 그림과 평화의 상징이 있었다. 피카소의 평화의 비둘기와 "검을 쟁기로" 기념비가 그것에 해당되었다. 이는 동독에서 스티커로 제작되어 유행했는데, 동독의 평화의 벗들이 옷에 달고 다니면서 자신들의 평화에 대한 사랑을 알렸다.

이 모두가 점점 더 막강해지는 동독의 정당과 국가 지도부의 마음에 들지 않았고, 국가안전기구인 경찰과 슈타지에 그들의 관점에서 잘못된 평화의 벗들을 공격하라는 지침을 내렸다. 이것은 폭력적 방식으로 집행되었다. 몇몇 평화 활동가들이 체포되었다. 또 "검을 쟁기로" 스티커와 피카소의 평화의 비둘기를 단 많은 사람의 옷이 찢겨 나갔다.

오늘날의 관점에서 본다면, 그것은 거의 코미디에 가깝다. 그런데 당시에 그것은 격분을 초래했다. 특히 젊은 평화의 벗들 사이에서 지나간 전쟁의 끔찍함을 기억하고 새로운 전쟁에 두려움을 가진 동독의 나이든 시민도 동독의 평화운동의 회원들에 대한 국가의 강력한 탄압을 용인하지 않았다. 몇몇 사람은 그것을 용감하게 비난했다. 다른 이들은 심지어 국가가 차별하고 탄압한 평화운동을 위해 심지어 당을 공격했다. 의심할 여지없이 동독 같은 독재사회에서 그것은 거의 저항의 행동에 가까웠다.

그런데 그러한 저항을 독재적으로 통치하는 정당과 국가 지도부가 용인해주었다. 왜일까? 왜냐하면 동독에 반대적인 평화운동이 교회의 지붕 아래에 숨어 있었기 때문이다. 그곳은 국가의 추격으로부터 보호를 받을 수 있는 곳이었다. 이미 1장에서 언급했듯이, 교회는 국가에 협조하는 대가로 국가가 조금도 통제하지 않는 자유공간을 확보할 수 있었기 때문이다.

평화운동은 교회의 이 자유공간을 그들의 평화 행동을 위해 이용했다. 이것은 동독 교회에 의해 용인되었을 뿐만 아니라, 적극적으로 지지되었다. 동독 교회는 서독 연방공화국의 교회보다 훨씬 일찍 광범위하게 성경의 평화 계명에 몰두했고, 평화운동과 (다른 반대 그룹들과) 국가에 반대하는 동맹체를 형성하는 것을 피하지 않았다. 그것은 결국 동독의 몰락을 이끌었다.

동독의 몰락은 두 주체, 곧 평화운동에도, 교회에도 감사할 일이 못되었다. 재통일 이후 교회는 많아지기는커녕 교인 수가 점점 더 줄어들었다. 평화운동은 심지어 상당히 굴욕적인 종말을 맞이했다. 왜냐하면 그들은 독일이 수행하는 모든 다른 전쟁을 더는 막을 수가 없었고, 일부는 심지어 더는 막고 싶지 하지도 않았다. 이 운동이 붕괴와 패배로부터 언제 다시 회복할 수 있을지 의심스러워 보인다.

이는 또한 독일의 계속된 전쟁이 교회에 의해 저지되지 않을 뿐만 아니라 분명하게 용인되었기 때문이다. 창피하게도 '해외파병'이라고 지칠한 전쟁에서 목숨을 잃은 독일 병사들은 '군사적 명예'뿐만 아니라 교회와 군목들이 베푸는 축복으로 장례식이 치러졌다.

이 전쟁에서 전사한 군인들을 위해서도 다시 새로운 전몰자기념비가 세워졌다. 그것은 더 이상 그렇게 불리지는 않는다. 베를린의 벤들러블럭(1944년 7월 20일에 히틀러에 반대한 쿠데타에 참여한 주요 인물들이 처형된 곳)에 세워진 것은 '연방군 명예비'라 불린다.[31]

사실 그곳은 더 이상 십자가와 다른 기독교적 상징물로 장식되지 않았고, 대신 건축은 전사 직후에 부러뜨린 병사의 군표를 이 '명예비'의 바깥쪽 벽에 추가 장식물로 부착해놓은 것이 적절하다고 여겼다.

이것은 슬픈 이야기다. 교회에서, 교회의 날에 기껏해야 평화를 위해 기도를 드린다는 사실은 아무런 위로가 되지 않는다. 매년 민족애도의 날에 과거의 '영웅들'과 그들의 '행위'를 여전히 생각한다는 것은 너무 견디기 힘든 일이다. 「독일, 겨울동화」에서 다음과 같은 짧막한 기도문을 작성한 하인리히 하이네를 따르는 게 더 낫지 않을까?

하늘이 너를 받아주리라, 용맹한 민족이여.
하늘은 너의 씨앗을 축복하리라.
전쟁과 명성 앞에서 너를 지키라.
영웅들과 영웅적 행위 앞에서.

3장

맘몬을 섬기지 마라

— 교회와 자본 —

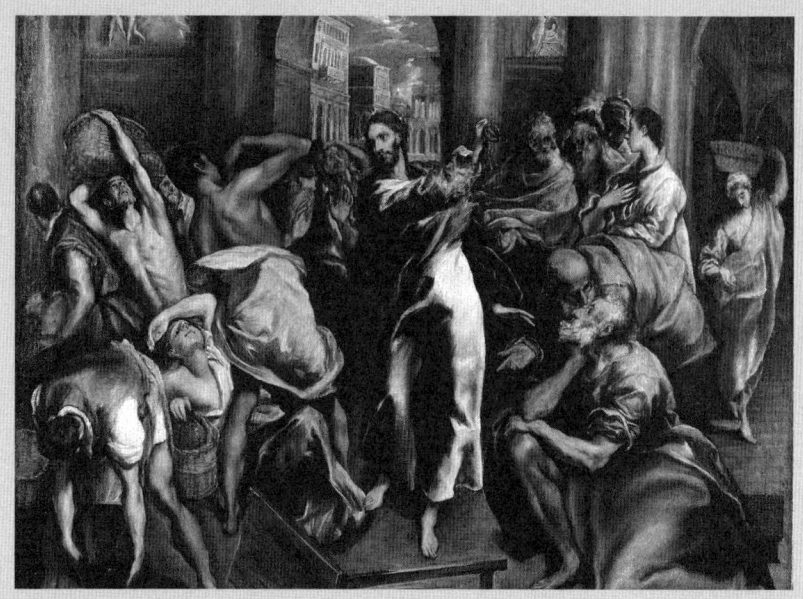

엘 그레코, 〈그리스도의 성전 정화〉(1600)(위).
폴 틸리히(아래). 틸리히는 신학과 사회주의의 화해를 모색하였다.

몇몇 성경의 인용에서 단 한 가지 결론을 도출할 수 있다. 즉 하나님은 가난한 사람을 위한 분이지 부자를 위한 분이 아니다. 따라서 하나님을 믿는 모든 사람은 가난한 사람을 위하고 부자에 반하는 편에 들어야 하고 가난함을 억제하고 부유함을 피해야 한다. 현대어로 표현한다면, 기독교는 자본주의의 종교가 아니라 사회적 종교다. 그런데 교회는 이 점을 제대로 인식하지 못했고, 실천하는 경우는 더더욱 적었다. 교회는 가난한 사람들과 권리를 박탈당한 사람들보다는 부자들과 권력자들을 더 많이 변호했다.

예수께서는 산상설교를 듣는 사람들에게 "너희가 하나님과 맘몬을 겸해 섬기지 못하느니라"(마태복음 6장 24절)고 경계하셨다. 그는 제자들에게 구약의 계명에 복종하고 이자를 받고 돈을 빌려주지 말라고 지침을 내렸다.(누가복음 6장 35절) 그래도 이것을 행하는 환전상을 그는 심지어 폭력적으로 성전에서 내쫓으셨다. 복음서 저자의 증언에 따르면, 그는 가난한 사람을 칭송했고, 부자를 저주했다. "너희 가난한 자는 복이 있나니 하나님의 나라가 너희 것임이요."(누가복음 6장 20절) "화 있을진저 너희 부요한 자여! 너희는 너희의 위로를 이미 받았도다."(누가복음 6장 24절)

몇몇 성경의 인용에서 단 한 가지 결론을 도출할 수 있다. 즉 하나님은 가난한 사람을 위한 분이지 부자를 위한 분이 아니다.[1] 따라서 하나님을 믿는 모든 사람은 가난한 사람을 위하고 부자에 반하는 편에 들어야 하고 가난함을 억제하고 부유함을 피해야 한다. 현대어로 표현한다면, 기독교는 자본주의의 종교가 아니라 사회적 종교다. 그런데 교회는 이 점을 제대로 인식하지 못했고, 실천하는 경우는 더더욱 적었다. 교회는 가난한 사람들과 권리를 박탈당한 사람들보다는 부자들과 권력자들을 더 많이 변호했다.

은행가와 거지

교회가 처음부터 그랬던 것은 아니었다. 초대 교회는 (예수와 그의 제자들처럼) 자신들이 가난했고, 그런 이유라서 그랬겠지만, 처음에는 무엇보다도 가난한 사람들의 지지를 받았다. 중세 교회에서도 가난한 사람은 영적 위로와 물질적 도움을 받았다. 교회는 그 일을 위한 돈을 당국과 일반 교인들에게 지급하라고 했다. 교회는 당국에서 수많은 특권과 물질적 특혜로 보상을 받았다. 교회는 일반 교인들에게 많은 돈과 물질을 받았는데, 그들은 교회에 특별세를 바쳐야 했다. 이 세는 수입의 10분의 1에 해당하기 때문에, 이 교회세를 '십일조'라 불렀다.

만약 교회가 징수한 돈을 필요한 사람들에게 실제로 나눠주고 그들의 살림을 유지하는 데만 사용했다면, 이러한 재정적 관례에 이의를 제기할 사람은 아무도 없었을 것이다. 그러나 교회는 그렇게 하지 않았다. 대신 교회는 마치 근대적인 은행가들처럼 그 돈을 자신을 위해 썼고, 이자를 받고 돈을 빌려주었다. 위에서 언급했듯이, 그것은 예수가 역설한 구약의 이자 금지에 대한 직접적인 위반이었다. 따라서 일반 교인이나 교회의 몇몇 대표들에 의한 교회의 은행업은 날카롭게 비판받았다. 1215년, 이러한 압력에 굴복한 교황 인노첸시오 3세는 1139년

제2차 교황청 공의회에서 선포되었으나 여전히 지켜지지 않던 경전적인 이자 금지를 혁신했다.[2]

이자를 받고 돈을 빌려주는 일은 단지 유대인들에게만 허용되었다. 정확히 말하면 그것은 명령이었다. 그 명령에 따라 유대인들은 대금업에 종사했고 일반적인 경제생활에서 퇴출되었다. 그들은 더 이상 이전처럼 수공업자와 (무역)상인으로 일할 수 없었다. 그에 따라 '유대인들'은, 오늘날에도 주장하듯이, 점점 더 부유해진 것이 아니라, 오히려 점점 더 가난해졌다. 그럼에도 '유대인들'은 유대인을 적대시하는 악명 높은 많은 기독교인에 의해 마치 그들이 엄청난 이득을 보는 대금업을 한다고 시샘을 받았다.

이때 무엇보다도 성전 기사단의 기사들이 두각을 나타냈다.[3] 그들은 원래 유대인에게만 허용된 대금업을 빼앗고, 경전적인 이자 금지를 어기고 실로 엄청난 고리의 이자를 받고 돈을 빌려주었다. 원래 이교도들에 맞서 싸우거나 수도사의 순결과 청빈의 의무를 진 기사들에서 부유하고, 돈에 탐닉한, 결코 순결하지 않는 은행가들이 배출되었다. 그들의 실질적인 부와 그들의 짐작되는 불결함은 그들에게 저주가 되었다. 프랑스 국왕 필립은 그들의 돈을 약탈하려고 1312년에 성전 기사단의 단장과 몇 명의 기사들을 체포하고 고문해서 사형을 선고했다. 그러자마자 교황은 전체 기사단을 해체했다.

마찬가지로 성경상의 청빈사상을 따르고 그의 구성원들에게 순결의 계명을 의무라고 보았던 몇몇 신앙 공동체들도 금지되었고 탄압받았다. 순수한 생활 변화를 뜻하는 카타르파(순결한 사람들)는 교회에 의해 이단시되었고, 부유하고 불순한 기사단들과 똑같이 화형대에서 화형당했다.

재정적 관점에서뿐만 아니라 성적 관점에서도 공교회를 완벽히 만족하게 할 수는 없었다. 사람들은 너무 부유하거나 너무 가난했고, 너무 순결하거나 너무 불결했다. 수도사들이 구걸을 통해 생계를 유지해서 탁발수도회라고 불린 새로운 수도회를 통해서만 가난함과 부유함, 순결함과 불결함 사이를 잇는 줄이 가능해졌다. 결국 공교회는 그들을 공인하였다.

그 일로 교회는 가난함과 부유함을 상스럽게 느끼는 태도 때문에 세속적인 은행가와 거지를 비판하지 못하게 했다. 그래서 교회 자체가 점점 더 부유해졌고, 탁발을 통한 부의 축적에도 놀라지 않았다. 그러나 교회의 구걸 행위는 순수하게 받아들여지지 않았고, 장사, 정확히 말해, 면죄부 장사로 지칭되었다. 이때 교회는 돈과 물질을 구걸하지 않았고, 어린 양들의 죄와 맞바꾸었다. 그들이 죄의 대가로 재정적인 공물을 교회에 바친다면, 죄 사함을 받을 수 있었다. 이런 재정적 관행을 위해 당대인들은 다음과 같은 문장을 발명했다. "헌금함에 돈 소리가 날 때, 영혼은 (지옥) 불에서 튀어나온다."

이미 언급했듯이, 교회의 일반적인 재정 행위와 특수한 면죄부 장사는 일반 교인들뿐만 아니라 교회에 의해서도 점점 더 많이 비판받게 되었다.[4] 이러한 비판자 중에서 가장 날선 비판을 한 인물은 마르틴 루터다. 그의 의견에 따르면, 영혼 구원은 돈이나 선행이 아니라 오직 믿음과 하나님의 은혜로만 가능하다.

루터는 그의 강령 책자인 『독일민족의 기독교 귀족들에게(An den christlichen Adel deutscher Nation)』, 『교회의 바빌론 유수에 대해(Von der babylonischen Gefangenschaft der Kirche)』, 『기독교인의 자유에 관해』에서 이러한 근본적 비판을 서술했다. 이 책자들은 모두 1520년에 출간되었다. 그러나 루터가 교회의 일반적인 재정 행위를 비판한 책자는 한 해 전인 1519년에 벌써 출판되었다.

폭리에 관한 설교

정확하게 말하면, 두 가지 책자가 중요했다. 1519년 11월의 『이자에 관한 짧은 설교(Kleinen Sermon von dem Wucher)』가 나온 지 2달 뒤에 『이자에 관한 긴 설교(Große Sermon von dem Wucher)』가 출간되었다.[5] 여기서 루터는 한편 "탐욕", 곧 인간의 부덕함에 반대하고, 다른 한편 '이자', 곧 이자를 받고 돈을 빌려주는 경제적 관행에 반대했다. 이때 루터는 두 가지 차원, 즉 도덕적 차원과 경제적 차원에서 주장을 펼쳤다. 문제가 전혀 없지는 않았지만, 그것은 성경을 통해 설명될 수 있었다. 그리고 루터도 그렇게 했다. '폭리'에 관한 그의 비판을 설명하기 위해, 루터는 구약의 이자 금지를 언급했는데, 이는 누가복음에서 새롭게 강조되었다.(누가복음 6장 35절) 하지만 탐욕에 대한 루터의 최종 판단은 성경과 함께 언급되지 않았다. 그러나 이것은 필수적인 것도 아니었다. 당시에도 탐욕은 일반적으로 부도덕함으로 통용되었다. 그렇지만 루터는 그가 탐욕을 무엇이라고 이해했는지, 탐욕과 소유욕과 이윤추구가 어떤 점에서 구분되는지를 조금 더 정확하게 제시할 수 있어야 했다.

이러한 구분은 스위스의 종교개혁자 요하네스 칼뱅의 몫이었다. 그는 이윤추구를 윤리적으로 옹호할 만한 것이라고 간주했고, 경제적으로 성공한 사람은 하나님의 선택을 받은 것이라는 입장을 대변했다.

루터는 사실 칼뱅의 예정설에 공감하지도 않았고, 분명하게 비판하지도 않았다. 곧바로 '루터파'라고 불린 루터의 추종자들도 마찬가지였다. 그들은 후대의 역사가들이 자본주의 정신이나 이데올로기를 인식했다고 믿었던 이른바 '프로테스탄트 윤리' 부분을 계승하지도 비난하지도 않았다. 그런데도 루터파는 자본주의 시스템을 절대적으로 정당한 제도로 인식했고, 그것에 대한 모든 공격에 맞서 옹호하였다.

이 일도 마찬가지로 루터와 '폭리'에 관한 그의 책자에 따라 이루어졌다. 다시 말해, 루터는 여기서 모든 형태의 '폭리'를 판단하지는 않았고, 필수적인 정당한 이자 지급과 필수적이지 않은 부당한 이자 지급을 구분했다. 돈을 "개인의 이익"을 위해, "자기의 유익"을 구하기 위해 이자를 받고 돈을 빌려주는 사람은 "강도와 살인자이고, 가난한 사람들에게 재물과 음식을 빼앗은 것이다."[6] 누가 그런 사람이었을까? 어떤 사람을 염두에 둔 것일까?

루터 책자를 낸 출판업자의 생각에 따르면, 그는 오로지 유대인이었다. 이러한 유대인 혐오 사상을 명백히 밝히고, 또 루터의 『폭리에 대한 작은 설교』의 구독자를 얻기 위해, 출판업자는 목판으로 표지를 제작했다. 표지 위에는 골상과 수염 모양이 유대인으로 보이는 사람이 있다. 그는 양손을 앞으로 내밀면서 다음과 같이 요구한다. "돈을 내든가, 아니면 이자를 내라. 그래야 내가 이윤을 탐하지."

폭리 비판을 이렇게 반유대주의 문제로 극대화하고 유대인 폭리업자의 문제로 한정 짓는 일은 사실상 루터가 의식했던 것은 아니다. 하지만 그렇다고 그것이 그의 의지에 반하는 것만도 아니었다. 루터가 말년에 쓴 유대인 혐오적인 내용의 책자들에서 유대인의 (사실상 모든) '폭리'를 비판했고, 모든 유대인의 재산을 몰수하자고 제안했다. 왜냐하면 그들의 재산은 오로지 '폭리'를 통해, 정직하게 일하는 기독교인들의 희생 위에서 착복한 것이기 때문이다.[7]

반유대주의적 수용과 영향의 역사 때문이라도 루터의 "폭리에 관한 설교"는 현대의 몇몇 교회사가들과 신학자들이 하는 것처럼 그렇게 긍정적으로 평가해서는 안 된다. 어쩌면 비스름한 반자본주의적 경향에 대한 언급조차도 전혀 없다. 이게 어쩌면 너무 많이 요구하는 것일 수도 있다. 결론적으로 루터가 비판했을 만한 자본주의 시스템은 아직도 완성되지 않았다.

아마 초기 자본주의적이라고 할 만한 자본주의의 기원과 조건은 물론 벌써부터 존재했고, 명백하게 인식될 수 있었다. 초기 자본주의 경제 시스템이 탄생될 때, 그 지지자와 수혜자를 매우 잘 알았던 루터는 그들을 비판하지 않았다. 대신 루터는 그들의 사회적 억압과 경제적 착취에 저항하던 사람들을 가혹하게 심판했다. 제후들과 여타의 정치적, 경제적 권력자들이 농민들의 봉기와 여타 지방과 도시 하층민의 반란을 유혈 진압한 일은 루터에 의해 심지어 칭송되었고 하나님이 기뻐하시는 일이라고 표현되었다. 당대 사람들이 지방과 도시의 하층민을 뜻하는 말로 사용한 '보통 사람'에 대해서 루터는 정말 아무런 동정심도 드러내지 않았다.

그는 적어도 가난한 사람들을 축복하고 그들의 세속적인 삶의 무게를 가볍게 해주었는가? 그 대답은 아니오다. 가난한 사람들은 축복받지 못했고, 대신에 노동하라는 경고를 받았다. 다시 말하면, 오로지 고된 육체노동을 통해서만 그들은 가난을 극복할 수 있다는 것이다. 만약 그들이 그런 능력도 그럴 의사도 없다면, 그들은 노동교육을 받아야 한다. 이것은 교회에서 빼앗은 소유를 가난한 사람들의 곤궁 상태

를 개선하기 위해 이용하지 않았고, 그때까지 교회가 수행하던 사회
정책적 과제를 넘겨받기를 주저했던 국가의 노동 작업장에 의해 가
능하다. 가난한 사람들을 위한 자선은 더 이상 없었다. 그들은 이제
다시는 자선을 구걸해서는 안 되며, 중세 시대에는 흔했던 일반적인
구걸 행위도 금지되었다. 그와는 달리 폭리는 허락되었다. 전체적으
로, 종교개혁은 가난한 사람들보다는 부자들에게 더 유리했다는 것
이 확실하다.

가난한 죄인들의 복음

책 제목이 암시하듯이, 『가난한 죄인들의 복음(Das Evangelium des armen Sünders)』이라는 책자는 프로테스탄트 신학자가 아니라 사회주의 이데올로그가 썼다.[8] 그는 '마르크스주의의 전신'[9]이라 심판받는 만큼이나 찬양받기도 하는 빌헬름 바이틀링(1808~1871)이다.

하녀와 재봉사의 아들로 태어난 그는 파리에서 망명생활을 하던 중인 1836년에 '추방자연맹'이라고 불린 정치동맹에 가입했다. 그런데 바로 같은 해에 바이틀링의 촉구에 따라 이 '추방자연맹'에서 '의인연맹'이 분리되어 나왔다. 이 연맹은 "모든 사람은 형제다"는 구호 아래 새롭고 정의로운 사회질서를 세우는 일에 전념했다. 이것은 '공산주의'라고 불렸다. 빌헬름 바이틀링은 '공산주의'의 성격과 목표를 다음과 같이 기술했다.

공산주의는 동일한 관계에 있는 모든 인간에게 미치는 정의이고 (……) 사

용과 능력, 그리고 향유와 자유에의 만족도를 극대화한 공동체이며 (……) 모든 소비와 생산을 모두의 인지 하에 모든 개인의 이익, 즉 모든 사람의 이익을 통해 관리하는 것이다.[10]

이러한 문장들은 불필요할 만치 복잡하게 구성되어 유감스럽게도 이해하기가 약간 어렵다. 그럼에도 바이틀링의 공산주의 사회상에서는 궁극적으로 기독교적인 사회상이 중요했다. 더욱이 바이틀링의 관점에서 볼 때 이는 초기 기독교 공동체에서 이미 실현되었다는 것이 명명백백하게 드러난다. 따라서 미래의 공산주의 사회를 건설하는 과정에서 과거의 기독교적 사회질서를 지향해야만 한다는 것이다.

이런 견해는 '의인동맹'에 가입한 마르크스와 엥겔스의 찬사를 받지는 못했다. 두 사람은 이 단체의 이름을 '공산주의연맹'으로 바꾸고 연맹의 색다른 강령을 기획했다. 그들은 1847년에 작성된 『공산당 선언』에서 내부에서 "재봉사 공산주의"라고 비난한 바이틀링식 "공산주의"가 어떤 모습이어야 하는가의 문제가 아니라 계급투쟁과 혁명을 통해 공산주의가 어떻게 달성될 수 있는가의 문제에 집중했다.

프롤레타리아트가 부르주아지에 맞선 투쟁에서 필수적으로 계급으로 통일되고, 혁명을 통해 지배적인 계급이 되고, 이 지배 계급이 낡은 생산관계를 폭력적으로 지양할 때, 이러한 생산관계들과 함께 계급모순의 존재 조건들인 계급들과 아울러 독자적인 계급 지배가 지양된다. 계급과 계급모순이 있는 낡은 부르주아지 사회의 자리에 모든 개인의 자유로운 발전이 모두의 자유로운 발전의 조건이 되는 협동체가 나타난다.[11]

차이와 모순은 훨씬 더 크지 않을 수는 있다. 한쪽에는 '복음'이 있다. 이는 과거의 초대 기독교 공동체의 모범에 따라 미래에 평화로운 방법으로 건설되는 '공산주의' 사회질서에 대한 '가난한 죄인' 바이틀링의 기쁜 소식이다. 다른 쪽에는 '선언'이 있다. 이는 프롤레타리아트의 투쟁과 폭력을 통해 완수할 혁명에 따라 '지금, 여기'의 '협동체' 건설을 위한 강령이다.

우리가 잘 알듯이, 독일 노동운동의 다수는 결론적으로 마르크스를 지지하고 바이틀링에 반대했다. 바이틀링은 마르크스에 등을 돌려 미국으로 이주했고, 거기서 다시 그의 천직인 재봉사 일을 하며 살았다. 하지만 이 문제에 대해, 그리고 독일 노동운동의 역사와 교회와 관계에 대해 여기서는 더 이상 다루지 않겠다. 여기서는 교회가 노동운동에 대해 어떻게 반응했느냐는 문제에 대한 답을 구하는 것이 더 중요하다. 교회는 비타협적으로 노동운동의 이데올로기를 거부했고, 노동운동 정치와 무모한 싸움을 벌였다.[12]

양쪽이 모두 비판받을 만하다. 독일 노동운동의 이데올로기와 그들이 추구한 정치는 사실상 반교권주의적이었으나, 결코 반기독교적이지는 않았다. '공산주의자연맹'[13]과 이후의 '독일사민당'[14]의 모든 정당 강령에서 단지 교회와 국가의 분리가 추진되어 규정되었지만, 국가와 교회의 완전한 파괴는 아니었다. 후자인 국가는 미래 사회에 가서야 "소멸하게 된다." 하지만 그 이전의 국가는 개혁되고 사회적 궁핍을 제거하기 위해 진력해야 한다.

이는 교회의 도움으로 가능할 수도 있을까? 교회는 사회적 궁핍을 억제하기 위한 프로그램을 갖추었는가? 그것은 유익하고 실현 가능한 것이었는가? 여러 역사가와 신학자가 이 문제에 긍정적인 답을 내놓

왔다. 개신교의 '내지선교'가 언급되었다.[15]

내지선교

'내지선교'의 창립자이자 이데올로그이며 조직가는 요한 힌리히 비헤른(1808~1881)이었다.[16] 함부르크에서 공증인의 아들로 태어난 비헤른은 아버지를 일찍 여읜 이후 학교를 그만두었고, 가난한 가족들의 생계를 책임져야 했다. 비록 대우가 무척 형편없었지만, 그는 매우 적극적인 보조교사로 일했다. 그는 몇몇 부유한 함부르크 시민들에게 인정받게 되었다. 그들이 비헤른에게 장학금을 조달해주었다. 그래서 고등학교를 뒤늦게 마친 그는 괴팅겐과 베를린에서 신학을 공부했다.

비헤른은 학업 중에도 집중적으로 경건주의 서적에 완전 심취했던 것으로 보인다. 다소 아이러니한 음조로 '경건주의자'라고 지칭된 특히 신실한 신앙의 형제들은 기독교인에게 가난한 사람들을 위해 자발적으로 뭔가를 해야 하고, 일반적인 사회복지를 단지 국가에만 맡겨놓아서는 안 된다고 요구하였다. 비헤른은 이 요구를 옳고 명심할 만한 것이라고 여겼다.

학업을 마치고 함부르크로 돌아온 뒤, 그곳에서 그는 고등교사의 자리를 얻게 되자, 비헤른은 경건주의자들의 사회적 가르침을 실행에 옮겼다. 그는 함부르크 시민의 기부금으로 함부르크-호른에 위치한 '낡은 집'을 샀다. 그곳에서 고아들과 여타의 돌봄을 받지 못하는 아이들은 '기독교적 인격체'로 교육받았다. 이는 사실 노동을 통해 이루어졌는데, 강제적 조처도 드물지 않았다. 비헤른은 이런 프로테스탄트의 오랜 관행을 위해 새로운 개념을 창안해냈는데, 그게 바로 '내지선교' 개념이다.

1848년 9월 비텐베르크에서 열린 교회의 날에 비헤른은 그의 목표와 원리를 더 많은 교회 앞에 공개했다. 여기서 행해진 그의 연설은 대대적인 환호를 받았다. 그로 인해 비헤른은 용기를 얻게 되어 1년 뒤인 1849년에 「독일 복음주의 교회의 내지선교」에 관한 '건의문'을 책자로 출간했다.[17] "내지선교 중앙위원회의 위탁에 따라" 작성된 이 "건의문"에서 비헤른은 교회의 사회정책의 이데올로기적 지침과 원리를 다음과 같이 요약했다. 교회의 사회정책은 "가족, 국가, 교회는 (……) 하나님의 손으로부터" 나왔다는 기본 인식에 의해 진행되어야 한다. 비헤른이 표현했듯이, 이 세 곳은 "내지선교에 의해 거룩한 곳이라 여겨졌고" 모든 '전복'에 맞서 방어되어야만 한다. "헌법과 법률, 자유와 진실의 모든 개념, 곧 사회의 모든 도덕적 근간의 파괴를 목적으로 삼기 때문에" "혁명"은 비헤른에 의해 "전체 국가에 대한 일반 범죄"라고 표기되고 심판받았다.[18]

명백하게 불과 몇백 명의 회원을 갖춘 '공산주의자연맹'을 의미하는 '혁명당의 핵심'이 '이신론(理神論)'을 퍼트리고 '사탄주의'를 신봉함을 공언했다고 신랄하게 비난했다. 그 외에도 '공산주의'가 세상의 모든 위악에 대한 책임을 지게 되었다.

공산주의는, 경멸의 냉기이든, 광인의 분노이든, 사기꾼의 아첨이든, 그것으로 기독교 자체를 비난할 뿐만 아니라 이교도들의 과잉된 믿음은 인간을 타락시키는 "악습"의 잔재이기 때문에 여전히 근절되어야 한다고 설명한다. 하나님께 버림받은 이기심의 심연에서 서로 전쟁하려는 가장 적대적인 욕망의 힘을 끌어올려 인민의 전체 삶을 분열시키기 위해, 공산주의는 죄를 통해 인민들 속에 준비된 토대를 먼저는 본능적으로, 다음은 계획적으로 이용해왔다. 공산주의는 죄로 물든 정욕의 체계화이고, 공산주의는 육체를 기쁘게 하는 모든 결과에도 불구하고 하나님 앞에서 이것을 정당화하려고 감행하고, 그런 다음 무신성과 부도덕함을 총동원해 자칭 더 나은 신세계를 건설하기 위해 낡은 인간성의 파멸을 시도한다.[19]

비헤른은 나쁜 문장이 더 많은 이 지옥설교로 정말 좋고, 실로 감동적인 언어로 쓰인 마르크스와 엥겔스의 『공산주의 선언』에 단호하게 반대했다. "도적질하지 말라"는 구호에 따라, 그는 아직도 전혀 완성되지 않은 못한 자본주의 시스템의 비판자들에게 더는 오해의 여지가 없는 자본주의 시스템의 부정적 측면과 결과에 대한 책임을 지우고 싶어 했다.

비헤른은 '사회적 빈곤'도 거기에 포함했다. 그런데 대량 빈곤은 자본주의 시스템의 결과가 아니라 독일의 후진적인 경제발전의 결과였다. 여전히 지속하는 농업적인, 산업화하지 못한 독일에는 일자리가 부족했다. 일이 없어서 그토록 많은 사람이 가난했다. 이 점은 비헤른에 의해 인식되지 못했다. 대신에 그는 "인민의 대량적인, 도덕적인, 기독교적 타락"에 대량 빈곤의 책임을 돌렸다.

따라서 문제의 극복과 "다양한 재산신분 간의 균등화"는 "인민의 도덕적 부활"을 통해서만 가능한데, 그것은 대체로 바람직하다. 사회적 빈곤은 도덕적으로 결정된다. 따라서 사회적 빈곤을 낮추려면 도덕이 개선되어야 한다. 잘못된 논거에서 출발한 이 사상은 아래와 같이 표현되었다.

오로지 상하층 신분의 인민의 도덕적 부활을 통해서만 다양한 소유 신분 간의 균등화가 가능해진다. 만일 그것이 근본적이고 지속적으로 진행되려면, 이 균등화는 내부에서, 양심에서 시작되어야 한다. 이러한 측면에서부터 특히 내지선교는 우리 시대의 사회적 과제 해결에 동참해야 한다.

여기서 내지선교의 구체적인 사회적 활동에 대해서는 더 이상 깊이 다루지 않겠다. 그러나 확실한 것은 그들의 이데올로기적 설명이 틀렸다는 점이다. 사회 문제는 인간의 "도덕적 부활" 비스름한 것으로 해결되지 않는다. 그들의 도덕적 개선과 노동교육은 충분하지가 않다.

목사이자 '사회개혁 중앙협회'의 공동 설립자인 루돌프 토트(1839~1887)는 이 점을 분명하게 인식했다.[20]

문제 해결은 일반적으로 주장되는 개개인의 부활에 있기 때문에, 개신교가 요구하듯이, 모든 사람이 다 그렇게 된다면, 사회민주주의자도 없어질 것이라는 일반적인 복음주의적 입장으로부터 우리는 거리를 둬야 한다.[21]

토트는 사회 문제를 해결하고자 할 때, 성경뿐만 아니라 "국민경제"의 저작들과 "사회주의자들의 과학적 작품"을 읽고 인용하라고 촉구했다. 사회 문제의 해결은 공화주의 국가에 의해서도 성공적일 수 있다. 말하자면, "공화국의 사회주의적 이상은 그 자체로 (……) 신약 정신과 배치되지 않는다."

토트 같은 복음주의 목사에게 이 말은 주목할 만한 것이다. 그렇다면 사회개혁가 토트는 내지 선교자 비헤른보다 더 칭송받았을까? 전혀 그렇지 않다. 왜냐하면 토트는 비헤른이 아무튼 피하고자 했던 것을 감행해버렸기 때문이다. 그는 반사회주의 이데올로기를 반유대주의 이데올로기와 결합해버렸던 것이다. 토트에 따르면, 성공적인 사회 정책은 "유대인들"과 더불어 하는 것이 아니라 그들에 반대할 때에만 가능해진다. "우리 조국, 아니 전체 문명 세계에서 사회의 평화를 구축하고자 한다면," 우리는 "유대인들의 지배가 만연해지는 것을 저지해야만 한다."

토트의 동료였던 궁정설교자 아돌프 슈퇴커는 이 반유대주의 사상을 끌어올렸다. 1880년에 출판된 그의 책자 『근대적인 유대인: 특히 베를린(Das moderne Judentum, besonders in Berlin)』에서 그는 유대인들이 "언론 권력과 같은 자본의 힘"을 기껏해야 "국민의 파멸에 이용한다"고 비판했다.[22] "이스라엘"은 "독일의 국민이 되고자 하는 주장을 포기해야 한다." 그것은 교회와 민족에 의해 저지되어야 한다. 왜냐하면 "독일민족이 다시 예수 그리스도를 믿고 돈 욕심에서 자유롭고, 교회를 철저하게 경외하는 기독교 민족이 된다면, 맘몬 정신을 가진, 비열한 언론을 가진, 교회에 대한 증오를 가진 근대적인 유대인이 교회에 대해 아무것도 노리지 못하게 될 것이기 때문이다."[23]

이러한 반유대주의적 주장들은 교묘하되, 악마적으로 교묘했다. 여기서 이른바 어마어마하게 부유하고 막강한 유대인들에게 부인할 수 없는 자본주의 시스템의 부정적 결과와 그에 수반하는 현상에 대한 책임을 떠넘겼다. 이러한 가해자-피해자 뒤바꾸기 전략으로 슈퇴커는 자본주의 시스템에 희생당한 노동자들이 자신과 교회 및 국가를 지지하도록 만들고 싶었다. 그래서 그는 1878년에 '기독교사회노동당'을 창당했다. 이 당은 아돌프 히틀러의 '민족사회주의 독일노동자당'의 전신이었다. 이 정당의 역사에 대해 여기서는 더 이상 다루지 않겠다.

그 대신에 우리는 슈퇴커의 '기독교사회당'뿐만 아니라 히틀러의 '독일 기독교도'를 훼방한 기독교인들의 이야기는 짧게나마 살펴보고 싶다. 이들은 '종교적 사회주의자들'이다.[24]

종교적 사회주의자들

1차 세계대전 이후, 여러 곳에서, 무엇보다도 남부독일의 목사들과 평신도들이 단체를 형성해 여태까지 사회주의의 이단화를 거부하고 대신에 기독교와 사회주의 간의 화합을 모색했다. 1924년에 그들은 노동공동체로 통합되었는데, 2년 뒤에 거기서 '종교적 사회주의자연맹'이 탄생했고, 에르빈 에케르트가 지도부를 맡았다.

회원의 사회적 출신과 정치적 성향을 보면, 이 연맹은 대단히 이질적이다. 목사들과 교사들 이외에도 몇몇 봉급생활자들과 노동자들도 이 단체에 속했다. 대부분 회원은 독일사회민주당에 동조했지만, 독일공산당에 동조하는 사람도 몇 명 있었다. 이 연맹의 창립자이자 지도자인 에르빈 에케르트는 심지어 독일공산당에 입당했는데, 그 이유로 그는 교회 지도부에서 물러났고 목사직을 박탈당했다.

교회 지도부는 또 다른 종교적 사회주의자들이 정치적 입장을 선택하는 것을 허락하지 않았고, 특히 나치즘에 반대하는 사람들을 대상으로 삼았다. 그럼에도 1930년에 선포된 「파시즘에 반대하는 (종교적 사회주의자) 연맹의 선언문(Erklärung des Bundes (der religiösen Sozialisten) gegen den Fascismus)」은 다음과 같다.

종교적 사회주의자들은 파쇼적인 민족사회주의의 프로파간다로 기독교 이전의 이교도적 권력국가가, 폭력행위와 독재의 무단통치가 다시 세워졌다는 것을 지적할 의무를 느낀다. (……) 교회의 우유부단한 태도는 그들이 마치 파시즘의 잔인함과 반동성을 상대로 기독교적 신앙심의 요구들을 방어하기 두려워하는 것 같은 인상을 불러일으킨다.[25]

그것은 올바른 기독교적 발언이었다. 그러나 바로 그런 이유 때문에 우익적인 교회는 경청하려 들지 않았다. 몇몇 기독교적 사회주의자들이 《사회주의신보(Neuen Blättern für den Sozialismus)》의 기사를 보고 한층 더 불쾌해진 것처럼 보인다. 이 잡지는 이른바 호프가이스마르 서클과 연합한 사회민주주의자들이 출판했다. 이 서클은 사회민주주의 좌파들에 의해서 우익적이라고 평가되었다. 전혀 근거가 없지는 않았지만, 호프가이스마르 서클은 '민족적 사회주의'를 선전해댔고, 이는 나치즘과 일정한 이데올로기적 접점을 드러냈다. 그래도 그것은 실제로 민족적이고 사회적인 사상을 지닌 몇몇 사회민주주의자들이 나치즘에 대항하는 것을 막지는 못했다. 여기서 그들은 다른 동지들과 믿음의 형제들을 만났는데, 그들은 기독교적인, 사회주의적 모티프로 그들의 저항을 정당화했다.[26] 이것은 무엇보다도 크라이자우 서클에 속하는 회원들의 경우에 해당된다. (개신교적이고 가톨릭적인) 기독교적 저항 진영에 속한 다양한 사람들은 이때 폴 틸리히(1886~1965)의 가르침에 의존했다.

틸리히는 1914년 9월 신학 공부를 마친 후에 자원해서 군목으로 참전했다. 그의 부정적인 전쟁 체험으로 1918년 이후 그는 전쟁과 국가에 대해 다른 한층 더 비판적인 태도를 보였다. 이를 계기로 그는 이른바 종교적 사회주의의 베를린 서클과 접촉하게 되었다. 틸리히는 종교적 사회주의자 서클에 가입했는데, 그의 영향력 때문에 1933년 나치에 의해 교수직에서 쫓겨나고 미국으로 강제이주를 당했다. 그곳에서 그는 1956년 죽을 때까지 미국의 저명한 대학에서 가르쳤다.

그에게는 신학과 사회주의의 화해, 즉 틸리히가 그렇게 명명했던 "성스러운 역사의식"과 "합리적 역사비판" 정신과의 화해가 중요했다. 틸리히는 그것을 테오노미(Theonomie)라고 불렀다. "테오노미"는 "구체적인 역사 상황에서 거룩한 형식과 거룩한 내용의 통일"이며, 테오노미는 거룩하고 동시에 정의로운 현실"을 창조한다. 이 말은 명백히 평등, 인권, 민주주의를 의미했다. 그러나 이러한 정치적 목표는 단지 합리적으로만 설명할 수는 없다. 거기다가 "테오노미-형이상학적 태도와 비악마적-형이상학적 태도"가 추가되어야 한다. 이 말은 아마도 호르크하이머가 '도구적 이성의 비판'이라고 명명한 것을 뜻했을 것이다. 틸리히에게서 그것은 다음과 같이 읽힌다.

> 국가는 테오노미의 함량이 가장 강력하게 표출되는 사람들의 에로스와 내적 강인함에 의해 유지되어야 한다. 국가는 자체 시스템 안에서 생생한 긴장을 유지해야 하고, 그 긴장 속에서 경제적인 것, 민족적인 것, 혈통적인 것 등이 포괄적인 절대이념을 위해 그들이 지닌 의미의 가치를 평가받는다.[27]

나치즘은 그런 식의 국가를 원하지 않는다. 따라서 틸리히는 '프로테스탄티즘'이 나치즘에 마음을 여는 것을 경고했다. 만일 프로테스탄티즘이 그렇게 처신하고 '사회주의'를 비판한다면, 프로테스탄티즘은

"다시 한 번 세상에 대한 임무를 배신하게 될 것이다." "나치즘이 실제로 보호역할을 맡은 자본주의적-봉건적 통치형태에 하나님이 원하는 권위의 신성을 부여하는 한," 프로테스탄티즘은 "계급투쟁을 영원히 존속시키게 되며" "모든 사회질서의 척도인 폭력에 반대하고 정의를 위해 증언하라는 임무"를 배반하는 것이 된다.[28] 그 대신에 "프로테스탄티즘은 예언자적-도덕적 성격을 그 안에 보존해 하켄크로이츠의 이교도에 맞서 십자가의 기독교를 자리매김해야 한다."

이러한 진실하고 중요한 말에 직면해서 볼 때, 종교적 사회주의에 관한 틸리히의 이론이 동서독의 많은 기독교인에게 큰 영향력을 행사했다는 것은 놀랍지 않다. 무엇보다도 동독 지역에서는 몇몇 종교적 사회주의자들이 '사회주의 건설'에 동참할 준비가 되어 있다고 밝혔다. 이는 공산주의자들과의 공조에서도 그랬는데, 그들은 소비에트에서 구성된 '자유독일국민위원회'에서 만나 존중하기를 배웠다. 그것은 잘못된 것이었을까? 그것은 사회주의와 마찬가지로 기독교의 이상에 대한 배신이었는가?

더 나은 사회주의

'더 나은 사회주의' 개념은 감독 교구장인 하이노 팔케가 만들어냈다.[29] 1972년 7월, 이는 3년 전에 구성된 '동독 복음주의 교회연맹(BEK)'의 의원총회에서 이루어졌다. 이 총회에서 교회는 그들의 국가(동독)를 확실하게 인정했다. 이는 이미 인용한 말에 따라 이루어졌는데, 그에 따르면, "교회는 옆쪽이나 맞은편이 아닌, 사회주의 내부에 서 있기를 원한다." 마찬가지로 이미 언급했듯이, '사회주의'는 동독의 국가와 사회를 의미했다. 팔케는 이 둘을 "더 나은 사회주의"라는 공식으로 개선하고자 했다. 그것은 동독의 당과 국가 지도부에 의해 파렴치한 모욕으로 받아들여졌다. 그들의 시각에서 볼 때, 동독에는 개선할 것이 없었다. 교회를 통해 개선된다는 것은 더더욱 받아들일 수 없었다. 따라서 팔케의 언어는 '사회주의'에 대한 아첨이라기보다는 투쟁선언이었다.

그런데 이것으로는 동독에 도대체 교회가 인정하고 개선할 수 있을 만한 실질적인 '사회주의'가 있었느냐는 질문에 대한 답변이 되지 못한다. 팔케의 동료인 주교 알브레히트 쉰헤어에게는 그런 경우처럼 보였다. 그래서 그는 1972년에 행한 연설에서 다음과 같이 선언했다.

> 사회주의는 착취가 제거되고 모두를 위한 정의가 지배하는 세계를 추구한다. (······) 결정적인 것은, 권력관계가 근본적으로 바뀌고 생산수단이 인민의 수중에 들어오며, 착취자의 독재의 자리에 지속적인 계급투쟁으로 성취되고 견지되어야만 하는 '프롤레타리아트 독재'가 들어서는 것이다.[30]

제3제국에서 교회 투쟁뿐만 아니라 동독의 당과 국가 지도부와의 투쟁에도 참여했던 쉰헤어에 대한 존경에도 불구하고, 동독에는 '사회주의'란 없었고 국가자본주의만 있었을 뿐이다. 여기서는 "착취"가 제거되지도 "모두를 위한 정의"도 만들어지지 않았다. "생산수단"은 단지 형식상으로 "인민의 손"에 있었을 뿐이고, 실질적으로 이른바 "인민 소유의 공장들"은 당의 위탁 하에 국가의 관료가 운영하였고, "프롤레타리아트 독재"가 아닌 단순한 1당 독재가 구축되었다. 이것은 낯선 권력, 즉 소비에트 연방의 명령에 따랐고, 여러 차례 설명된 인민의 의지와는 반대되는 것이었다.

쉰헤어는 아주 명백하게 실제와 이상을 혼동했고, 그는 동독에 대한 찬양의 연장선상에서 "사회주의의 토대를 건설하는 과정에서 착취의 제거, 모두를 위한 정의, 아모스나 이사야의 예언자적 요청을 재확인할 것을 기독교인들에게" 추천했다.

그런데 그것은 실제로 그런 뜻이었을까? 한때 그랬던 것처럼 쉰헤어는 약삭빠르게 단지 우울한 '현실 사회주의'의 현실을 아름답고 추구할 만한 사회주의적 이상에 맞추어 재고 싶었던 것일까? 혹시 예수께서도 이러한 '현실사회주의' 독재의 유약한, 몰락한, 권리박탈당한 하층민에 대해 '편파적인' 입장이지 않았는지를 복음에 비추어 유심히 살펴보라는 그의 요구는 '기독교인들'을 상대로 한 것이었나?

동독의 시민들이 교회의 지붕 아래서 교회의 도움을 받아 독재적인 사회주의통일당 정권에 저항했다는 사실이 이러한 추론을 가능하게 한다. 이것은 인정할 수 있다. 그러나 정의로운 사회주의 시스템을 극히 불한 국가에서, 불의한 국가의 도움으로 건설하는 것은 상상이나 희망조차도 거부해야 한다. 이는 민주주의에서만 가능하다. 더 정확히 말해서, 사회민주주의에서만 가능하다.

사회적 민주주의

독일연방공화국은 사회적 민주주의였고, 오늘까지도 그렇다. 그런데도 모두에게, 사회적 약자들에게도 정의로운 사회적인 (또는 사회주의적인) 전체 시스템을 구축하는 데는 성공하지 못했다. 그것에 대한 책임은 교회에도 있다. 교회는 "자유로운, 민주적인", 항상 첨언될 수 있는 바, "사회적인 기본 질서"의 확립에 함께 책임을 지고 함께 실현해왔다. 이때 교회는 이전에는 항상 거부되고 투쟁해온 민주주의와 사회민주주의적인 정당들과 평화를 이루어왔다.[31]

반대로 사회민주주의도 교회에 가까이 접근해왔고, 그들의 당 강령에 교회의 가치를 넘겨받았다. 1959년의 독일 사민당의 고데스베르크 당 강령은 다음과 같다.

> 다른 신앙을 가진 사람들과 다른 생각을 하는 사람들에게도 동일한 존엄을 가진 동일한 인간임을 존중하는 상호 간의 관용만이 인간적이고 정치적으로 풍성한 공동생활을 위한 풍부한 토대를 제공해준다. (······) 자유로운 파트너 관계라는 의미에서 교회와 종교 공동체들과 공조 작업을 위해 독일 사민당은 항상 준비되어 있다.[32]

교회는 민주주의적이고 사회민주주의적인 이념과 이데올로기를 받아들였고, 특히 기독교적 이념과 이데올로기를 결합했다. 그러나 그것들은 사회적 민주주의를 건설하고 공고히 하기 위해 이용되지는 않았다. 연방공화국에서는 시민들의 자유권이 확대되지 않았고, 점점 더 제한되었다. 빈부의 격차가 좁혀지지 않고 오히려 더 벌어졌다. 가난한 사람이 더 가난해진 것은 아니지만, 부자들이 더욱더 부유해진 것은 확실하다.

교회는 이 모든 것을 고발하고 개선할 수 있었을 테고 아마도 그렇게 했어야만 했다. 그러나 교회는 그렇게 하지 않았다. 확실히 교회는 가난한 사람들을 위한 기부금을 요청하고 '세계를 위한 빵'을 모았지만, 그러나 그에 따라 오로지 "질병"의 증상들, 즉 극히 불의한 자본주의 세계 시스템의 표피적인 현상형태만을 파악하고 다루는 데 그치고 만다. 기독교적 사회주의자, 정확하게 말해, 사회적 신념을 지닌 기독교인에게 그것은 충분하지도 않고 충분할 수도 없다. 그는 "하나님과 맘몬을 같이 섬겨서는 안 된다." 그는 '가난한 사람들'을 단지 '축복할' 뿐만 아니라 그들을 도와야 한다. 그는 급진적이어야 한다. 다시 말해 문제의 뿌리를 파악하고 그것을 근절해야 한다. 그는 블로흐식의 '희망의 원리'를 따르고 그것을 실현해야 한다.

4장

악마의 자식들

— 교회와 반유대주의 —

나치가 주도한 유대인 상점 불매 운동(위).
루터의 반유대주의 저작 『유대인과 그들의 거짓말에 관해(Von den Juden und ihren Lügen)』(1543)(아래).

루터는 유대인의 종교 서적을 빼앗고, 그들의 회당을 불태우며, 랍비들에게 이제부터 가르치는 것을 완전히 금지하라고 촉구했다. 종교로서 유대교는 근절되어야 한다. 그리고 유대인 자체도 더는 이웃으로 받아들여서는 안 되며, 상인과 대부업자 같은 그들의 전통적인 직업 활동을 금지하자고 제안했다. 그 외에도 그들의 재산을 몰수해야 한다고 말했다.

"너희는 너희 아비 마귀에게서 났으니"라고 예수께서 '바리새인'을 이렇게 부르셨다.(요한복음 8장 44절)[1] 이 구절은 예수께서 마치 그들에게 고함을 지르신 것 같은 인상을 준다. 여기서 요한이 설명하는 이야기의 결론이 대단히 드라마틱하다. 이 이야기는 예수께서 바리새인과 진행한 논쟁을 다룬다. 이때 바리새인은 예수를 "시험하는" 데 뜻을 두었다.(요한복음 8장 6절) 이런 목적을 위해 그들은 처음부터 "간통하다 붙잡힌 여인"을 예수 앞에 데리고 와 모세의 법에 따라 그녀를 돌로 쳐야 하는지를 물으려 했다. 그러나 예수께서 "바리새인들"의 나쁜 의도를 꿰뚫어 보시고 그들에게 요구했다. "너희 중에 죄 없는 자가 먼저 돌로 치라."(요한복음 8장 7절)

그러나 바리새인은 패배를 인정하지 않고, 예수와 언쟁을 계속했다. 여기서 예수는 자신을 하나님의 아들이라고 암시했다. 그러나 바리새인은 그것을 믿으려고 하지 않았다. 예수는 위에서 언급한 마귀 비판으로 대답하셨다. 바리새인은 마귀가 아버지일 뿐만 아니라, 예수의 목숨을 노리는 아버지 마귀의 '일'을 완수하게 될 것이다. 이것은 예수 그리스도의 수난에 관한 언급이고, 여기서 복음서 저자 요한은 그것을 예수에 대한 '유대인'의 음모의 결과라고 묘사했다.

다른 복음서 저자들에게서도 이것은 비슷한 양상을 띤다. 로마의 총독 빌라도가 로마법에 따라 예수를 재판하고 로마인들에게만 적용되는 십자가형(유대법에는 범죄자는 돌로 쳐 죽이게 되어 있음)으로 처형한 사건은 예수에 대한 음모를 꾸민 악마적인 유대인들의 탓으로 비판되고 있다.

마가복음에 따르면, 바리새인이 "예수를 고발하려 했다."(마가복음 3장 2절) 그 후에 예수께서 그가 "장로들과 대제사장들과 서기관들로부터 많은 고통을 당하고 버림을 받을 것"이라 말씀하셨다.(마가복음 8장 31절) 그들은 "예수를 흉계로 잡아 죽일 방도를 구했다."(마가복음 14장 1절) 그들이 "예수에 반하는 거짓 증거를" 제출하고 그가 "죽을죄를 지었다"고 설명했으며, "시기하여" 그를 빌라도에게 넘겨주었고, 빌라도는 단지 "(유대) 민족에게 잘 보이기 위해" 예수를 처형했다.(마가복음 15장 11-15절)

마태복음에는 '바리새인들'과 '유대인들'의 음모설이 훨씬 더 광범위하게, 훨씬 더 유대인혐오적으로 표현되고 채색되었다. '바리새인들'은 예수의 살인을 아주 체계적으로 사전에 준비했다. 그들은 (유대) '민족'을 설득해 빌라도가 예수에 대한 선고를 하도록 청구했다. 그러나 빌라도는 예수를 구하려고 최선을 다했다. 그러나 '그들' 유대인은 재차 소리를 질렀다. "예수를 십자가에 못 박아라." 빌라도는 이 압력에 굴복했지만, 그는 "예수의 피에 대한 책임이 없다"는 것을 강조하고 자기의 손을 씻었다. 그와 반대로 유대인들은 고집을 부리며 주제넘게 말

했다. "그의 피를 우리와 우리 자손들에게 돌릴지어다."(마태복음 27장 15-26절)

유대인을 '하나님의 살인자'라고 악마화하는 것과 명백하게 모순되지만, 그들의 개종에 대한 요구가 등장한다. 이는 무엇보다도 사도 바울의 로마서에서 발견된다.(로마서 11장 17-26절) 여기서 바울은 하나님과 '옛 언약'을 깨트린 유대인을 올리브나무의 잘려나간 가지들에 비유했다. 그 자리에 대신 기독교인들이 들어섰고, 그들과 함께 하나님이 "새로운 언약"을 체결하셨고 그에 따라 그들은 "올리브나무에 접붙여졌다." 그런데도 기독교인들은 그것을 자랑해서는 안 되며, "네가 뿌리를 보전하는 것이 나니요, 뿌리가 너를 보전하는 것"임을 알아야 한다. 이 말은 "그들이 불신에 머물러 있지 않는 한" 유대인도 구원될 수 있고, "다시 원래의 올리브나무에 접붙여질 것"이라는 뜻이다. 유대인의 개종은 기독교인의 과제가 된다. 만일 그들이 이 일에 성공한다면, 아직도 개종하지 않은 유대인들의 '무지'가 극복된다면, "다수의 이교도들처럼" 그들이 기독교인이 된다면, 그때에서야 선지자 이사야와 예레미아의 예언이 이루어질 것이다. "구원자가 시온에서 나올 것이며, 하나님 없는 야곱의 자손들이 그곳으로 돌아오리라."

유대인의 개종은 '구원자' 예수의 재림을 위한 구원사적 담보물이다. 그것은 주로 기독교인의 관심사이고, 항상 기독교인 측에서 시도되는 것처럼 절대 유대인친화적인 것을 의미하지는 않는다. 유대인의 악마화부터가 아니라, 기독교의 개종 제안 그 자체가 벌써 반유대주의적이라 해석하고 판단해야 한다. 특히 그것이 이처럼 반유대주의적인 말씀에 머물러 있지 않았다.[2] 그것은 교회 진영에서 유대인들을 향해 휘둘러댄 무기가 되었다.

악마화와 개종

교부들은 사실상 개종하려 하지 않는 유대인들을 '완고하다'고 비난하기 위해 바울의 개종 제안을 항상 새롭게 해석해왔다. 그것은 몇몇 다른 성경 구절의 잘못된 해석과 함께 설명되었다.[3] 중세의 교회 대표들은 항상 '사악한' 유대인 '악마의 자식들'의 파멸을 주장해왔다. 이러한 목적과 목표에 몇몇 반유대주의적 전설이 이바지했는데, 그것은 사실 성경 안에서 발견된다기보다는 성경적인 유대인 악마화에 대한 언급으로 설명되었다. 이 말은 제의 살인과 성체 훼손에 대한 비난을 뜻한다. 이런 이유로 1290년에는 영국에서, 1394년에는 프랑스에서 유대인이 추방되었다.[4]

독일 유대인들도 이런 운명을 당해야만 했다. 1235년 풀다에서 발생한 유대인들에게 혐의를 씌운 제의 살인이 계기를 제공했다.[5]

그 즉시 풀다의 유대인 공동체의 32명이 학살당했다. 또 다른 독일 도시들에서 사건들이 연달아 일어났다. 새로운 반유대주의적 박해의 물결이 예고되었다. 그러나 그것은 황제 프리드리히 2세에 의해 중단되었다. 사실 유대인을 혐오하지 않으며 높은 교양을 갖춘 이 통치자는 종교적, 세속적인 고위 관직자로 구성된 위원회를 소집해 제의 살인 혐의를 조사할 것을 요청했다. 이 위원회는 "유대인들이 인간의 피를 탐한다는 내용은 구약에서도 신약에서도 (……) 발견되지 않는다"는 결론에 도달했다.[6] "심지어 허용된 동물의 피가 금지된 사람들이 인간의 피에 목말라 할 리가 없다는 데 대해 일말의 가능성도 없다"고 발표되었다. 그에 따라 프리드리히 2세는 "풀다의 (……) 유대인과 다른 곳의 독일 유대인"은 무죄라고 공포했다.

하지만 독일 유대인은 이러한 무죄선고에 대해 비싼 대가를 지급해야만 했다. 그들은 지금까지 법적으로 동등한 지위를 상실하며 황제의 '궁정노예'가 될 것이라고 공포되었다. 유대인들은 우선 황제에게 보호금을 지급하고, 그런 다음 다른 세속적 권력에도 돈을 지급해야만 했다. 그것은 사실상 모든 후속적인 박해에서 독일 유대인을 지켜주지 못했고, 기껏해야 '독일민족의 신성로마제국'에서 거주할 수 있는 권한만 보증해주었다.

이 조치는 악명 높은 유대인혐오적인 교회에게는 눈엣가시였다. 그들은 독일에서 유대인을 추방할 계획을 세웠다. 이러한 계획의 실행은 이미 이단 탄압에서 아주 위대한 '업적'을 쌓은 바 있는 도미니쿠스 수도회에 위임되었다. 성자 도미니쿠스에 의해 창립되고 그의 이름을 따라 명명된 이 수도회는 주님의 개(canes Domini)라고 불릴 때가 적지 않았다.

도미니쿠스 수도사들은 유대인 개종자인 요하네스 페퍼코른을 그 일에 충실한 도구로 만들었다. 페퍼코른은 유대인이 이단에 대한 책임이 있기 때문에 황제의 궁정노예의 법적 신분을 상실했다고 지적했다.[7] 페퍼코른은 실제로 여러 책자에서 탈무드에는 예수와 특히 '동정녀' 마리아를 모독하는 구절이 발견된다는 것을 증명했다. 탈무드와 다른 유대 서적은 이단적 내용 때문에 압수되어 불태워졌다. 그는 유대인의 서적을 불태운 후에 곧바로 유대인을 장작더미 위에서 화형시켜야 한다고 주장했다.

하지만 유대인은 위협적 재앙을 인식했고 스스로 방어했다. 1509년 그들은 마인츠 대주교와 프랑크푸르트(암마인) 도시의회와 같은 종교적, 세속적 권력들이 페퍼코른이 요구한 그들의 종교서적을 압수한 행위에 저항했다. 황제 막시밀리안 1세는 이 사안을 신중하게 받아들여 한 위원회에 페퍼코른의 테제와 고발을 철저하게 조사하라고 위임했다.

이 위원회 소속의 한 위원은 페퍼코른의 조작극을 무효화하는 증명서를 작성했는데, 그가 바로 인문주의자 요하네스 로흘린이다. 히브리학자인 그는 잉골슈타트대학교와 이후에는 튀빙엔대학교에서 이 분야를 가르쳤다. 그는 당연히 히브리어에 능통했기 때문에 페퍼코른이 범한 탈무드 오역과 그의 잘못을 증명하는 것은 간단한 일이다. 실제로 탈무드에는 "기독교인들에 대한 적대적 의도"가 발견되지 않는다.[8] 사실 유대인들은 그리스도를 하나님으로 인정하지 않는다. 그러나 로흘린의 담담한 논평에 따르면, 그것은 "자명하다." 왜냐하면 그들은 "기독교 교회의 지체가 아니고, 그들의 신앙은 우리와 아무런 상관이 없기" 때문이다. 도미니쿠스 수도사들이 증명할 수 있다고 생각한 것처럼 그들이 '이단'일 수가 없다. "왜냐하면 그들은 기독교 신앙 안에 있지 않기 때문이다." 그러므로 "제국의 직접적인 뼈대이자 제국의 신민"인 그들이 지닌 법적 지위 또한 흔들려서는 안 된다.

이제 페퍼코른의 위탁자로 드러난 도미니쿠스 수도회는 격분했고, 로흘린을 상대로 한 다른 고소장을 또 작성했다. 독설적인 울리히 폰 후텐은 이것을 두고 "음행한 사람의 편지"라고 부르며 조롱하기도 했다. 페퍼코른-로흘린 논쟁은 몇 년 동안 더 지속했고, 당시의 지성계 전체를 거의 사로잡아버렸다. 일반적인 기대와 달리, 단 한 사람은 눈에 띌 정도로 머뭇거렸다.

루터와 유대인

그 사람은 로흘린의 에르푸르트 동료인 마르틴 루터 박사였다. 1514년, 그는 에르푸르트 아우구스티누스 수도회의 명예수도원장인 요하네스 랑의 요청에 따라 매우 간단한 입장을 표명했다.[9] 루터는 사실상 '이단'의 비난에 맞서 로흘린의 입장을 두둔했지만, 도미니쿠스 수도사들이 염두에 둔 "쾰른 출신"에 대한 비판을 삼가지도 않았다. 루터는 "유대인들이 하나님과 그들의 왕이신 그리스도를 욕하고 모독할 것"이라는 한 가지 지점에서는 페퍼코른과 도미니쿠스 수도회의 편을 들었다. 결론적으로 이것은 "(구약의) 모든 선지자에 의해 예언되었다." 바로 이러한 '신성모독' 때문에 유대인들은 "하나님의 진노에 따라 영겁의 벌을 받아 죽었고, 전도서에 에 따르면, 그들은 개선될 수 없다." (전도서 1장 15절) 따라서 도니미쿠스 수도사가 요구했던 유대인 서적을 불태우는 일은 전혀 불필요한 것이고 심지어 위험하기 짝이 없다. 왜냐하면 "개선되지 않는 모든 것"(이는 재차 유대인들을 뜻함)은 "교정을 통해 더욱 나빠지고 전혀 정화되지 않기" 때문이다.

그러므로 로흘린에 대한 루터의 편들기는 유대인에 대한 날카로운 공격과 결합해 있었다. 그리고 이것은 우연한 일도 아니고 놀라운 일도 아니었다. 왜냐하면 루터는 극렬한 유대인의 적으로 시작했고, 그의 전 생애 동안 그런 인물로 남았다.[10] 아무튼 루터는 1517년의 그 유명한 비텐베르크 95개조 반박문에서도, 1520년의 가장 중요한 세 편의 종교개혁 저작에서도, 가톨릭교회가 창작하고 책임을 떠넘긴 유대인 문제에 대해 다루지 않은 것은 사실이다. 하지만 그의 '반유대주의'는 '일시적 탈선'이나 단순한 '말년의 이물질'이 아니라, 그의 '신학'의 주된 구성 부분이다.¹¹ 그 이유가 뭘까? 어떻게 그렇게 되었을까? 루터는 유대인들에 대해 무엇을 말하고 서술했는가?

1513년과 1515년 사이에 진행된 그의 시편 강독에서부터 벌써 루터는 유대인은 아직도 "사탄의 회당"(요한계시록 2장 9절)에 앉아 있을 것인데, 그들이 예수의 십자가 처형에 책임이 있기 때문이라고 생각했다. 게다가 그들이 예수에게 행한 그들의 "음흉함과 불신 때문에 감람나무에서 내쳐질 것이다."¹² 그러나 감람나무 비유(로마서 11장)에 따르면, 그들이 드디어 개종하게 된다면, 유대인들은 다시 감람나무에 접붙여질 수 있다.

1523년에 작성된 책자인 『예수 그리스도는 유대인 출생이라는 것(Daß Jesus Christus ein geborener Jude sei)』에서 이러한 생각을 좀 더 자세하게 설명했다.¹³ 그러나 유대인의 개종은 "친절하게" 더 좋은 방법으로 수행되어야 한다. 이때 종교개혁가 루터의 생각은 분명했다. 루터는 앞선 전체 교회가 성공하지 못한 모든 유대인의 개종을 그가 성공시킬 수 있을 것이라고 굳게 확신했던 것처럼 보인다. 이 일은 일어날 수 있을 뿐만 아니라, 이 일은 지금 일어나야만 한다. 유대인들의 그의 개종 제의를 무조건 받아들여야만 한다는 식이다.¹⁴

교회 진영에서 현재까지 줄곧 주장되었던 것처럼, 그것은 '유대인 친화적'이거나 심지어 '관용적인' 것인가? 전혀 그렇지 않다! 그것은 기껏해야 일반적인 반유대주의라는 동전의 한층 더 부드러운 이면일 뿐이었다. 더욱이 루터의 개종 제의는 유대인에 대한 날카로운 공격과 계속 결합해 있었다는 것도 지적될 수 있다.

이른바 유대인 친화적인 저작인 『예수 그리스도는 유대인 출생이라는 것』이 저술된 지 3년이 채 지나기도 전에, 루터는 유대인들에게 철천지원수인 튀르크의 첩자라는 죄를 덮어씌웠다. 이는 1526년에 출판된 『헝가리 여왕에게 보내는 4편의 위로의 시(Vier tröstlichen Psalmen an die Königin zu Ungarn)』에서 나타났다.[15] 1537년에 열린 창세기 강독에서처럼 여기서도 루터는 유대인은 "그들의 오른편에" 서 있는 "사탄"에 의해 "완악해져" "눈이 멀게" 되었다는 테제를 대변했다.[16]

1538년에는 『안식일교도에 반대하며 좋은 친구에게(Wider die Sabbather an einen guten Freund)』라는 책자에서 루터는 한층 더 짙은 유대인 혐오적인 색채를 드러냈다.[17] 그 계기는 팔케나우의 슐리크 백작(이 사람이 "좋은 친구"임)이 퍼트린 소문인데, 그에 따르면, 유대인들이 전도하려 한다는 것이었다. 첫째, 그것은 틀린 것이었고("안식일교도"에게는 기독교적인 종파가 문제가 되었음), 둘째, 루터가 그랬던 것처럼 유대인을 공격할 만한 아무런 이유가 없었다. 유대인은 예수의 살해에 대한 무거운 책임을 스스로 짊어졌기 때문에, 그들은 하나님의 의지에 따라 1,500년 동안 회개해야만 했다.[18] 그들의 추방이 너무 오랫동안 지속한 것은, 하나님이 유대인을 떠났다는 증거가 된다. "이제 하나님이 그들은 영원히 불행(=외국)에 머물게 하므로 (……) 따라서 하나님이 그들을 떠났다는 것이 분명하다."[19] 이러한 생각은 새로운 것이었다. 이 생각은 루터가 유대인의 개종 가능성에 의구심을 갖게 했다. "너희가 유대인을 개종시킬 수 없다면, 너희는 이 나쁜 민족에 의해 반복해서 교사 당하고 박해받는 선지자들보다 더 못하다는 것을 깊이 생각하라."[20]

흥미롭게도 무명으로 남은 유대인들이 루터의 이 저작에 대해 이의를 제기했는데, 이것이 루터를 무척 화나게 만든 것처럼 보인다.[21] 그의 격분의 결과물이 바로 1543년에 작성된 책자인 『유대인과 그들의 거짓말에 관해(Von den Juden und ihren Lügen)』였다.[22] 여기서 루터는 먼저 자신이 유대인에 대해서 다시 쓸 의도가 전혀 없었다는 점을 강조했다. 20년 전에『예수 그리스도는 유대인 출생이라는 것』에서 유대인에 대한 그의 친절한 요구, 이제야 마침내 스스로 개종하라는 요구는 이행되지 않았을 뿐만 아니라, 이 "구원 없는 사람들"인 유대인은 "기독교인들을 유혹하려" 시도했다.[23] 그것으로 충분하지 않았는지, 그들은 뻔뻔하게도 예수와 동정녀 마리아를 "창녀의 자식"과 "창녀"라고 조롱했다.[24] 유대인들은 "육체를 가진 악마"이며, "우물에 독을 탔고, 아이를 납치해 찔러 죽였다." 그들은 "완전 교만, 시기, 폭리, 탐욕과 모든 음흉함"이다. 그들은 오로지 기독교인을 착취하는 데에만 관심이 있었다. "그들(유대인)은 이교도의 금은에 집착한다. 태양 아래 그 어떤 민족도 그들만큼 탐욕스러운 민족은 없다. 이 민족은 저주받은 폭리에서 보이던 모습 그대로 남는다." 그들의 부유함과 폭리를 통해 그들은 스스로 기독교도의 주인으로 뛰어올랐다.

> 정말 그렇다. 그들은 우리 기독교인들을 우리 자신의 땅에 묶어놓고, 우리의 코에 땀이 나도록 일해 재물을 얻도록 하고, 그런 반면에 그들(=유대인)은 그동안에 벽난로 앞에 앉아 빈둥거리고, 허례허식하고(=잔치를 벌이고), 배를 굽고, 포식하고, 술 취하고, 우리가 일해서 만든 물건으로 살아간다. 그들은 우리와 우리의 상품들을 그들의 저주받은 폭리를 통해 그들 마음대로 가져갔다. 그들이 우리의 주인이며, 우리는 그들의 노예다.

마찬가지로 1543년에 출간된 저작인『셈 함포라스와 그리스도의 성에 관해(Vom Schem Hamphoras und vom Geschlecht Christi)』에서 유대인에 대한 증오를 한층 더 강도 높게 표현했다. 그들은 범죄 집단이며, "고삐 풀린, 나쁜 망나니로 이루어진 찌꺼기"다. 그들은 정직한 기독교인에 대해 온갖 종류의 "음해"를 가하려고 모의하는 놈들이다.[25]

이런 반유대주의적 음모의 이데올로기와 함께 유대인의 절멸이 설명되었다. 이러한 요구는 루터의 저작『유대인과 그들의 거짓말에 관해』에서 발견된다.[26] 이 책자에서 루터는 유대인의 종교 서적을 빼앗고, 그들의 회당을 불태우며, 랍비들에게 이제부터 가르치는 것을 완전히 금지하라고 촉구했다. 종교로서 유대교는 근절되어야 한다. 그리고 유대인 자체도 더는 이웃으로 받아들여서는 안 되며, 상인과 대부업자 같은 그들의 전통적인 직업 활동을 금지하자고 제안했다. 그 외에도 그들의 재산을 몰수해야 한다고 말했다. 끝으로 그들은 전 재산을 "우리에게서 훔쳤고 폭리로 취한 것이다." 송두리째 직업을 빼앗긴 유대인들은 강제노동에 투입되어야 한다. "일곱 번째, 젊고 강한 유대인 남녀의 손에 도리깨와 도끼, 곡괭이, 실패와 방추(方錐)를 주어 코에 땀을 흘려 그들의 빵을 얻게 하라."

그러나 루터는 그것에 만족하지 않았다. 영국, 프랑스, 스페인과 같이 유대인을 "땅에서 추방한" 다른 나라의 사례로 눈을 돌려봐야 한다. 그에 따라 오로지 한 가지는 남는다. "따라서 그들은 항상 꺼져야 한다."[27] "항상 꺼져야 한다"는 말은 추방만을 뜻하는 게 아니라, 대단히 분명하게 멸절을 염두에 둔 것이다. 그래서 루터는 1498년 이후에 이미 "법률의 보호 밖에 놓인" "집시들처럼" 유대인들을 처리하라고 요구했는데, 이 말은 누구라도 처벌 받지 않고 유대인을 죽일 수 있다는 뜻이다.

루터의 음모 이데올로기를 설명하고 악마신앙에 토대를 둔 유대인

적대감은 멸절적인 성격을 지녔다. 그것은 무엇에 의해서도, 누구에 의해서도 정당화될 수 없다.[28] 오늘날의 신학자들이 "경직된 표현형태"(마르틴 비네르트)에 영향을 미친 종교개혁자의 어떤 "퇴행"(쿠르트 베른트 주허)이나 "노화현상"(하이크 A. 오버안)을 언급하면서 이것을 시도한다면, 그들은 루터의 "악마적인 반유대주의"에 대한 주목할 만하고 동시에 한탄스러운 이해력을 드러낸 셈이다.[29] 이른바 유대인에 친화적인 젊은 루터와 유대인에 적대적인 늙은 루터, (좋은) 신학자와 (반유대주의적) 작가 사이에서 루터를 구분하고자 하는 시도(요하네스 브로세더)도 실패했다. 따라서 루터는 유대인의 선교 활동을 두려워했고 또 두려워해야 했기 때문에, 유대인들에 대해서 그토록 격분했다는 주장은 그야말로 부당한 주장이다. 여기서는 가해자 루터가 피해자로 둔갑해버린다.

그런데 루터는 나치들의 유대인 적대 행위를 미리 준비했고, 그야말로 정당화해주었는가? 루터와 히틀러 사이에 (이데올로기 역사적인) 연속성이 있는가?

루터에서 히틀러까지?

우선 루터의 저작은 결코 숨기거나 배척되지 않고 골고루 퍼져 널리 받아들여졌다는 점에서 연속성 테제가 입증된다.[30] 이것은 복음주의 교회의 여러 대표들을 통해 일어난 적이 있었는데, 그들은 루터의 과격한 유대인 적대감에 매혹되어, 개혁가가 추천했듯이, 그들이 "악마적인 유대인"을 전도하는 행위 자체가 무익하고 유해하다고 간주했다.

17세기 후반에 가서야 비로소 슈페너와 경건주의의 영향 아래 프로테스탄트의 유대인 전도가 시작되었다. 그러나 그것은 성공적이라고 볼 수 없었다. 정통 루터파는 유대인 전도를 촉진시키지 않았고 오히려 은밀하게 공공연하게 거부했다.[31]

근대 초기에 가장 유명하면서, 동시에 가장 악명 높은 유대인 적대자들도 마찬가지로 루터와 그의 유대인에 적대적인 저작에 의존했다. 먼저 요한 야콥 슈트(1664~1722)가 이에 해당하는 인물인데, 그는 유대인들의 "카발리스트적인 마술"에서 "사탄의 영향력"을 보고 싶어 했다.[32] 하이델베르크 대학교수인 요한 안드레아스 아이젠멩어(1654~1704)는 2,000쪽이 넘는 두꺼운 반유대주의 저작인 『발견된 유대성(Entdecktem Judenthum)』에서 "악마들이 랍비나 유대인과 있기를 좋아하는 것은" 놀라운 일이 아니며, "그들의 나쁜 성질과 본성이 서로 잘 어울리기 때문에 그런 일이 생긴다"는 것이 놀라운 일이라고 간주했다.[33] 유대인의 압력 때문에, 황제 레오폴트 16세(1658~1705)는 아이젠멩어의 책을 제국 전역에서 금지했다. 그래서 이 책은 아직 존재하는 '신성로마제국'의 국경 너머에 있던 프로이센의 쾨니히스베르크에서 출판되었다. 그러나 이곳 프로테스탄트 프로이센에서도 이 책은 역시 신랄하게 비판받았다.

일반적으로 종교적 동기에 따른 반유대적 선입견은 더 이상 시대에 걸맞지 않은 것으로 느꼈다. 크리스티안 빌헬름 폰 돔 같은 계몽주의자들은 그 속에서 "박해에 탐닉하는 사제들이 만든 암흑기의 특징을 가진 동화"를 보고 싶어 했다. 유대인 "배제의 기본 원칙"은 계몽주의 정신과 원리를 위반하는 것이었다.[34]

유대인들에 대한 종교적 선입견을 극복할 것을 요구하고, 당연히 점진적으로 계도 과정 이후에야 완성될 기독교인과 유대인의 평등을 요구한다는 점에서 돔은 혼자가 아니었다. 다른 계몽주의자들도 (19세기의 30년대에서야 그렇게 불린 것처럼) 유대인 "해방"을 변호했고 점점 더 만연해지던 반유다적 선입견에 반대했다.

　하지만 모든 계몽주의자가 유대인의 친구는 아니었고, 몇몇은 심지어 극렬한 유대인의 적이었다.[35] 그들 가운데 볼테르가 속해 있었는데, 그는 유대인들 안에서 "인간을 잡아먹는" "음흉한 민족성"을 발견하길 원했다.[36] 칸트는 유대교를 "종교로 보지 않았고," 그가 극복하기 힘든 "폭리 정신"이라고 비난한 "인간 무리의 연합체"[37]일 뿐이라고 여겼다. 유대인들, 즉 "우리 밑에서 사는 팔레스타인 사람들" 안에서 그는 "사기꾼 민족"을 보고 싶었다.[38] 헤르더는 유대인들이 그들의 "구원사적 임무"를 아주 오랫동안 성취했고, 이제는 그저 "다른 민족의 줄기에 기생하는 식물"일 뿐이라는 입장이었다.[39] 피히테는 아래와 같이 명백하게 농담이 아닌 설명으로 유대인의 해방을 거절했다. "그러나 그들에게 시민권을 주는 것, 그것을 위해서, 어느 날 밤 그들의 머리를 모두 잘라내고, 유대인의 생각이 들어 있지 않은 머리를 붙여놓은 것 말고는 적어도 다른 방법이 없다고 본다. 그리고 그들로부터 우리를 지키는 것, 그것을 위해서, 그들이 찬양하는 땅을 정복해서 그들 모두를 그곳으로 보내버리는 것 외에는 다른 방법이 없다고 본다."[40]

　몇몇 계몽주의자는 그들의 유대인에 대한 적대감을 '인종'이론으로 설명했지만, 좀 더 정확하고 적절하게 말하면, 인종주의 이데올로기인데, 이것도 마찬가지로 계몽주의가 발명했다.[41]

　이를 행한 첫 번째 인물은 괴팅겐의 역사가 크리스토프 마이스너스였다.[42] 그의 '인종'-유형학에서 보면, '유대인'은 사실 '동방의 민족'에 속하는데, '몽골'과 특히 '열등한' 것으로 통하는 '흑인'보다는 우위에 있다. 하지만 '동방'과 '코카서스' 민족 중에서 '유대인'은 가장 낮은 자리를 차지한다. 그들은 부정적 시각에서 "무감각함", "노는 근성", "게으름과 비겁함", "정욕에 대한 탐닉", "구역질나는 불결함", "채워지지 않는 약탈욕", "냉혈한 살인욕"과 같은 것이 타고난 본성이라고 특징 지어졌다. "유대인"은 "다른 사람들을 불행하게 하는 행동에 대해 참회할 줄 모르고, 다른 사람들이 얻은 행운에 대해 진심으로 기뻐할 줄 모르고, 선행에 감사할 줄 모르고, 다른 사람의 복지를 위해 고상한 노력을 할 줄 모른다." 그들은 "스스로 아름다운 예술을 발명하거나 독자적인 예술 작품을 제작할 만큼의 충분한 창의력이 없다." "유럽 예술가들의 작품들을 모방할 만큼의 충분한 활동과 능력을 갖춘 적도 없다."[43]

마이너스는 다른 지면에서 아주 분명하게 유대인들이 "최초의 발명자"인 "섬뜩한 폭리"를 "유대인"의 타고난 나쁜 본성으로 꼽았다.[44] 이러한 "타고난 본성의 표출" 때문에 유대인들에게 "독일 지역의 나머지 기독교 주민들과 완전한 평등"은 거절된다. 그들은 팔레스타인으로 이주해야 하고, "그들의 옛 고국에서 새로운 예루살렘을 건설하고 새로운 제국을 세워야 한다."[45]

종교적 색채가 우세한 과거의 유대인 적대감과 인종주의적이고 사회적 특징을 지닌 새로운 유대인 적대감을 처음 결합한 사람은 빌헬름 마르가 아니라 마이너스였다. 1879년에 마르가 이 현상에 대해 '반유대주의(Antisemitismus)'라는 새로운 개념을 만들어냈을 뿐이다.[46] 이 개념은 원래 틀린 개념이다. 왜냐하면 유대인에 대한 반대 태도만을 나타내는 것이 아니라 전체 '셈족'에 대한 반대 태도를 표현하기 때문이다. 노아의 아들인 셈의 이름을 따라 불리게 된 '셈족'에는 과거와 현재까지 존재하는 다양한 민족이 속해 있다. 유대인 외에도 아랍인, 아르메니아인, 에티오피아인, 아카더인, 페니키아인과 라룬 민족이 포함된다. 그들은 민족적인 또는 심지어 '인종족' 관점에서 통일성이 없고, 지금도 그렇다. 이들 다양한 민족을 결합하는 유일한 것은 셈어족에 속한다는 것인데, 그것은 다른 인도-유럽어족과는 구분된다. 마찬가지로 셈어족 사이의 차이는 인도-유럽어족 사이의 차이만큼이나 크다. 따라서 마르 이전부터 만날 수 있는 '셈주의'는 잘못된 개념이다. 그 개념이 아예 존재하지도 않는 셈족의 언어문화적이고 민족적인 통일성을 암시하기 때문이다. 그런데도 마르는 이 모두를 반박하지 않았다. 그는 유대인에 대한 적대감을 뜻하는 새롭고, 진지해 보이며, 과학적인 느낌이 나면서 동시에 유대인의 '인종적' 소속감을 지시하는 개념을 발견하려고 노력했다.

대개 특수하게 근대적이라고 표시되는 이 '반유대주의(Antisemitismus)'는 몇몇 역사가에 의해 과거의 '반유다주의(Antijudaismus)'와 첨예하게 구분되었다.[47] 그러나 여러 역사가, 특히 유대인 역사가는 이러한 구분을 거부했다.[48] 나는 그들의 의견에 동조하는데, 그것에 대해 조금 더 상세하게 다루어보려 한다. 그것은 두 가지 주장이다. 첫째, 과거의 종교적 동기에 따른 반유대주의가 새로운 인종주의 동기에 따른 반유대주의로 단절되지 않고 이행되었다는 점이다. 둘째, 반유대주의의 두 가지 변형은 절멸적인 성격을 지녔다는 테제다. 따라서 반유다주의는 반유대주의만큼 "그다지 나쁘지 않은" 그저 "가벼운 반유대주의"였다는 것은 논의할 필요가 없다.

이미 지적했듯이, 몇몇 계몽주의자의 종교적, 인종적 동기를 가진 반유대주의는 전혀 무해하지 않았다. 대부분 독일 민족주의자가 한층 더 과격했는데, 마찬가지로 종교적, 인종적 특징을 지닌 반유대주의를 대변했다.

먼저 언급할 만한 인물은 에른스트 모리츠 아른트다. 그는 독일민족과, 그가 생각하기에, "부패하고 타락한 민족"과 지속적인 혼혈이 진행되었다고 주장하면서 유대인의 해방에 반대했다. 그런 식의 "잡종화"는 무조건 저지되어야 한다. "게르만족"은 "가능한 한 이방적인 요소들로부터 순수성을 지켜야 한다."[49]

독일민족의 이데올로그로 언급할 만한 인물은 예나대학교의 철학교수인 야콥 프리드리히 프리즈인데, 그는 1816년에 유대인들에 관한 "헌법과 관습법의 모든 조항의 폐기"를 주장하고 "이러한 카스트 신분을 철두철미하게" 근절할 것을 요구했다.[50]

리하르트 바그너에게서도 유사한 생각과 절멸 판타지를 발견할 수 있는데,[51] 그는 "유대인"을 "인간성이 타락한 악마"라고 불렀다.[52] 그뿐만 아니라 이미 언급한 빌헬름 마르와 특히 아돌프 슈퇴커에게서도 나타났는데, 그는 독일 유대인들 안에서 "이질적 요소,"[53] 즉 "민족 안의 민족"[54]을 보고 싶었다. 파울 데 라가르트와 율리우스 랑벤의 반유대주의 저작은 명백한 종말론적 발상의 특징이 나타난다. 마지막으로 반유대주의의 대가인 테오도르 프리치는 유대인의 "거대금융에서 악마의 회당의 사자"를, 유대인들 자체에서는 "악마의 민족"을 식별하고 싶어 했다.[55]

이들은 히틀러의 반유대주의의 선각자들인데, 그는 『나의 투쟁(Mein Kampf)』에서 직간접적으로 이들에 의존했다. 히틀러의 인종적 반유대주의도 마찬가지로 종교적, 사이비 종교적 요소와 결합해 있고, 그것들로 설명되었다. 그런데도 "유대인"을 막으려고 할 때, 히틀러는 "하나님의 사역"을 완수한다고 생각했다.[56] 여기서는 이것에 대해 더 논평하지는 않겠다. 우리는 이른바 '제3제국'의 유대인 박해에 대해서 좀 더 상세하게 서술하는 것도 단념하고, 교회가 그것에 어떻게 반응했는가의 문제에 답하는 정도로 한정 짓고자 한다.

침묵하는 증인들

'증인들이 침묵했을 때'는 "고백교회와 유대인"에 관한 책의 제목이었다,[57] 유감스럽지만, 좋지 않은 사건에 비해 좋은 제목인데, 나치의 유대인 탄압에 대한 교회의 지속적인 침묵을 다룬다. 유감천만인 이러한 사실은 (내가 언젠가 교육 목적을 위해 만든 바 있는) 연대표를 작성해보면 즉시 분명해진다. 왼쪽에는 나치의 유대인에 적대적 행동들을 적고, 오른쪽에는 그에 대한 교회의 반응을 적는다. 좌측의 나치 쪽에는 경악할 만큼 사건이 많이 발견되는 반면, 우측의 교회 쪽에는 경악할 정도로 대부분이 비어 있을 것이다.

1933년부터 시작해보면, 4월 7일에 나치가 공포한 반유대주의적 "공무원재건법"에 대해 교회는 아무런 반응도 보이지 않았음을 알 수 있다.[58] 이 국가 법령에 포함된 9월 6일의 아리안조항이 구프로이센 연합 복음주의 교회의 교회법으로 이관된 이후에야,[59] 몇몇 프로테스탄트 목사는 '비아리안 출신'이거나 '비아리안 출신과 결혼한' 직원 동료를 해임하는 것에 대해 항의했다. 앞의 1장에서 이미 언급했듯이, 그들은 목회자비상연합으로 결집해서 기독교마저도 '아리안화'하려는 '독일 기독교도'의 시도에 강하게 반대했다. 1933년 11월 13일, 독일 기독교도의 베를린 관구는 반유대주의적일 뿐만 아니라 반기독교적인 요구 사항을 수정하고 다음과 같이 설명했다.

> 우리는 독일 민족교회가 모든 동방적 사고로부터 깨끗하게 정화되어 단순한 복음과 영웅적인 예수상을 기독교의 적합한 기본토대로서 선포하는 데 진지한 태도를 지닐 것을 요구한다. 이런 기독교 안에서 하나님의 자녀로서 자기 자신과 민족 안에 있는 신성을 의무로 느끼는 자랑스러운 인간이 깨져버린 노예의 영혼의 자리에 들어서게 된다.[60]

이것은 신성모독이다. 이 신성을 모독하는 '잘못된 가르침'은 1934년 5월에도 바름 의원총회에서 비판되었다. 교회는 복음과 질서의 이미지를 "당대의 지배적 세계관과 정치적 신념의 교체에 내맡기지" 않는다. 이 말은 반유대주의적 "세계관과 정치적 신념"과, 보충해보자면, 반유대주의적인 나치들의 행동을 의미하는 것일까? 아마도 그럴 것이다. 그러나 정확하게는 알 수가 없다. 바름의 모든 테제에서는 박해받은 유대인도 그들을 박해하는 기독교인의 반유대주의도 언급되지 않았다.

두 가지는 1936년 5월에 가서야 일어났는데, 교회가 재차 아무런 반응을 보이지 않았던 반유대주의적 뉘른베르크 법의 공포 이후 거의 1년이 지난 뒤였다. (마찬가지로 1장에서 언급했듯이) 1936년 5월 28일에 복음주의 교회의 임시 지도부의 건의서에서 우리는 읽을 수 있다. 즉 "나치의 세계관의 틀 내에서 유대인 증오를 의무화하는 반유대주의가 기독교인에게 강요된다면, 이웃 사랑의 기독교적 계명은 그것과 반대된다."[61]

2년 뒤인 1938년 11월에 포그롬(Pogromen)이 발생했을 때, 교회는 이 "이웃 사랑의 계명"을 준수했어야만 했다. 하지만 그들은 그렇게 하지 않았다. 약간의 예외를 제외한다면, 박해받은 유대인은 도움을 받지 못했다. 나치들에 의해 훼손되고 불태워진 회당과 함께 하나님의 집이 훼손되고 불태워졌다는 사실은 전 독일과 모든 교회에서 유감스럽게 여겨지고 신랄하게 비판받아야 했다. 그런데도 역시나 약간의 예외를 제외한다면, 그런 일은 없었다.

이 예외적인 경우는 율리우스 얀 목사가 해당하는데, 그는 1938년 11월 16일 회개와 기도의 날 설교에서 (포그롬이 일어난 지 7일째 되는 날에) 다음과 같이 설명했다.

> 하나님의 계명을 무시하는 광기의 고삐가 풀렸다. 무엇보다도 거룩한 하나님의 집이 전소되었는데도 처벌받지 않았다. 이방인의 재산이 약탈당하거나 파괴되고 있다. 우리 독일민족을 충실하게 섬기고 그들의 의무를 양심에 따라 수행한 사람들이 강제수용소에 버려졌다. 단지 그들이 다른 인종에 속한다는 이유 때문에.[62]

이러한 말은 많은 독일 기독교도에게 진정한 기독교 정신이 완전히 결핍되었음을 증언해준다. 독일 기독교도에 의해 지배된 튀링겐 복음주의 교회의 주 지역협의회 회원들도 이런 사례에 해당한다. 그들은 1938년의 회개와 기도의 날을 위해 호소문을 작성해서 모든 교회 앞에서 낭독할 계획이었다. 그 내용은 다음과 같다.

> 파리에서 유대인 폼 라트가 대사에게 저지른 비겁한 살인은 우리 독일민족 전체를 격앙케 했다. 이 범죄는 오늘날 기독교적 서구에서 무엇이 중요

한지를 선명하게 밝혀준다. 민족을 파괴하는 유대교의 정신에 맞선 세계사적 투쟁이 중요하다. 민족사회주의는 우리 시대의 이러한 위험을 가장 분명하게 인식했고, 독일 민족공동체를 추구하면서 강한 책임감을 느끼고 유대-볼셰비키적 무신론에 단호한 투쟁을 선언했다. 독일 교회의 과제는 이 투쟁에서 기독교적 양심과 민족적 책임감을 느끼고 지도자 편에 서서 충성하는 것이다.[63]

독일 기독교도가 백일하에 드러낸 이러한 절대적이고 반기독교적인 반유대주의와 쇼비니즘에 직면해, 이른바 순결한 교회들이 왜 이러한 반기독교적인 독일 기독교도와 협력하는 것이 적절하다고 간주했는지를 묻게 된다. 이 일은 반유대주의와 쇼비니즘 '에도 불구하고'가 아니라 바로 반유대주의와 쇼비니즘 '때문에' 발생한 것이 아닌가? 1939년 3월의 「민족사회주의적 독일 기독교도 통합」의 성명서가 이 질문에 대한 답변을 제공해준다. 여기서는 반유대주의와 쇼비니즘이 '민족사회주의적 통합'의 직접적인 보증인으로 간주했다. 이른바 고데스베르크 성명서는 다음과 같다.

> 유대교와 기독교의 관계는 어떠한가? 기독교는 유대교에서 출발했으니 지속과 완성인가? 아니면 기독교는 유대교와 적대적인가? 우리는 이 질문에 답변한다. 기독교 신앙은 유대교와 화해하기 어려운 대립 관계에 있다.[64]

고데스베르크 성명서의 다른 버전(이른바 고데스베르크 성명서의 변형)의 작성자들은 민족사회주의의 반유대주의적 이데올로기뿐만 아니라 이러한 이데올로기에 의존해 진행되는 유대인, 즉 유대 인종에 맞선 투쟁을 환영했고 정당화했다.

민족사회주의의 세계관은 가차 없이 민족 생활에 미치는 유대 인종의 정치적, 정신적 영향력과 맞서 싸울 것이다. 하나님의 창조 질서에 순종해, 복음주의 교회는 우리 민족의 순결을 지키려는 책임을 시인한다. 더 나아가 신앙의 영역에는 예수 그리스도의 복음과 율법과 정치적 메시아에 대한 희망을 품은 유대인 종교 사이의 대립보다 더 날카로운 대립은 없다.

인제 그만 됐다라고 말할 수도 있다. 1945년 이후에도 그렇게 말해질 수 있다. 그러나 그럴 사람들은 독일 기독교도였다. 그들이 스스로 말했듯이, 이 '돌격대(SA) 예수 그리스도'와 고백교회는 항상 분명하게 거리를 두었다. 이것은 독일 기독교도와 다른 나치들의 반유대주의에도 적용되는가? 이것은 마찬가지로 항상 분명하게 거부되었는가?

유감스럽게도 그 대답은 '아니오'다. 사실 반유대주의는 받아들여지지 않았다. 하지만 마찬가지로 충분하고 강력하게 거부하거나 싸우지도 않았다. 기독교적이고 루터에 의해 개혁되지도 않은 과격해진 반유대주의에 대한 토론이 고백교회 내부에서는 전혀 없었다.[65] 이는 아마도 독일 기독교도와 나치가 항상 루터의 반유대주의 저작들에 의존했기 때문인데, 이 책자들은 자칭 기독교에 대단히 적대적인 제3제국에서 인쇄 부수가 엄청 많았고 대량으로 유통되었다. 그것에 대해 증인들은 침묵했고, 이러한 침묵을 간단히 동의한 것으로 해석할 수 있다.

1943년 10월에 와서 유대인 살인과 인종 살인이 분명해지고 지나칠 수 없게 되자, 그들은 더 이상 침묵하지 않았다. 이는 (1장에서 이미 언급했듯이) 구프로이센 연합의 제12차 고백 의원총회의 성명서로 증명된다. 이 성명서에 따르면, "단지 범죄 집단에 속하거나 나이가 들었거나 정신질환이 있거나 다른 인종에 속한다는 이유만으로 인간의 절멸은 (……) 하나님이 당국에 부여한 검의 수행이 아니다."[66] 여기서 사실상 기독교인들에게 "이스라엘 민족의 생명도 신성하다"는 점이 분명하게 강조되었다. 그러나 이러한 자명한 발언은 아래의 문장으로 다시 한정된다. 이는 고백교회도 기독교적 반유대주의를 결코 극복하지 못했다는 점을 보여준다. "이스라엘은 확실히 그리스도가 하나님이심을 부인했다. 그러나 우리 인간이나 우리 기독교인들은 이스라엘의 불신앙을 벌주기 위해 호명된 것이 아니다."

하인리히 그뤼버와 베르너 쥘텐과 같은 사람들은 확실히 '비아리안' 기독교인들을 도왔다.[67] 마그다 모이젤, 엘리자베트 슈미츠, 카타리나 슈타리츠 같은 여성들은 박해받는 유대인들을 위해 더 많은 것을 하자고 호소했다.[68] 여기서 '유대인들 사이에서 기독교의 부흥을 위한 베를린협회'의 활동을 살펴보자면, 이 협회는 당시에 이른바 유대인 기독교인들을 위해 적어도 영적 치료를 계속했다.[69]

그럼에도 슬픈 결론이 남는다. 증인들 또한 침묵했다. 적어도 1945년 이후의 교회는 그것을 침묵하지 않았는가? 교회는 스스로 자신과 우리의 잘못을 고백했는가?

우리는 우리 자신을 고발한다

"우리는 좀 더 용감하게 회개하지 않았고, 좀 더 신실하게 기도하지 않았고, 좀 더 기쁘게 신앙하지 않았고, 좀 더 뜨겁게 사랑하지 않았기에 우리는 우리 자신을 고발한다." 이 말은 1945년 10월의 슈투트가르트 참회고백이다. 그런데 도대체 무엇을 고발한다는 말인가? 박해받은 유대인에게 "좀 더 용감하게" 스스로 "회개하지" 않은 것을? 박해받는 유대인들을 비록 "사랑하지는" 않았지만, 그들을 위해 "기도했고" 그들을 도왔다는 것을? 우리는 무슨 말인지 잘 모르겠다. 그러나 슈투트가르트 참회고백에서도 유대인은 여전히 언급되지 않았다. 1947년 8월의 다름슈타트 선언에서도 사정은 마찬가지다. 여기서도 유대인에 대한 이야기는 한마디도 찾을 수 없고, 기독교적 반유대주의에 대한 어떠한 비판도 발견되지 않는다. 그것은 간단히 묵과되었다.

이러한 침묵은 1960년대까지 계속되었다. 그때까지 벌써 슈투트가르트의 참회고백에서처럼 "예수 그리스도의 이름으로 나치의 폭력 정권에서 무섭게 표출된 정신에 반대해 투쟁한 것"을 스스로 자랑해왔다. 이는 교회 투쟁을 염두에 둔 것인데, 신학자들과 다른 기독교 이데올로그들은 '저항'이라고 평가했다. 거짓말이라고 말할 수도 있을 법한 이러한 이데올로기는 교회(양 교회!)의 탈나치화를 방해했다.[70] 교회는 당한 고통을 '회복'시켜줄 것을 요구했고, 그것을 받았다.

여하튼 교회는 희생자들의 '회복'에 대해 시기하지는 않았다. 이 말은 유대인들에 관한 말이다. 이러한 목적을 위해 기독교민주당의 아데나워가 유대인 대표들과 이스라엘 국가의 대변자들과 1952년에 체결한 룩셈부르크 협약은 교회가 비판하지 않았다. 그들은 유대인과 이스라엘 국가와의 화해를 촉구하는 아데나워의 정책을 지지했다. 그것은 교회 내부에 깊이 뿌리박힌 반유대주의에 직면한 상황에서도 인정될 수 있다.

한층 더 인정받을 만한 가치가 있는 것은 유대인과 이스라엘 국가와의 화해를 위한 대부분 젊은 교인의 노력이다. 그들은 이스라엘로 가고, 유대인들에게 정말 엄청난 고통을 가했던 장소로 가서, 그곳에 사는 사람을 도우며 죽은 자를 기리는 노력을 했다. 이 말은 '행동 속 죄표시'에 관한 것이다.[71] 이 단체의 회원들은 유대인들에게 자행된 범죄에 대한 기억이 바래지고 그 위에 풀만 자라는 것을 허락하고 싶어 하지 않았다. 풀로 뒤덮인 기억은 말로 표현되었다. 나치의 테러 장소를 완전히 폐기하지 못하도록 보존하고, 가치 있는 기억의 터로 변형하는 것을 처음으로 시작한 사람들이 바로 '행동 속죄표시'의 회원들이다. 정말 힘들고 육체적이기도 한 노동으로 이 두 가지 일을 다 했다. 그것은 진정 기독교적인, 더욱 정확하게, 프로테스탄트적인 이념이다. 회원들은 교회 지도부의 동의를 얻거나 그것에 관해 아예 질문도 하지 않고, 혼자서 이러한 이상에 도달했다. 여기서 일반 교인들이 교회보다 훨씬 더 낫고 훨씬 더 안목이 넓다는 사실이 증명되었다.

나중에 교회도 알고 나서 그것을 인정했다. 그것은 물론 1970년대에야 가능했다. 그때에야 비로소 교회의 날에서, 그리고 교회 공동체에서 유대인 학살에 관해 이야기했다. 그것은 독일에서도 대단히 성공적이었던 미국의 텔레비전 드라마 〈홀로코스트〉가 방영된 이후에 표출되었다. 흔히 말하듯이, 독일인처럼 '지각 있는 민족'에게서 홀로코스트의 발견이 이렇게 뒤늦었다는 점은 주목할 만하다. 독일 역사가들도 그것에 대한 책임이 있다. 왜냐하면 그들은 미국과 유대인 역사가와 달리 1970년대에 와서야 홀로코스트 문제를 진지하게, 좀 더 집중적으로 다루었기 때문이다.

미국과 유대인 역사가들과 달리 독일 역사가의 관심과 연구는 희생자의 고통보다는 가해자의 태도에 더 많이 중점을 두었다. 서독에서는 먼저 히틀러와 당의 몇몇 고위 간부들만이 가해자에 포함되었다. 반대로 동독에서는 몇몇 '금융자본 요인'에게 모든 책임이 있었다. 그들의 위임 안에서 "공공연한 테러독재"가 세워졌고, 그 체제는 무엇보다도 유대인이 아니라 공산주의를 탄압했다.

그런 다음 1980년대부터 몇몇 소장 역사가는 엘리트와 대다수 국민의 공범과 공동 책임을 고발했다. 그때까지 교회 투쟁 때문에 칭송받았던 교회들도 다시 관심과 비판의 중점에 놓인다. 그러한 비판은 몇몇 세속적 역사가들에 의해서 발표되었는데, 그들은 대부분 일반 역사가들이었다. 이 말은 이중의 의미를 지니는데, 첫째, 그들은 교회의 직분을 맡지 않았기 때문이고, 둘째, 그들은 전문적인 (교수직) 역사가들의 학계에 받아들여지지 않았기 때문이다. 여기서 언급할 만한 것은 에른스트 클레과 그의 책『돌격대(SA) 예수 그리스도(Die SA Jesu Christi)』인데, 이 책은 독일 기독교도의 반유대주의를 혹독하게, 정말로 가차 없이 비판한다.

교회사와 신학계에서 제출된 몇몇 저작에서는 유대인에 대한 교회의 태도가 비판받았다. 여기에는 무엇보다도 이미 언급한 볼프강 게어라흐의 책『증인들이 침묵할 때(Als die Zeugen schwiegen)』를 들 수 있다. 이것은 이미 1970년에 제출된 신학 박사학위 논문으로 나온 것인데, 17년 후인 1987년에서야 출간되었다.[72]

게어라흐의 책은 베를린의 '교회와 유대교연구소'에 의해 출판되었는데, 이 연구소는 페터 폰 데어 오스텐-자켄의 지도하에 (내가 그렇게 명명한) 기독교적 반유대주의의 역사를 발굴하는 데 커다란 업적을 남겼다. 이는 사실 1968년에 벌써 처음 출간된 2권짜리『기독교인과 유대인의 역사 입문: 문헌과 사료(Handbuch zur Geschichte von Christen und Juden. Darstellung und Quellen)』에 상세하게 인용된 수많은 사료의 도움으로 자료집이 나와 있지만, 이 입문서를 집필한 대부분 공동 저자들은 충분하게 비판하지 않았다. 그런데도 그들의 그야말로 빈번한 변명조의 '문헌'은 출간된 반유대주의 사료와 명백하게 모순되었다.

무엇보다도 루터는 거의 모든 비판에서 제외되었다. 그의 분명히 반유대주의적인 저작들은 그야말로 묵과되었다. 나는 그런 저작들에 대해 학교 수업에서도 교리 문답 수업에서도 들어보지 못했다. 1983년에 내가 그것을 처음으로 읽고 그에 대한 공개적인 발표를 했을 때,[73] 그 때문에 나는 호된 비난을 받았다. 그때 나는 나쁜, 반유대주의 소식의 전달자일 뿐이었다.

이미 언급했듯이, 루터의 반유대주의에 관한 첫 번째 논문들도 변명조로 작성되었는데, 그것은 나를 놀라게 했고, 사실 그 이상이었다. 물론 2002년에 와서 출간된『마르틴 루터와 유대인(Martin Luther und die Juden)』을 통해 처음으로 실제로 포괄적이고 비판적인 반유대주의자 루터에 대한 작품을 저술한 페터 폰 데어 오스텐-자켄이 그것을 극복하고 올바로 정립했다.

그럼에도 그런 이유로 기독교 반유대주의의 역사 전체가 발굴되었다고 말할 수는 없다. 공교회는 그 작업을 전혀 하지 않았다. 공교회는 과거의 반유대주의도 인정조차 하지 않았다. 교회가 현재의 반유대주의를 비록 극복하지는 못했지만, 적어도 맞서 싸우기는 했는지가 여전히 문제로 남는다. 교회는 이 과제를 오랫동안 양쪽 기독교 종파의 성직자들과 일반 신도들로 구성된 조직에 넘겨주었다. 즉 '기독교-유대교 공조 협회'인데, 이 단체는 이러한 목적과 목표를 성취하기 위해 매년 '우애 주간'을 개최한다.

우애 주간

이 행사는 기독교인들과 유대인들이 1년에 한 주 동안만 서로에게 우애를 가지고 처신한다는 인상을 주기 때문에 문제가 없을 수가 없다. 이러한 문제는 우애 주간의 매우 좋은 성과를 올린 행사 개최자들이 생각하지도, 심지어 의도하지도 않았다. 확실히 의도하지는 않았지만, 아마도 전혀 다르고 작지 않은 문제는 염두에 두었다. 즉 이곳에서 기독교와 유대인 신앙공동체의 대표자가 서로 같은 눈높이에서 만나지 않는다는 점이다. 다시 말해, 기독교인들은 유대인들이 한 번도 하지 않은 일, 곧 그들의 유대인 형제자매를 기독교 신앙으로 개종시키는 일을 행할 수 있다.

이 대목에서 유의할 점은 "그럴 수 있다"는 것이다. 우애 주간의 기독교 참가자들이 매번 그것을 행했는지는 증명할 수 없다. 그들은 교회의 가르침을 따르고자 한다면, 그것을 할 수 있고, 정말 해야만 한다. 왜냐하면 그것은 마태복음에 쓰인 일반적인 전도 명령과 동시에 바울이 제시한 지침을 따르는 것이기 때문이다. 유대인을 개종하는 일은 감람나무 비유와 같은 이미지 언어처럼 하나님의 감람나무에서 부러진 가지를 다시 원나무에 접붙이는 것을 뜻한다.

두 종파의 기독교 신자들에게 두 가지 일이 위임되었다. 그들은 이교도에게 전도해야 하고 유대인들을 개종시켜야 한다. 이 두 가지는 교회에 의해서도 지속했다. 물론 기껏해야 일반 및 특별 "유대인 전도"에 대해 격렬하고 논쟁적으로 토론하는 개신교보다는 가톨릭교회가 훨씬 더 비중이 컸다. 몇몇 프로테스탄트 주교회는 심지어 교인들에게 유대인 전도를 중지하라고 지침을 내렸다.

그런데도 이 점은 개신교 편에서 격렬하게 비판되었다. 공식 교회와 더욱 작은 프로테스탄트 종교 공동체(일찍이 '종파'라고 불린)에서 여전히 존재하는 프로테스탄트 근본주의자들은 오늘날까지 유대인을 개종하려고 애쓴다. 그들은 유대인의 구원을 위해 이것을 행하고 바울에 의해 새롭게 된 선지자 이사야와 예레미아의 예언을 언급하면서 그 이유를 설명한다. "구원자가 시온에서 오사 야곱에게서 경건하지 않은 것을 돌이키시겠고."(로마서 11장 26절)

이러한 근본주의적 성경 해석을 따라야 하고 그에 따라 유대인 선교를 받아들여야 하는가? 나는 아니라고 생각한다. 이런 답변은 내가 교회에 요구한 것과 관련된다. 나는 유대인에 적대적인 모든 성경 구절에 대한 근본주의적인, 즉 문자적 해석과 완전히 결별할 것을 요구한다. 이는 단지 아우슈비츠나 홀로코스트 때문에 내가 '아우슈비츠 이후 신학'이라는 용어를 거부하기 때문만이 아니라, 이처럼 유대인에 적대적인 성경 구절과 함께 수백 년 동안 지속된 유대인들에 대한 모든 박해가 설명되었기 때문이다.

그것이 어떻게 발생하게 되었는가? 미국의 역사가이자 사회학자인 다니엘 요나 골드하겐(그 자신이 유대인임)의 권유를 따라 신약성경에 있는 모든 유대인에 적대적인 구절을 "간단히" 지워버려야 하는가?[74] 그것은 당연히 아니다. 골드하겐의 급진적 제안은 충분히 급진적이지 않다. 중요한 것은 말씀 자체만이 아니라 말씀의 해석이고, 더 중요한 것은 말씀의 적용이다. 이것은 무슨 의미인가?

우리 기독교인과 비기독교인은 우리의 말씀을 면밀하게 고려하고 사용해야만 한다. 우리는 "눈에는 눈, 이에는 이"라는 원리에 따라 "구약의 분노"와 "복수"를 말하는 것과, 자기 의가 강한 나쁜 바리새인을 비난하는 등에서 우리 자신을 지켜야 한다. 그러나 무엇보다도 우리는 '유대인'을 '악마의 자식'이라고 악마화해서는 안 되고, 기독교 신앙으로 '개종시키려' 해서는 안 된다.

그중에서 많은 것이, 비록 모든 것은 아니지만, 우리 교회에서 이미 일어나고 있다. 사실 교회는 더 이상 유대인을 저주하지는 않지만, 알게 모르게 그들을 개종하기 위해 여전히 기도하고 있다. 교회는 사실 유대인을 더는 '하나님의 살해자'나 '악마의 자식들'이라고 말하지는 않지만, 다른 교회의 또 다른 기독교인들에 의해, 그리고 다른 종교의 신자들에 의해 이런 것이 여전히 행해지는 것을 허용하고 있다. 이것은 완전히 잘못 이해된 관용이다. 사실 교회는 더 이상 유대인에 적대적인 저작을 저술하지는 않지만, 오늘날에도 과거에 작성된 저작들, 그것이 루터 전후이든, 루터 자신이 저술한 저작들이든 그것들과 충분한 거리를 두지 않았다. 전체적으로 교회는 반유대주의 전통과 충분히 단절하지 않았다. 이처럼 이데올로기적으로 잘못된 길은 아직도 끝나지 않았다.

5장

엠스란트의 빗자루

— 교회와 반집시주의 —

마을에서 쫓겨나는 집시들(위).
집시 여인과 이야기하는 로베르트 리터(1936)(아래). 리터는 집시에게 가장 무자비한 연구자이자 박해자였다.

리터의 연구 대상이 된 '집시들'과 '집시 혼혈들'에게, 그것은 운명적인, 정말 치명적인 결과를 초래했다. 나치가 자행한 그들에 대한 박해와 학살은 리터와 후속 '집시 연구자들'의 '인종주의적' 구분이 없었다면 가능하지 않았을 것이다. 즉 나치의 박해자들과 살인자들은 많은 경우 그들의 희생자가 실제로 '집시'인지, '집시 혼혈'이 문제가 되는지도 알지 못했다. 그들은 '집시 연구'를 통해 그것을 알게 되었다. 이 연구는 '살인적 학문'으로 발전한 것이다.

교회도 그것을 알 수 있었고 비판할 수도 있었다. 그런데도 교회는 교적부를 건네줌으로써 '살인적 학문'에 가담하고야 말았다. 그것을 통해, 그리고 로마인에 대한 박해와 학살에 대해 교회가 침묵함으로써 교회는 결국 민족학살을 돕는 죄를 짓고 말았다.

"너는 땅에서 피하며 유리하는 자가 되리라."(창세기 4장 12절) 이 구절은 동생 아벨을 돌로 쳐 죽인 카인에 대한 말이다. 그 때문에 그는 하나님으로부터 추방되어 영원히 떠돌아다니는 벌을 받게 되었다. 그러나 카인은 이를 알아차리지 못하고 하나님과 협상을 시도한다. "내 죄벌이 지기가 너무 무거우니이다. 주께서 오늘 이 지면에서 나를 쫓아내시온즉 내가 주의 낯을 뵈옵지 못하리니, 내가 땅에서 피하며 유리하는 자가 될지라. 무릇 나를 만나는 자마다 나를 죽이겠나이다." 실제로 하나님은 정상을 참작해 죄벌의 강도를 낮추었다. "그렇지 아니하다 카인을 죽이는 자는 벌을 7배나 받으리라 하시고 카인에게 표를 주사 그를 만나는 모든 사람에게서 죽임을 면하게 하시니라." 사정이 그렇게 되었다. 카인은 그의 죄벌을 이겨내고 심지어 많은 자식과 자손을 낳았다. 그중에서 "유발은 수금과 퉁소를 잡는 자의 조상이 되었으며, 투발카인은 구리와 쇠로 여러 가지 기구를 만드는 자의 조상이 되었다."

이 모두가 도대체 로마인(Roma)[1]와 반집시주의[2]라고 불린 그들에 대한 적대감과 무슨 상관이 있는가? 우리의 성경 이해에 따르면, 절대로 아무 상관이 없다. 그런데도 옛날의 다른 성경 독자들은 그것을 전혀 다르게 보았다. 그들은 이후의 모든 "구리와 쇠 대장장이"와 "수금과 퉁소 연주자들"을 낳은 영원히 유랑하는 심판을 받은 카인과 그의 자식들 안에서 그들이 모욕적으로 '집시'라고 부른 로마인을 볼 수 있다고 생각했다. 결론적으로 많은 로마인은 음악가와 대장장이가 되었고, 몇몇 사람들은 영원히 떠돌아다녔다. 그런데 정말 왜 그랬을까? 단지 그들의 조상 카인이 아우 아벨을 돌로 쳐 죽였기 때문이었을까?

몇몇 연대기 작가는 이런 설명에 만족하지 않았다. 그들은 '집시'의 유랑을 계속되는, 신앙적이지 않은 전설로 설명했다.[3] 그중 하나에 따르면, 한 '집시'는 이집트로 도망가는 신성가족에게 머물 곳을 내어주지 않았다. 그래서 그와 모든 다른 로마인은 이런 유랑 심판을 받게 되었다. 또 다른 전설에 따르면, 한 '집시'는 그리스도의 십자가에 사용할 못, 특히 뾰족한 못을 만들지 말아 달라는 성모 마리아의 간곡한 부탁에도 불구하고 그리스도의 십자가에 쓸 못을 특별히 뾰족하게 만들었다.[4] 그리고 비록 아름답지는 않지만, 적어도 원본인, 또 다른 세 번째 전설에 따르면, 한 '집시'는 그리스도의 십자가 처형 그림에서 사라진 네 번째 못을 훔쳤고, 그래서 예수께서 못 하나에 두 발이 못 박혔음이 틀림없다. 그래서 사람들이 생각하기를, 이러한 정말 못된 악마적 행위를 위해 '집시들'은 악마로부터 직접 부추김을 당했다. 동시에 악마는 집시들에게 악마적 행위를 계속 저지르는 능력을 부여했다. 그들은 미래를 예언할 뿐만 아니라, 불을 피우고 끌 수도 있었다. 근대 초기의 몇몇 연대기 작가들의 의견에 따르면, 그들은 이런 마술적 힘을 악마에게 받았고 그 밖에도 그들은 (자칭) 검은 피부색까지도 악마와 공유했다.[5]

기독교적 반집시주의라고 불린 것이 이런 식으로 일어났고, 이는 기독교적 반유대주의와 비교될 만하다. 기독교적 반유대주의와 똑같이 기독교적 반집시주의도 또 다른 사회적, 마지막에는 인종주의적 특색을 띤 선입견과 뒤섞였다. 아래에서는 이 부분을 설명할 것이고, 여기서 (몇 가지) 교회의 반응에 대해서도 다루려고 한다.[6]

혐오스럽고 까무잡잡한 사람들

알베르트 크란츠는 1523년에 처음 출간된 『작센연대기(Sachsenchronik)』에서 로마인을 "혐오스럽고 까무잡잡한 사람들"이라고 표현했다.[7] 세바스티안 뮌스터는 1550년의 널리 애독된 그의 『천지학(Cosmographey)』에서 '집시'를 "창의적이지 못한, 까무잡잡한, 거칠고, 음란한 민족"이라고 특징지었다.[8] 이탈리아 수도사 루포 다 루베카는 "공포감을 불러일으키는 집시의 생김새"가 "흑인과 타타르"뿐만 아니라 "검은 악마"를 연상시킨다고 기억했다.[9]

로마인들은 도대체 무엇 때문에 이런 비난을 받고, 악마화되었는가? 마침내 그들 모두가 독일민족의 신성로마제국에 도착하기 한참 전인 15세기 초에 기독교 신앙공동체에 등록했다. 아마도 그것은 아틴가넨 공동체였던 것 같다(그리스어의 아틴가노이는 '접촉할 수 없는 자들'이라는 뜻임). 아틴가넨 공동체는 카타르 공동체처럼 13세기에 이단으로 몰려 박해를 받았다. 이단시된 신앙공동체는 전부 말살되었다. 그러나 그들의 이름은 로마 민족에 남아 있는 듯하고, 이 로마인들이 다른 유럽 민족에 의해 이 아틴가넨인의 사례를 따라 cyganki(러시아어), tsiganes(불어), cingari(이태리어), "Zigeuner"(독일어) 등으로 표기되었고, 지금도 표기되고 있다.

이때 사실 전반적으로 이질적인 표기법이 문제가 되는데, 그러나 이 표기법에는 부정적인 이중음가가 전혀 없었고 지금도 없다. 그러나 독일의 개념인 '치고이너(Zigeuner)'는 완전히 달랐다. 말하자면, 이 개념은 로마인은 영원히 떠돌아다니는 악명 높은 사기꾼이라는 함축적 의미가 있다. 그런 이유로 그들은 당연히 'Zieh-Gauner(치-가우너)'나 '치고이너'라고 표기될 수도 있겠다. 그러나 '치고이너' 개념의 내용 및 언어상의 잘못된 설명과 추론은 16세기에 와서야 몇몇 독일 연대기 작가에 의해 날조되었다. 이것은 로마인이 기독교 신앙공동체들에 의해 악마화되고 그들의 이른바 게으른 유목민적 행동방식 때문에 세속 권력에 의해 박해받은 이후에야 비로소 이루어졌다.

15세기 초 신성로마제국의 영토로 이주해온 첫 번째 로마인의 경우, 아직 두 가지 사정이 달랐다. 이른바 그들의 잘못된 종교적 믿음도, 잘못된 것으로 간주한 유목민적 생활방식도 비난받지 않았다. 그것은 교회에 의해 용인되었고, 황제의 세속 권력으로부터 통행증과 보호증서를 받았고, 그것이 "모든 꼴사나움과 분노 앞에서" 그들을 보호해주었다.[10] 그들 사이의 분쟁도 해결되었다. 이 목적을 위해 그들에게 독자적인 법정이 허용되었다. 전반적으로 볼 때, 15세기 초에는 로마인들이 유대인들보다 훨씬 좋은 법적 지위를 가졌다.

그런데 15세기 후반에 들어와서 상황이 돌변했다. 로마인들은 특혜를 받던 법적 지위를 상실한다. 그들은 차츰 법적 권리가 박탈당했다. 1498년에는 프라이부르크 제국의회가 그들을 심지어 신성로마제국에서 추방하겠다고 위협했다. 집시들은 당장 "우리 독일민족의 땅에서" 스스로 떠나야 한다.[11] 이 공공칙령에 맞선 사람은 법률의 보호 바깥에 있는 것으로 선포되었다. 모든 사람은 '집시들'을 때릴 수 있고, 심지어 죽일 수도 있다. 이러한 범행에 대한 책임은 지지 않아도 된다. 만약 누군가가 그들(=집시들)에 맞서는 행동을 해야 한다면, "그는 그때 악행을 저지르는 것도, 불법을 행하는 것도 아니게 된다." 이것은 살인을 촉구하는 것이다. 현대어로 말하자면, 민족학살을 촉구한 셈이다.

그런 부류는 여태까지 독일 역사에서는 없었다. 그 당시 이전에는 '집시들'처럼 법률의 보호 바깥에 있는 것으로 선포하고 박해받은 다른 사회단체들이나 종교단체들이 없었고, 유대인들도 그렇지 않았다. 로마인들에 대한 법률 보호 불가 선언은 집시들이 튀르크의 첩자라는 단순한 혐의로 설명되었다. 말하자면, 그들은 "기독교의 땅에 사는 처세꾼, 포탈자, 정탐꾼이다."

같은 시기에 유대인에게도 제기된 첩자라는 비난은 완전히 터무니없었다. 결론적으로 로마인은 무슬림이 아니라 기독교인이었다. 추측건대 그들은 심지어 기독교 신앙 때문에 무슬림의 튀르크를 피해 독일로 도망쳐왔다. 이 모두는 오로지 15세기 말에 퍼져 있던 튀르크 공포로만 설명할 수 있는데, 이 공포는 그야말로 히스테리의 특징을 그대로 드러냈다. 튀르크군이 빈(Wien) 도성 앞에 서 있었던 1529년에 그 공포는 최고조에 달했다.

그런데 여기서 튀르크 군대가 퇴각한 이후에도, 첩자 비난에 의거해 집시들의 법적 보호가 불가하다는 선언은 철회되지 않았다. 그들은 똑같이 계속 추방당했다. 지역 제후가 공포한 새로운 "집시법"을 보면, 그것은 더 이상 종교적 동기로 설명할 수 없다.¹² 이제 로마인은 "잘못된 기독교인"이 아니라 '집시', 즉 떠돌아다니는 사기꾼이라고 비난당했다. 이러한 이유 설명과 더불어 합법적이고 또 그렇게 표기된 '집시사냥' 행사가 개최되었고, 이때 모든 성인 로마인과 여성까지도 재판 없이 제일 가까운 나무에 달려 교사되었다. 이 모두는 당연히 교회에 알려졌다. 관련된 반집시적 법률과 규례가 교회에서 낭독되었다.¹³ 그런데도 교회는 모든 것이 기독교적으로 좋다고 여겼기 때문에 그것에 항의하는 어떤 행동도 취하지 않았다. 교회는 그들의 기독교 형제를 전혀 돕지 않았다.¹⁴ 루터는 그것을 알았을까? 만약 그렇다면, 그는 이 사건에 대해 어떻게 반응했을까?¹⁵

루터와 집시들

루터는 '집시들'에 대한 법적 보호의 불가 선언과 극도로 잔인한 처우를 잘 알았다. 그런데도 그는 그것을 비판하지 않았고, "집시들처럼" 유대인들도 똑같이 나쁘게 취급하라고 권고했다. 1543년에 출간된 책자인 『유대인과 그들의 거짓말에 관해』에서 루터는 "집시들과 마찬가지로" 유대인들을 "한 지붕이나 축사"로 데려가라고 제안했다.¹⁶ 그것은 명백하게 강제노동 시설에 감금하는 것을 의미했는데, 그곳에서는 노동의무가 지배하고 남녀 수감자의 강제노동이 지속했다.¹⁷ 실제로 로마인은 강제노동 시설에 보내져 노동을 강요당했다. 루터의 입장에서는 유대인도 이렇게 처리해야 한다는 것이다.

도대체 무슨 이유 때문일까? 역시 1543년에 루터가 출간한 『셈 함 포라스와 그리스도의 성에 관해』에서 설명했듯이, 유대인들과 '집시들'의 경우, 조국 없는 범죄자 무리가 문제시되기 때문이다. 그들은 튀르크 첩자, 우물에 독 풀기, 방화, 어린이 유괴, 그 밖의 '음해'로 선량하고 정직한 사람들을 해치기 위해 모든 나라에서 모여들었다.

오늘날의 이들 유대인은 모두 행실이 나쁜, 못된 녀석들의 찌꺼기임이 틀림없다. 전 세계로부터 흘러들어와 지역 곳곳으로 흩어졌다. 가해자나 집시들, 그와 유사한 사람들처럼, 폭리로 사람들을 힘들게 하고, 나라를 정탐하고, 배신하고, 물에 독을 타고, 방화하고, 아이들을 유괴하고 각종 음해 공작을 일삼는다.[18]

1530년에 출간된 책자인 『혼사에 관해(Von Ehesachen)』에서 루터는 '집시들'과 유랑자 일반을 "그들이 가는 곳마다 줄곧 결혼과 세례를 일삼는다"고 비난했다.[19] 이는 분명하게 유대인들에 대한 비난이기도 한데, 로마인은 이런 방식으로 세례 선물과 여타의 지참금을 얻기 위해 세례를 받고 결혼을 하는 것이다. 이 인용구에서 드러나듯이, 루터는 유대인에 적대자이면서 동시에 로마인에 적대자였다. 그는 기독교적 반유대주의도, 기독교적 반집시주의도 개혁하지 않았고, 오히려 이 두 이데올로기를 과격하게 만들어놓았다.

이 종교개혁을 통해 유대인뿐만 아니라 로마인의 상황도 나빠졌다. 로마인은 더 나아가 '독일민족의 땅'에서 추방되었다. 그러나 그들은 다른 유럽 나라들에서도 허가받지 못했기 때문에 늘 또다시 독일로 되돌아와야만 했다. 그들이 독일에서 체류하기 힘들게 하려고, 루터가 권고한 대로, 그들은 강제노동 시설에 처박혀 강제노동에 내버려졌다. 로마인에게 처음으로 가장 혹독한 프로테스탄트 노동윤리[20]가 적용되었다. 그런데 바로 그 이유로, 차별당하고 법적 권리를 박탈당한, 박해받는 로마인은 국가나 교회에서 아무런 도움도 받지 못했다.

유대인의 경우, 사정이 달랐다. 몇몇 계몽주의자가 유대인들까지 '시민적 개선'의 대상으로 삼아야 한다는 요구에 착수했다. 그와는 반대로 로마인은 그런 식의 '시민적 개선'의 대상에 대한 논의에서조차 배제되었다. 유대인들과 달리, 그들은 '해방된' 적이 없었다. 그러나 악명 높은 반집시주의적 사고를 지닌 교회뿐만 아니라 계몽주의에도 그에 대한 책임이 있었다.

계몽주의와 집시들

사실 반유대주의는 계몽주의에서는 비판의 대상이 되었지만, 반집시주의는 그렇지 않았다.[21] 몇몇 계몽주의자는 심지어 반집시주의를 훨씬 더 조장했다. 여기서 첫 번째 자리에 저 위대한 임마누엘 칸트가 거론될 수 있다. 칸트는 사실 로마인에 관한 책을 쓰지는 않았다. 그러나 그는 자신의 저작 중 여러 곳에서 '집시들'에 대한 의견을 표명했는데, 항상 극히 부정적이었다.[22] 그는 『신학적 원리의 철학적 사용에 대해 (Über den Gebrauch teleologischer Prinzipien in der Philosophie)』에서 "집시들"은 "정주한 농부들이나 수공업자들에게 단 한순간만이라도 유익함을 주려 하지 않는다"고 비난했다.[23] 그들은 그저 "떠돌이"이고 "원래 노동이라 할 만한 것," 그것은 "우리 안의 집시들에게는" 발견되지

않는다.[24]

 그로써 칸트는 이른바 빈둥빈둥 떠돌아다니는 '집시들'에 대한 전통적이고, 루터에 의해 확정된 선입견을 극복하지 못했음을 인정한 셈이다. 루터와 근대 초기의 연대기 작가와 달리, 칸트는 로마인의 나쁜 특징을 그들의 타고난 '기질'로 환원했다. '집시들'은 수 세기 전부터 노동하는 유럽에 거주했음에도, 그들은 여전히 일하는 법을 배우지 못했고, "일에 대한 충동"을 발전시키지 못했다. 그들의 게으름과 유목민적 생활방식은 그들의 인도적 태생의 유산이다. 그 외에도 집시들은 인도인들과 피부색이 같다. "청노랑"은 "인도의 피부색"[25]이면서도 "진짜 집시의 색"[26]이기도 하다. 그들의 타고난 부정적인 사회적 습성 때문에, '집시 인종'은 개선될 수가 없다.

 크리스티안 빌헬름 폰 돔은 의견이 달랐다. 그는 1781년에 출판된 『유대인의 시민적 개선에 대해(Über die bürgerliche Verbesserung der Juden)』[27]에서 유대인은 "시민적 개선"에 착수해 결국에는 그들을 기독교인과 법적으로 동등한 지위를 갖도록 하는 것을 옹호했을 뿐만 아니라, 집시들도 그들이 "아무리 야만적인 민족"이라 할지라도 교육을 통해서 충분히 개선할 수 있다고 주장했다. 물론 이러한 과정은 "우수한 정신력과 숙련됨"을 갖춘 유대인들보다 "원시적이고 야만적인 집시들"에게 훨씬 더 많은 시간이 걸릴 것이다. 그럼에도 "오늘날 집시들의 후손들을 (……) 행복한 인간과 선량한 시민"으로 만드는 일은 가능하며 필수적이다.[28]

 그런데 벌써 칸트가 강조한 집시들의 인도 태생과 '인종주의적' 특징에 직면해서 그것이 과연 실현 가능했을까? 괴팅겐의 역사가 하인리히 모리츠 고트리프 그렐만은 그의 기념비적 저작 『집시(Die

Zigeuner)』에서 바로 이 문제에 전념했다.²⁹ 그렐만은 자신을 계몽주의자로 자처했는데, 그가 로마인을 악마화하는 것을 "미신"이라고 표현했기 때문이다. 그 밖에도 그는 '집시들'의 경우 근본적으로 사기꾼, 곧 "치가우너(Zieh-Gauner)가 문제시된다는 당시에 널리 퍼져 있던 생각을 부정했다." 그에게 로마인이 원래 인도에서 나온 민족에 속한다는 것은 아주 분명했다. 그렇기 때문에 그들은 "동방민족"이고 "수천 년 이후에도 여전히 지배적인" "동방적인 사고방식"을 가졌는데,³⁰ 이것이 '집시들'의 한결 같은 못된 성격을 전반적으로 결정한다.³¹ 따라서 그들의 타고난 나쁜 인종주의적 특성 때문에 로마인의 해방은 불가능하고 바람직하지도 않다는 식이다.

그렐만을 뒤따른 또 다른 여러 작가가 이러한 결론에 도달했는데, 그들은 로마인의 해방 불가론을 종교적, 사회적, 인종주의적 반집시주의 이데올로기로 설명했다. 그들 중에는 하르트비히 폰 훈트-라도우스키가 있었다. 그는 1819년에 출간한 『유대인의 거울(Judenspiegel)』에서 유대인들과 "집시들"을 다음과 같이 악의적으로 비교했다. "유대인과 집시는 언어, 풍습, 외모 면에서 눈에 띌 정도로 유사하기 때문에 같은 태생이라는 결론을 내릴 수 있듯이, 그 둘 사이의 아동 유괴 범죄까지도 공통된다."³² 그에 따라 루터와 비슷하게, 훈트-라도우스키는 불과 몇 년 전에 로마인들에 대해서 했던 것과 똑같이 유대인들을 처리할 것을 제안했다.

> 60, 70년 전에 많은 독일 지역에서 유대인들과 태생 친족인 집시들이 그들의 천막을 설치한 숲에서 쫓겨나 맹수들처럼 총살되었다. 그런데도 집시들이 유대인들처럼 기독교 국가에 위험했던 적이 없었다.³³

1835년에 테오도르 테츠너가 출간한 『집시의 역사(Geschichte der Zigeuner)』에서 비슷하기는 하나, 그렇게 과격하지 않은 생각과 제안이 발견된다.

유대인들은 외국인이고, 집시들도 마찬가지다. 두 민족의 외모부터가 벌써 눈에 띄는 동질성을 보여준다. 반짝이는 검은 머리카락과 빛나는 눈만 보인다. 유대인들처럼 집시들에게서도 그러한 점들이 발견되지 않는가? 어두운 피부색은 적어도 아브라함의 후손들 대부분의 특색이고, 두 민족이 같은 뿌리라는 것을 말해줄 수도 있다. 그 밖의 외모, 드물게 높은 생장, 마른 신체는 두 민족 사이에서 똑같이 발견된다. 생활방식 면에서는 많은 지점에서 눈여겨볼 만한 동질성이 더 많이 보인다. (……) 대부분의 경우 정신적 관점에서 두 민족의 조화가 나타난다. 놀라울 정도로 좋은 기질에도 불구하고 두 민족은 간계와 음모로 꽉 차 있다. 두 민족은 그것을 그다지 진지하게 생각하지 않는다. (……) 엄숙한 노동을 모두 피하는 것도 마찬가지로 두 민족의 특성이다. 우리가 집시와 유대인을 동일한 불량배로 간주하는 데 더욱 결정일 수 있는 것은, 그들의 특성이 확고하게 굳어져 있다는 점이다.[34]

그런데 이처럼 과격한 반집시주의는 몇몇 독일국가에서 해방, 달리 말하면, 프로이센에서 표현되었듯이, "집시의 문명화"[35]에 대해 적어도 논의되는 것을 방해할 수는 없었다. (복음주의) 교회는 수백 년 동안 지속해온 로마인에 대한 박해보다는 이러한 계획을 세웠다.[36]

교회와 집시들

1829년에 교회는 '집시 선교'에 종사하는 협회를 설립했다.[37] 이 협회는 '나움부르크 선교 지원 연맹'이라 불렸고, '이교도의 기독교 부흥을 위한 베를린협회'의 자매단체였다. 독일의 로마인은 결코 선교할 만한 '이교도'가 아니라 신앙이 있는 기독교도들이었다는 점은 이때 공공연하게 간과되었다. 또는 당시 로마인 대다수는 올바른 교회, 복음주의 교회가 아닌 가톨릭교회에 속했다는 점이 간과되지도 않았다. 그런데도 그들을 개종시키고 싶어 했을까?

아니다. 이 선교 연맹의 설립자들은 우리는 "집시들"을 단지 "문명화"하려 하고 프로테스탄트 윤리에 맞게 노동하도록 "교육하기" 원한다고 진심으로 확언했다. 그 외에도 이 모두는, 오늘날 말하듯이, 시험 삼아서 처음으로 한 번 수행해보려는 것이었다. 노르트하우젠 근처의 하르츠에 위치한 마을인 프리드리히스로라가 선택되었다. 그곳에는 프랑스 점령 시기 이곳에 정착해도 된다는 인가를 받은 다양한 로마인이 살았다. 이 목적에 적합해 보이지 않는, 예전에 구두 수선공이자 병원의 숙련 조무사 출신의 빌헬름 블랑켄부르크가 이들 '선교' 업무를 맡게 되었다.

그런데 1830년에 '집시 전도사' 블랑켄부르크가 프리드리히스로라에 들어서자, 그는 그곳의 로마인들로부터 그들과 아이들은 선량하고 신실한 가톨릭교도이며, 따라서 그들은 복음주의 교회 쪽의 개종 시도가 필요없다는 말을 듣게 되었다. 실제로 블랑켄부르크는 로마인이 가톨릭 신앙의 기본 원리를 처음부터 끝까지 통달했고, 심지어 몇몇은 말과 글에도 능통하다고 확신했다. 그런데도 불랑켄부르크는 스스로

물러서지 않았다.

노련하게도 그는 성인 로마인의 개종에는 집중하지 않고(그는 어쨌든 종교적 행위를 집전할 권한을 갖고 있지는 않았음), 프리드리히스로라에도 작은 학교를 설립해서 아이들의 교육에 집중했다. 처음에 로마인들은 그가 선교하는 것을 허락해주었다. 하지만 블랑켄부르크가 아이들을 부모로부터 떼어내 프리드리히스로라 외부에서 '노동교육'을 시키고 싶어 했을 때, 그들은 항의하기 시작했다. 블랑켄부르크는 성인 로마인들을 '작업장'에 감금하겠다고 위협했지만, 그들을 막을 수가 없었다.

항의하는 프리드리히스로라의 로마인들은 자신들의 대변인을 찾아냈다. 그는 형편없는 인물이 아닌 프로이센의 국왕 프리드리히 빌헬름 3세였다. 그는 로마에 있는 프란츠 메트바하의 서한을 통해 프리드리히스로라의 상황을 알게 되었는데, 그 상황을 수긍할 수 없었다. 사실을 확인하기 위해 국왕이 파견한 담당 총감은 프리드리히스로라에서는 '타락한' 민족을 '교육하려는' 시도가 있었을 뿐이고 "개종몰이꾼"이라는 비난은 터무니없다고 부인했다. 그럼에도 그는 1837년 1월에 프로이센 문화교육부 장관이 조처한 프리드리히스로라의 (강제)시설의 폐쇄를 막을 수는 없었다. 그 즉시 나움부르크 집시 선교 연맹은 자진 해체했다.

그때부터 (복음주의) 교회는 (가톨릭적) 로마인을 선교하는 추가적인 시도를 포기했다. 그들은 로마인과 관련된 여러 복지사업을 가톨릭교회에 넘겨주었다. 20세기 초에 와서야 비로소 (복음주의) '베를린 도시선교'가 한 협회를 지원했는데, 이 협회는 독일 수도 근교에 정주한 로마인의 정신적, 사회적 돌봄을 목적으로 삼았다. 더 나아가 이 새로운

'집시 선교사들'은 대부분 여성들이었는데, 사실 긍정적 측면도 많았지만, 전반적으로 보면 긍정적 측면은 많이 기술되지는 못했다.[38]

그 외에도 (복음주의) 교회는 국가의 로마인 정책에도 참여하지 않았다. 이것은 칭찬받을 수도 있고, 동시에 비판받을 수도 있다. 대다수 독일 로마인은 개신교 공동체의 일원이 아니었기 때문에 그들의 영적 보호를 가톨릭교회에 태연하게 넘겨줄 수 있었다는 점은 칭찬받을 만하다. 그러나 이러한 중요 사안을 국가에 박탈당한 그들에게는 기독교인 이웃들과 독일 시민들의 지원이 중요했다는 점에서는 비판받을 만하다. 그들은 독일의 국가 시민권이 거부되었고, 그 이유로 많은 사람이 가차 없이 추방되었다. 독일에서 용인된 로마인들은 차별당했고, 헌법의 정신과 규정에 어긋나는 특별법 아래에 묶어두었다. 사실 근대 초기에 있던 합법적인 '집시 사냥' 같은 일들은 더 이상 없었지만, 그런데도 로마인 개개인에 대한 박해는 여전했다. 독일 로마인에 대한 지속적 차별, 법적 권리의 박탈, 박해는, 다음에서 제시되듯, 종교적, 사회적, 인종주의적 반집시주의의 신구 이데올로기로 설명되었다.[39]

라인벡에서 리터까지

에밀 라인벡은 로마인을 "문명화에 맞서 투쟁하려" 했던 인도인과 다른 '민족'과 비교했는데, 결과적으로 그들은 "이 투쟁에서 빠르든 늦든 몰락하고" 말았다.[40] 그들은 "문명화되지 않은 야만적인 인종"에 속했고, 그래서 "말하자면 동물과 인간의 이행기나 중간 지점"을 이루었다.[41] 그의 가르침이 무엇보다도 독일에서 널리 수용된 바 있는, 유명한 이탈리아 법생물학자 체사레 롬브로소에게 로마인은 간단히 "범죄자 인종"이었다.[42] 롬브로소는 이런 "범죄자들" 안에서 원시시대로의 격세 유전적 퇴행을 보고 싶었다. 왜냐하면 이 "타고난 범죄자들"은 외모상에서도 원숭이와 큰 유사성이 있었기 때문이다.[43]

1863년에 '제후령 로이스-플라운의 범죄고문이자 로벤슈타인의 제후 형법재판소의 소장'인 리하르트 리비히가 출간한 『집시의 본질과 언어(Die Zigeuner in ihrem Wesen und in ihrer Sprache)』[44]에서 모든 '집시'는 "태만하고 게으르다"고 비난했다.[45] 이 민족이 교육을 통해 "인간으로 만들어질" 수 있다는 모든 희망은 "달성되지 못했다." 집시를 교육하고, 훈련하고, 일정한 주거지에 그들을 묶어두는 것, 정직하고 충분한 벌이를 할 기회를 제공하여 노동과 활동 의욕을 깨우고 강화하는 것, 질서 잡힌 생활방식에 익숙하게 하는" 시도는 모두 "의심 가는 성공 그 이상"이었다.[46] 그들은 "그들에게 일단 한 번 자연스럽게 몸에 밴 생활방식을 포기하고 싶어 하지 않는다." 그들은 "영원한 집시들"이며 그렇게 남는다.

> 그리고 그들은 오늘날에도 똑같은 더러움 속에서, 그들이 전혀 성가시다고 느끼지도 않는 똑같은 도덕적, 육체적 타락 속에서 이리저리 떠돌고 있다. 그것은 수백 년 전부터 이미 분리할 수 없는 그들의 동반자였다. 집시는 항상 조상을 숭배하는 자손으로 남았고, 지금까지 경험에 따르면, 모든 미래에도 아마도 그런 상태로 남을 것이다.[47]

따라서 '집시들'은 모두 태어날 때부터 범죄적이기 때문에 '집시' 개인의 개별적인 책임을 증명할 필요는 없다.

만일 재판관이 그 밖의 곳곳에서 개별화해야 한다면, 즉 재판하는 놈을 그의 특성에서만 조사해 알게 되고, 그런 다음 그의 수법의 행보를 결정해야 한다면, 집시의 특성을 잘 아는 노련한 심문관은 이 경우에는 주저할 필요 없이 일반화해도 된다. 만일 그가 모두 동일한 척도로 재고 동일한 방식으로 처리한다면, 혹시 실수를 범하지 않을까 걱정할 필요가 없다. 왜냐하면 진짜, 진정한 집시는 다른 모든 집시의 원형이기 때문이다.[48]

이로써 리비히는 그의 '집시 연구'가 결코 목적과 상관없지 않다는 점을 인정했다. 그의 연구는 모든 로마인을 차별하려는 목적에 이바지하고, 그들을 범죄자로 취급하고 가차 없이 높은 형량을 선고하는 데 이바지했다. 여러 후속 '집시연구자들'이 실로 이런 범죄적 목적을 따르기도 했다. 그중에서 가장 중요하고 동시에 가장 무자비한 연구자이자 박해자는 로베르트 리터였다. 그의 생애와 그의 반집시적 저작에 대해 조금 더 자세하게 살펴보기로 하자.[49]

1901년 아헨에서 해군장교의 아들로 태어난 리터는 독일과 외국의 여러 대학에서 의학과 철학을 공부했고, 두 분야에서 박사학위를 취득했다. 그의 철학 박사 학위는 1928년에 『심리학적 토대에서의 성교육의 시도(Versuch einer Sexualpädagogik auf psychologischer Grundlage)』라는 제목으로 출간되었다.[50] 매우 간결한 이 책은 남자 청소년의 자위의 '문제'와, 리터의 표현대로라면, "아마도 보호받는 미성숙한 어린 소녀들의 에로틱"의 문제를 중점적으로 다룬다. 이 메시지는 분명하다. 즉 성은 원초적이지만, "민족의 신체"의 건강을 해치기 때문에, 무엇보다도 자라는 아이들에게는 나쁘다.

리터에게는 이러한 '지식'이 튀빙엔대학교 신경클리닉의 청소년 담당 과장 의사로서의 충분한 자질로 보였다. 그러나 그곳의 사춘기 청소년들에게는 다행이지만, 로마인들에게는 불행하게도 리터는 성 연구에서 '집시 연구'로 넘어갔다. 그 이유는 분명하지 않다. 리터 자신이 나중에 말하기를, 그는 튀빙엔 클리닉에서 "다소 현저한 어슬렁거림과 교활함"이 도드라지는 젊은 로마인들을 만났는데, 그들은 그것을 "교활함의 가면" 뒤에 숨기고 있지만, 그 속에는 다름 아닌 '위장된 지적 장애'가 숨겨져 있었다.

리터가 여기서 관찰하고자 했던 것은 정확히 당시에 유행한 법생물학적 연구의 지식과 가정이었다. 이 연구는 특정한 사회적 행동방식도 유전적으로 결정된다는 데서 출발한다. 따라서 리터는 '집시 연구'로 바꾸었을 때, 체사레 롬브로소 같은 법생물학자의 영향을 받았고, 처음부터 그에게는 '집시 연구'가 '반사회적 인간 연구'의 세부 분야였다는 추측이 매우 타당하다.

이러한 점은 그의 교수 자격 논문에서 이미 분명하게 나타난다. 독일 연구공동체의 장학금을 받아 1934~1936년에 마무리해서 1937년에 길고 눈에 띄는 제목 『인간 유형: 10개의 가문을 대상으로 한 뜨내기, 사기꾼, 강도의 후손에 관한 유전의학적, 유전사적 연구(Ein Menschenschlag. Er bärztliche und erbgeschichtliche Untersuchungen über die – durch 10 Geschlechter - folgen erforschten – Nachkommen von, Vagabunden, Jaunern und Räubern)』를 출간했다.[51] 아마도 그의 유대인 혈통 때문에 분명하게 거론하지는 않고서, 리터는 여기서 "타고난 범죄자는 존재한다"는 체사레 룸브로소의 테제를 대변했다. 리터는 계보학적 방법을 통해 범죄적인, 반사회적인 행동의 유전학적 조건을 증명했다고 생각했다. 그때 그는 유일한 가문, 즉 '혈족'인 파우(Pfau)라는 가문을 근거로 삼았는데, 그가 18세기까지 재구성한 이 가족사에서 법과 갈등에 빠진 인물들이 여럿 등장했다.

그런데 이것이 로마인과 무슨 상관이 있는가? 단번에 보아도 아무런 상관이 없다. 그런데도 리터는 대부분 독일 로마인은 "순수 인종의 집시"가 아니며, "가문의 풍습과 달리 (……) 열등한 종"과 짝을 이룬 "집시들"의 후손이라 생각했다. 그들은 "파우 혈족"의 일원들처럼 "무익한 행동, 범죄적인 기질, 유전병 또는 지적 장애의 특징을 드러냈다."[52] 리터는 이러한 '집시 혼혈아'에서 '타고난 범죄인'과 유전적으로 결정되는 반사회적 인물을 보지만, 그는 '순수 인종 집시'를 '낯선 인종의 편린'으로 표기하는데, 왜냐하면 그들은 '원시적인' 인도의 카스트에 속해 있었기 때문이다.

이 모두는 전혀 새로운 것이 아니었다. 그렐만은 벌써 로마인은 카스트 제도의 가장 낮은, 가장 낮은 천민 신분에서 비롯되었다는 테제를 제기했다. 리비히, 레트너와 또 다른 반집시주의자들은 벌써 도벽과 다른 반사회적, 범죄적인 특성은 특별히 "집시의 생활방식"이라는 의견을 갖고 있었다. 리터에게 새로운 점은 그가 '순수 인종 집시들'과 '집시 혼혈'을 구분했고, 이것을 다시 여타의 독일인들과 구분했다는 주장이다. 그러나 그가 항상 주장해왔듯이, 이것은 '인류학적', '민속학적', '인종심리학적'인 방법의 적용이 아닌 '계보학과 유전사학적인 연구들'에 의한 것이다.

그는 그것을 위해 필수적인 자료를 국가와 교회 기관으로부터 받았다. 국가로부터는 서류를 받았고, 교회로부터는 교적부를 받았다. 교적부에는 1875년 시민결혼제도가 도입되기 이전까지 모든 국가시민의 출생, 결혼과 사망 내역이 기록되어 있었다. 이때 항상 기독교나 유대교 종파가 기재되었고, 종종 '집시' 혈통이 기재되기도 했다. 리터는 후자를 가지고 '집시'와 '집시 혼혈'의 '인종주의적' 소속을 결정하게 되었다.

리터의 연구 대상이 된 '집시들'과 '집시 혼혈들'에게, 그것은 운명적인, 정말 치명적인 결과를 초래했다. 나치가 자행한 그들에 대한 박해와 학살은 리터와 후속 '집시 연구자들'의 '인종주의적' 구분이 없었다면 가능하지 않았을 것이다. 즉 나치의 박해자들과 살인자들은 많은 경우 그들의 희생자가 실제로 '집시'인지, '집시 혼혈'이 문제가 되는지도 알지 못했다. 그들은 '집시 연구'를 통해 그것을 알게 되었다. 이 연구는 '살인적 학문'으로 발전한 것이다.

교회도 그것을 알 수 있었고 비판할 수도 있었다. 그런데도 교회는 교적부를 건네줌으로써 '살인적 학문'에 가담하고야 말았다. 그것을 통해, 그리고 로마인에 대한 박해와 학살에 대해 교회가 침묵함으로써 교회는 결국 민족학살을 돕는 죄를 짓고 말았다.[53]

민족학살의 도우미

로마인은 바이마르공화국 시기에도 차별당했고 법적 권한을 박탈당했다. 독일의 모든 주의 신구 "집시 법안"은 헌법의 평등 기본 원칙에 위배되었다. '제3제국'에서 그들은 첫날부터 박해받았다. 나치 정부는 그들의 인종 법안 몇 가지를 로마인에게도 적용했다. 이것은 이미 1933년 7월 14일 "유전병 자손 보호법"에 적용되었는데, 이는 이른바 '유전병자'의 강제 불임을 예고한 셈이다.[54] 이 법안에서는 로마인이 직접 언급되지 않았지만, 그럼에도 이 법의 실행 임무를 맡은 '유전 건강 법정'은 많은 로마인을 '지적 장애'나 법조항의 과감한 해석으로 '사회적인 지적 장애'라고 분류하고 강제적으로 불임시켰다.[55]

다음으로 1935년 공포된 뉘른베르크 인종법도 마찬가지로 유사한 절차를 통해 로마인들에게 적용되어 그들을 반대하는 법으로 활용되었다. 이 법안에는 단지 '유대인'만 거론했지만, 1935년 11월 14일 "독일의 피와 명예를 보호하기 위한 법을 위한 제1차 시행령"에서 이미 '독일 혈통의 사람'과 성교와 결혼이 단지 유대인에게만 금지된 것이 아님이 강조되었다. 일반적으로 "독일 피의 순수성을 위협하는 자녀의 출생이 예상된다면," 그런 결혼은 "더 이상 이루어져서는 안 된다."[56] 그런 다음, 1935년 11월 26일, 제국 내무성 장관은 누가 "독일의 피의 순수성"을 해치는지를 상세히 설명했다. 이것은 독일 혈통의 사람이 집시, 흑인이나 혼혈인과 결혼할 때도 우려된다.[57] 이런 문구는 논평을 달아 인종법전으로 넘어갔다.[58]

동일한 시기에, 늦어도 1935년 이후부터 독일의 로마인은 지방관청에서도 박해받았다. 몇몇 도시에서 그들은 강제수용소에 감금되었다. 그런 식의 '집시 수용소'는 베를린, 프랑크푸르트 암 마인, 쾰른, 뒤셀도르프, 에센, 겔젠키르헨, 쾨니히스베르크에서 확인되었다. 부르겐란트 로마인을 수용하려는 대규모의 수용소는 오스트리아의 라켄바흐에 설치되었다. '집시 수용소'는 나치의 강제수용소 시스템에서 특수한 형태였다.[59]

'집시 수용소'의 설치와 건설은, 1936년 6월 17일에 '제국 내무성의 독일 경찰청장'에 임명된 하인리히 히믈러 '제국지도자 SS'의 허락 아래 이루어졌다. 그에 따라 '집시 문제'에 대한 단독 관할권이 그에게 맡겨졌다. 이것은 이제부터 제국형사청이 추진하고 감독하는 로마인들과 '반사회적 인간들'에 대한 박해에 즉각적으로 영향을 미쳤다. 무엇보다도 '혼혈 집시들'은, '집시 연구자들'의 언급된 가르침에 따라 "타고난 반사회적 인간과 범죄자"로 통했기 때문에, 더 말할 것도 없이 거기에 해당했다.

히믈러의 재촉으로 제국의 내무성과 프로이센주의 내무부가 1937년 12월 14일에 공포하기를, "가볍더라도 항상 반복되는 법률 위반을 통해 나치 국가의 자명한 질서에 적응하려 하지 않는 사람들은 "반사회적"이라고 간주할 것이고 "경찰의 임시 감금"을 당하게 된다.[60] "창녀, 알코올중독자, 전염병자, 특히 성병환자와 거지들"은 이와 관련해서 "떠돌이"(집시)라고도 명명되었다. 히믈러가 규정한 "반사회적 인물(체포) 작전"은 1938년 4월 21일과 30일, 1938년 6월 13일과 18일 사이에 실행되었다.[61] 반사회적 인물과 로마인 외에 사전 체포할 만한 몇몇 유대인도 "경찰의 임시 감금"을 당했고, 부헨발트, 다하우, 작센하우젠으로 이송되었다.

그러나 이처럼 폭력적이고 완전히 불법적인 조처는 히믈러에게는 충분히 과격하지 않았다. 1938년 12월 8일에 출판되고 언론에 의해 논평된 법령에서 그는 "이러한 인종의 특징으로부터 (……) 집시 문제의 최종 해결"을 규정해놓았다.[62] 여기서 그는 "여태까지 집시 역병 퇴치에서 얻은 경험과 인종생물학적 연구로 획득된 지식"에 대해 분명하게 언급했다.

후자는 리터의 연구를 염두에 둔 것인데, 그의 '인종 위생 및 유전 생물 연구소'는 그사이에 이미 총 3만 명의 독일 집시 대부분을 조사해 기록하면서 "완전 집시", "집시 피의 분포가 우세한 집시 혼혈", "집시

와 독일 피의 분포가 같은 집시 혼혈", "독일 피의 분포가 우세한 집시 혼혈"로 구분했다.[63]

리터에게 교적부를 건네준 교회의 협조가 없었다면, 그는 그럴 만한 능력이 없었다. 더 나아가 교회는 심지어 여러 로마인을 직접 경찰에 넘기기도 했다. 이것은 독일 복음주의 교회총국의 문서보관소의 소장인 총회장 요하네스 호제만의 1940년 10월 7일 회람에서 분명하게 드러났다.[64] "집시 문제의 최종 해결"에 대한 히믈러의 지령을 언급하면서, 호제만은 목사들에게 모든 "집시, 집시 혼혈이나 집시처럼 떠돌아다니는 인간"을 "호적 명부나 호적 증서에 기재한 내용의 공증 사본을 얻기 위해" 즉시 "신청자를 위한 추가 안내를 전담하는 형사 부서에" 알리도록 요청했다. 복음주의 목사들은 로마인을 경찰에 인도하라는 요구가 들어 있는 이 회람이, 비록 모두는 아니지만, 대단히 많은 수의 목사에게 알려졌던 것이 틀림없고, 심지어 모든 교회 공문서에 인쇄되었다.[65]

이미 1938년 12월 8일에 히믈러가 공포한 "집시 문제의 최종 해결"은 1939년 9월 1일의 2차 세계대전의 발발과 함께 시작되었다. 그 전쟁은 유대인과 로마인에 반하는 인종전쟁이기도 했다. 독일 로마인에 대한 이후의 박해와 인종전쟁에 대해서는 여기서 더는 다루지 않겠다. 그 대신에 교회가 이 모든 것에 어떻게 반응했는지를 질문해볼 수 있겠다. 교회는 영원한 침묵으로 일관했다. 우리가 아는 한, 단지 한 사람의 프로테스탄트 목사가 로마인을 위해 헌신했다. 그 사람은 막데부르크 목사인 헤르만 비테였다. 그는 1938년 "노동 기피 제국 작전"에서 체포된 로마인의 석방을 위해 여러 차례의 서신을 제국형사청에 보냈다.[66] 1943년 10월에 가서야 구프로이센 연합의 제12차 고백총회는 성경의 살인 금지 조항이 "다른 인종"의 인간에게도 적용된다는 것을 기억해낸다. 그것이 인종주의적 동기로 박해받고 살해된 로마인도 뜻하는 것이었는지는 의심의 여지가 많아 보인다.[67]

완전히 동의한다고 해석할 수 있는 교회의 영원한 침묵을 통해, 그리고 '살인적 학문'의 지식을 살인자에게 넘겨준 '집시 연구자들'에게 교적부를 넘겨줌으로써, 교회는 민족학살에 협조하는 죄를 범하고 말았다. 1945년 이후 교회는 그러한 범죄 행위를 고발했는가? 적어도 로마인에게 가해진 고통을 치유하기 위한 시도라도 했던가?

복권에 반대하며

이러한 질문에도 '아니오'라고 대답할 수 있다. 1945년 이후에 제출된 교회의 모든 참회고백에는 로마인에 대해서는 단 한마디도 언급되지 않았다. 더 나아가 교회는 유대인들에게 보장된 '복권'을 로마인도 누려도 되는지를 논의하는 데 노력하지 않았다. 이 문제는 좀 더 자세하게 설명되어야 한다.[68]

"그것은 유대인과 마찬가지다. (……) 집시와 유대인 사이에 아무런 차이가 없었다."[69] 이 말은 왜 그의 부대가 '집시들'도 살해했는가에 대한 연합국 검사의 질문에 특공대 D부대의 대장 오토 올렌도로프가 제출한 대답이었다. 올렌도로프는 특수한 경우가 아니었다. 다른 가해자도 뉘른베르크 전범 재판에서 유대인 외에 로마인도 나치 민족학살의 피해자였다는 사실을 시인했다. 그런데 전범 재판을 준비하면서 집시에 대한 인종주의적 동기에 따른 민족학살이 분명하게 담긴 수많은 자료가 수집되었음에도,[70] 뉘른베르크의 검사들과 판사들은 이 "제2의 홀로코스트"를 더는 다루지 않았다.

기껏해야 연합국은 모든 연합군의 점령 지구에서 생존한 로마인이 나치의 박해받은 당사자로 인정받을 수 있도록 애썼을 뿐이다. 왜냐하면 손해 배상금을 그들에게도 약속했기 때문이다. 그러나 전후의 많은 독일인은 로마인에게 이 배상금을 주는 것을 싫어했다. 그들과 언제나 반집시주의적 생각을 조장하는 여론의 압력에 따라, 1950년대 초반 이후 여러 독일 법정은 생존한 로마인의 '복권'에 대한 요구안을 거절해버렸다. 그것은 다음과 같은 이유에서 그랬다. 로마인은 제3제국에서 '인종적' 근거가 아니라 '반사회적'으로 취급되었기 때문에 박해받았다는 것이다.

"집시와 집시 혼혈이 (……) 인종적 근거 때문이 아니라 (그들의) 반사회적이고 범죄적인 태도 때문에 박해되고 구금되었기" 때문에, 바트-뷔르템베르크주의 내무 장관은 1950년 2월 2일에 모든 "집시과 집시 혼혈의 복권 신청서를 다음부터는 검증을 위해 슈투트가르트에 있는 주(州) 범죄 감식반으로" 보내라는 규정을 발표했다.[71] 제3제국 시대에 로마인을 박해했던 예전의 '집시 경찰 부서'의 많은 관료가 여전히 형사청의 후신 기관에서 계속 근무했기 때문에, 결국은 가해자들이 누가 희생자였는지, 누가 '복권'에 대한 권리를 갖는지를 결정하는 꼴이 되어버렸다. 이것은 정말 스캔들이다. 이는 여론에 의해 밝혀지지도 않았고, 사법부에 의해서 처벌받지도 않았다.

대신 서독의 재판관은 나치 정치가들과 '집시 경찰들'의 입장과 부합해 로마인을 통틀어서 '반사회적'이고 '범죄적'이라고 낙인찍었다. 이 과정에서 먼저 모든 로마인이 죄다 '반사회적'이고 '범죄적인' 사람이 아니라는 점이 간과되었다. 둘째, 법생물학자들에게는 '반사회적'이고 '범죄적인' 태도도 유전될 수 있고 '인종주의적'으로 조건 지워진다는 점이 간과되었다. 끝으로 셋째, 단지 그들이 '반사회적'이라고 분류되었기 때문에 사람을 재판도 없이 강제 수용소에 감금하고 살해했다는 것은 법치국가적 이상과는 결코 일치할 수 없다는 점이 간과되었다.

1953년의 연방 손해 배상법에 대한 논평에서 오토 퀴스터는 이러한 삼중의 실수를 저질렀다. 그는 여기서 1943년까지 집시에 대해 자행된 모든 조치는 '범죄정책적 이유' 때문에 일어났다는 테제를 대변했다.[72] 나치의 관청은 "반사회적으로 증명된 그런 집시들의 퇴치에 한정했다." 1943년에서야 로마인이 아우슈비츠로 이송되었고, 그것은 "개인적으로 이의를 제기할 수 없는 것"이었다.

퀴스터의 테제는 연방법원에 의해 받아들여졌고, 1956년 1월 7일에 대법원에서 로마인에 대한 박해에 대해서는 적어도 1943년까지는 "인종 이데올로기적 관점"이 아니라, 이미 언급된 "집시의 반사회적 특성"이 결정적이었고, 이것이 "이 민족의 구성원을 특별한 제한 아래서 구속하는 계기를 훨씬 오래전에 마련되었다."[73] 그에 따라 독일의 최고 법정은 인종주의적 동기에 따른 집시에 대한 박해를 부정하는 판결을 내렸다.

그래도 연방법원의 불법적 판단은 문제가 되었다. 프랑크푸르트 상원 의장인 프란츠 칼벨리-아도르노는 한 편의 논문을 작성했는데, 1943년 3월 1일 이전에, 다시 말해, 아우슈비츠로 이송하기 전에 집시들의 인종주의적 박해가 시작되었다는 것을 증명했다.[74] '배상단체연합(URO)'에서 격렬하게 비판했는데, 이 조직은 로마인이 실제로 '인종주의적 이유' 때문에 박해받았다는 것을 증명할 만한 자료와 문서들

을 수집했다.[75]

'박해받은 사람들의 변호사들'의 이러한 주장에 몇몇 서독의 주 고등법원은 별다른 인상을 받지 못했다. 그들은 모든 배상 청구를 가혹하게 거절했다. 특히 뮌헨의 주 고등법원이 특히 신랄한 태도를 취했다. 더 나아가 뮌헨의 '지방 운전자 센터'에 근무하는 당시 '집시 경찰들'의 의사표명과 감정에 의거해, 1961년 3월 1일의 재판에서 로마인의 박해는 히믈러의 아우슈비츠 법령 이후에도 인종주의적인 동기로 추진되지 않았다는 테제를 대변했다. "집시들이 경찰, SS부대나 군대 업무 부서에 의해 체포되어 장단기간에 걸쳐 수감되거나 폐쇄된 수용소에 억류되었다면," 이 일은 "인종적 이유에 따라 그들을 박해한 것이 아니라, 그들을 목적 없이, 계획 없이 이리저리로 끌고 갔고, 그들의 신분을 증명할 수 없었거나 첩자로 간주했기 때문에 일어났다."[76]

그런데 무엇보다도 다른 법정들, 프랑크푸르트 암 마인 주 고등법원이 다른 판결을 내렸기 때문에, 1963년 12월 18일에 연방법원은 마침내 1956년의 결정은 적어도 부분적으로 수정할 필요가 있다고 보았다.[77] 재판관들은 1938년 12월 8일의 히믈러 법령 이후에 자행된 조치들의 인종 정치적인 동기는 "종합 원인"일 수 있다고 정리했다. 그에 따라 로마인들에게 1938년 12월 8일 이후에 발생할 박해 조치에 대한 배상 요구안을 제출하는 것이 현재까지 허락되었다.

그러나 이러한 판결은 생존한 대부분 로마인에게는 너무 늦게 온 것이었다. 그들은 그사이에 사망해버렸기 때문에 신청서를 더는 제출할 수가 없었다. 따라서 1986년 10월 31일 연방정부가 "집시와 유사한 집단에 자행된 나치의 불법에 대한 복권과 배상에 대한" 마지막 보고서에서 1956년의 오판은 "상대적으로 약한 효력과 영향력"이 있었다고 주장한다.[78] 전체적으로 사람들은 로마인의 소송 사건에서 "복권에 반대하며" 실질적인 '복권'을 찬성하지 않은 아르놀트 슈퍼타의 판결에만 친근감을 드러낼 수 있었다.[79] 그에 따라 1979년에 작곡자 볼프 비어만이 제안했듯이, 그들도 원칙적으로는 "1945년 이후 시기의 복권"을 요구할 수 있게 된 셈이다.

이러한 신앙심 깊은 바람은 교회에 의해서도 표명될 수 있었다. 그러나 교회는 그것을 아예 하지 않았고, 교회는 1945년 이전 시간의 복권을 위한 로마인의 노력을 지지하지 않았기 때문이다. 그들은 그것에 대해 간단히 침묵해버렸다. 이러한 침묵에 대해 교회는 자신을 고발할 수도 있었다.

기껏해야 1980년대 말 이후 교회의 대표자들은 그때까지 그들이 침묵해버린 로마인에 대한 민족학살을 생각했다.[80] 이러한 목적과 목표를 성취하기 위해 여러 추념예배가 드려졌다. 그러나 그때에도 (양)교회의 공동책임에 대한 아무런 언급이 없었다.[81] 2013년 3월 14일, 슈투트가르트에서 모인 신구 교회의 대표자들이 개최한 예배에서 그것이 논제로는 채택되었지만, 개신교회의 주교 울리히 피셔는 여기서 교회는 "로마인의 이송에 대해 직무상의 협조를 통해서, 기피와 침묵을 통해서" 공동 과오를 저지르게 되었다는 점을 상기시켰다.[82] 그것은 하나의 좋은 출발점이다. 그러나 그야말로 단지 출발일 뿐이다. 교회는 제3제국의 로마인에 대한 이송과 전체 박해에 공동 과오가 있었음을 회개해야 하고, 15세기 초부터 로마인에 대한 박해 전체에 가담해왔다는 점을 스스로 고발해야 한다. 교회가 반집시주의를 극복할 때만, 그것은 가능하다. 교회는 그것을 행했는가? 교회는 오늘날에도 여전히 존재하는 반집시주의를 비판했는가? 아니면 인식하고 있기는 한 것인가?

엠스란트의 집시 빗자루

20세기 말, 엠스란트의 상인들은 그들의 가게 문 앞과 창문에 빗자루를 세워두기 시작했다.[83] 그로써 그들은 자신들의 가게에 로마인이 들어와 그곳의 상품을 훔치지 못하도록 차단하고 싶어 했다. 의아해진 로마인들은 그것은 도저히 이해할 수 없었고, 이해하려고 하지도 않았다. 그들은 빗자루를 세일 상품이라고 여겼고, 그게 가격이 얼마나 되느냐고 물었다. 그 때문에 엠스란트의 상인들은 조롱거리가 되었다. 그런데 북부 독일의 많은 상인들도 엠스란트의 사례를 따라 빗자루로 로마인을 경악하게 하는 일을 멈추지 않았다. '집시의 빗자루'는 베를린-니더쉰하주젠에 이르는 북독일 저지대 전역에서 발견되었다.

이 이야기는 우리에게 무엇을 가르쳐주는가? 첫째, 이 이야기는 우리에게, 결코 북독일인뿐만 아니라, 많은 독일인이 로마인을 여전히 악의적인 도둑과 떠돌이, 사기꾼으로 보았다는 것을 가르쳐준다. 그들은 로마인을 아직도 '집시'라고 부르기 때문이다. 이러한 다른 반집시주의적 선입견은 널리 퍼졌다. 최근의 설문조사에 따르면, 현재 독일인들의 60퍼센트 이상이 반집시주의적인 생각을 하는 것으로 나타났다.

둘째, '집시의 빗자루' 이야기는 우리에게 종교적 의미로 축소된 반집시주의는, 비록 가장 광범위하게 퍼지지는 않았지만, 가장 깊게 뿌리 박혀 있다는 것을 가르쳐준다. 독일 사람에게 로마인은 여전히 기분 나쁜 대상이다. 16세기 연대기 작가인 알베르트 크란츠가 했던 것처럼, 그들은 로마인들 안에 악마적인 행위를 범할 수 있는 능력이 있는 "혐오스럽고 까무잡잡한 사람들"이라고 본다. 이것을 방지하고 악마적인 '집시들'로부터 자신을 보호하기 위해, 고루한 북독일 상인들은 로마인에게 악마의 상징물을 부여했다. 그것이 바로 지금 언급한 빗자루였다. 왜냐하면 이것은 미신적 의견에 따르면, 이중적 의미에서 악마의 상징으로 통한다. 빗자루는 우선 악마와 계약을 통해 마녀가 된 여성들이 블록스베르크에서 '악마'나 '마녀의 모임'에 참가하기 위해 타고 공중으로 날아가는 데 사용된다. 그리고 미신에 따르면, 빗자루로 악마를 몰아낼 수도 있다. 마치 십자가와 마늘쪽으로 피에 굶주린 뱀파이어를 물리칠 수 있는 것처럼.

이 모든 것은 실제로 계몽주의가 극복했다고 말하는 미신일 뿐인가? 아니다. 그것은 에른스트 블로흐가 그의 저작『이 시대의 유산(Erbschaft dieser Zeit)』에서 "비동시적인 동시성(Gleichzeitigkeit des Ungleichzeitigen)"이라고 명명한 것에 대한 추가적인 증거다. 오래전에 '전복되고' 퇴출당한 것처럼 보이지만, 지금까지도 여전히 현존하는 '상부구조'의 현존인 셈이다.[84]

이 모든 것이 교회와 무슨 상관이 있는가? 적어도 교회는 이런 미신을 극복했는가? 명목상으로는 그렇다. 하지만 이 미신 뒤에 은닉된 것은 극복되지 않았다. 그것은 어쩌면 심지어 여전히 육체를 가진 악마의 존재에 대한 믿음이다. 사실 (개신교) 신학자인 프리드리히 슐라이어마허가 1821년에 벌써 생각했듯이, 아무에게도 더는 악마신앙을 요구할 수는 없다.[85] 그런데도 슐라이어마허의 이러한 의견에는 오늘날의 모든 개신교 신학자가 포함될 수는 없었다. 하이델베르크대학교의 개신교 신학교수인 클라우스 베르거에게 악마신앙은 심지어 "이원적 사고의 마지막 신학적 기본 전제"다.[86]

베르거는 유일한 경우가 아니다. 또 다른 근본주의적인 기독교인들은 악마의 존재를 믿는다. 가톨릭교도들은 심지어 그렇게 해야만 했다. 악마신앙은 가톨릭교회가 선포한 교리에 속해 있다. 악마를 어떻게 몰아낼 수 있는지를 또한 가르친다. 몇몇 가톨릭 교육기관과 대학에서조차도 체험할 수 있는 구마(驅魔)의식 등을 통해서.

그것은 우리 계몽된 당대인의 관심을 불러일으켜야 하는가? 무조건 그렇다. 그러나 인종주의 이데올로기의 종교적 토대가 악마신앙 안에 놓여 있는 것처럼 보인다.[87] 이것은 심지어 무엇보다도 인종주의적 반집시주의에도 그대로 적용된다. 그것은 극복하고자 한다면, 악마신앙을 극복해야만 할 뿐만 아니라, 그것을 있는 그대로 위험한 미신이라고 규정해야만 한다.

여기서 교회는 몇 가지 일을 더해야 한다. 교회는 좀 더 급진적이어야 하고, 문제의 근원에까지 다가가야 한다. 이 뿌리는 첫째 악마신앙에 놓여 있다. 단지 그것을 극복하려 한다면, 반집시주의도 극복할 수 있다. 만약 교회가 어떤 이유에서 늘 그럴 준비가 되어 있지 않다면, 프로테스탄트의 입장을 따르는 우리와 교회는 반드시 반집시주의의 대상들과 희생자들을 도와야만 한다. 우리 안에서 지금도 차별당하고 있고, 우리의 몇몇 이웃 나라에서는 또다시 박해받는 로마인들을 말이다. 유감스럽게도 오늘날까지도 그러지 못한 것 같다.[88] 침묵은 계속되고 있다.

6장

교회에서 잠잠하라

— 교회와 반페미니즘 —

프란체스코 트레비사니(1656~1746)의 성화, 〈막달라 마리아〉.

의심할 여지없이, 막달라 마리아는 예수 뒤편에, 그리고 성모 마리아의 옆에 가장 가까이 서 있던 여성이다. 그 때문에 많은 사람이 그녀는 아마도 예수의 부인이었을 것이라는 고대 시대에 제기된 추측에 찬성한다. 하지만 그것은 단지 의혹일 뿐이다. 그러나 의심할 여지가 없는 것은, 마리아와 막달라 마리아와 같은 여성들이 없었다면, 기독교의 탄생과 확산이 이루어지지 않았다는 점이다. 교회는 그것을 인식하고 인정했는가?

"모든 거룩한 공동체에서처럼 여성은 교회에서 잠잠하라."(고린도전서 14장 34절) 사도 바울은 고린도 교회에 경고한다. 그는 그 말을 하지 말았어야 했다.[1] 만약 고린도 교회의 여신도들이 바울의 계명을 따랐다면, 고린도 교회뿐만 아니라 다른 기독교 공동체도 존재하지 않았다. 왜냐하면 기독교 공동체 모두가 여성들과 함께 세워졌기 때문이다. 그런데도 바울의 의견에 따르면, 여성들은 잠잠하고 "율법에 이른 것 같이 복종할 것이다."

도대체 어떤 "율법"인가? 여성들이 "복종해야 한다"는 성경적 계명이 있는가? 성경에서는 오히려 남성과 여성이 하나님에 의해 "그의 형상을 따라" 창조되었다고 분명하게 말한다. "하나님이 자기 형상 곧 하나님의 형상대로 사람을 창조하시되 남자와 여자를 창조하시고."(창세기 1장 27절)

그런데 사실 최초의 여성이 최초의 남성의 갈비뼈에서 만들어졌다고 해도, 모든 동물처럼 "흙으로" 만들어진 아담보다 하와가 미천한 존재는 결코 아니다.(창세기 2장 18-22절) 하지만 명백히 악마의 형상을 한 "뱀"에 의해 금지된 "지식의 나무" 열매를 먹으라는 유혹을 받은 것은 아담이 아니라 하와였다. 하와의 악행에 대한 처벌로 아담과 하와 두 사람은 "에덴동산"에서 추방되었다. 아담은 "수고하여" 그의 "땅"의 소산(所産)을 먹고 "얼굴에 땀을 흘려야" "빵"을 먹는 일이 부과된다.(창세기 3장 17-19절) 그것과 달리 하와는 이제부터 "수고와" 고통 속에서 아이를 낳아야 한다. 그녀의 "요구"는 그녀의 주인인 남편에 따라야 한다. "내가 네게 임신하는 고통을 크게 더 하리니 내가 수고하고 자식을 낳을 것이며 너는 남편을 원하고 남편은 너를 다스릴 것이니라."(창세기 3장 16절)

모세오경의 첫 번째 책 창세기에는 현대의 사회학자들이 가부장제라고 일컫는 것이 서술되어 있고, 동시에 규정되어 있다.[2]

모계제는 교체되어야만 했다. 마르크스와 엥겔스의 의견에 따르면, 가부장제는 남성이 여성 위에 있는 최초의 지배관계였다. 그것은 하나의 이데올로기로 설명되었는데, 반페미니즘 이데올로기였다. 이 해석은 허용할 만한가? 20세기 초에 여성인권론자인 헤드비히 돔이 발명한 개념인 반페미니즘을 성경 해석에 적용할 수 있는가?[3]

중세 시대에 벌써 몇 사람이 처음으로 보았듯이,[4] 만약 남성(또는 여성)이 성경에 서술되고 규정된 가부장제적인 지배관계를 반페미니즘적이라고 느낀다면, 이 질문에 대해서는 그렇다고 답할 수 있다. 유대교와 기독교뿐만 아니라 이슬람까지도 포함하는 모든 유일신 종교는 오로지 하나의 (명백히 남성) 신[5]을 인정하고 다른 (여성) 신의 숭배를 금지한다.

이들 중 한 여신이 성경에도 언급되었지만, 극히 부정적으로 평가된다. 이는 수메르 신화에서 유래하는 릴리트(Lilith)다. 루터가 번역한 성경에 이 여신은 "밤의 유령"으로 표현되어 있다.(이사야 34장 14절) 그에 따라 이 여신은 명백하게 "마녀"에 포함되고 "살려"둬서는 안 된다.(모세 2경 20장 17절)

그와는 반대로 구약에서 언급된 여타의 여성들은 남편에게 복종하고 아이들을 선사했기 때문에 대체로 칭송받는다. 사실 한 여성은 그렇게 하지 않고도 성적인 매력과 기교 때문에 칭송받는다. 그녀는 그것을 이용해 페르시아왕 아하스페르가 악한 하만의 조언대로 유대인을 죽이지 못하고 도리어 페르시아인을 죽이도록 만든다. 그녀는 아름다운 에스더인데, 그녀의 매력과 영웅적 행동은 부림절 동안 유대인들에 의해 칭송받고 상당히 노골적으로 축하되었다. 그러나 반대로 성적 사안에 대해 다소 경직된 사고와 행동을 하는 기독교인들에게 에스더는 모범이 아니다.

대신 기독교인들은 순결한 동정녀 마리아에 열광하고 또 열광하게 되었다. 마리아는 죄를 범한 하와에 대립되는 신약의 긍정적인 반(反)이미지(Gegenbild)가 되었다. 그러나 이 말은 신약에서 언급된 모든 여성이 긍정적으로 표현되었다는 뜻이 아니다. 심지어 한 여성은 성적 매력과 행동 때문에 신랄하게 비판받았다. 그녀가 살로메인데, 그녀는 헤롯왕 앞에서 매우 대담한 춤을 추고, 그 대가로 세례자 요한의 목을 치라고 요구한 여성이다.(마가복음 6장 23-29절)

신약에는 또 다른 "죄인 여성들"이 등장한다. 이때 아주 명백하게 창녀들이 다루어졌다. 그들 중 한 여인은 (더군다나 익명의) 바리새인 시몬의 집에서 예수를 만났다. 이곳에서 그녀는 예수의 발에 입을 맞추고,

"눈물로" 그 발을 적시고, 자기 "머리털로" 닦아냈다. 그로 인해 이 여인은 "죄를 용서받게 된다."(누가복음 7장 36-50절)

마찬가지로 창녀인 어떤 "죄인"은 그녀의 출신지 막달라의 이름을 따라(아마도 신약의 다른 마리아들과 그녀를 구분하기 위해서) 막달라 마리아라고 불린 여성이었다. 막달라 마리아는 결혼하지 않았다. 단지 그 이유만으로 그녀는 예수와 만나기 전에 간음했다는 혐의를 받았다. 복음서 저자들은 그런 여성의 존재를 묵과해버렸을 수도 있었다. 그러나 그들은 그렇게 하지 않았다. 대신에 복음서 저자 모두 막달라 마리아가 맨 처음의 가장 열성적인 예수 추종자 중에 속했다고 보고했다. 그녀는 예수가 죽을 때까지 그의 이승에서 삶에 동행했다. 그녀는 예수의 십자가 처형을 지켜보았고, 그 뒤에 그를 장사지낸 여성 중에 속해 있었다.(마태복음 27장 55절) 결국 막달라 마리아는 부활의 아침 그리스도의 무덤이 비어 있는 것을 처음 발견하고, 부활한 예수를 만나고, 도망간 제자들에게 이 기쁜 소식을 전해준 여성이다.(요한복음 20장 11-18절)

의심할 여지없이, 막달라 마리아는 예수 뒤편에, 그리고 성모 마리아의 옆에 가장 가까이 서 있던 여성이다. 그 때문에 많은 사람이 그녀는 아마도 예수의 부인이었을 것이라는 고대 시대에 제기된 추측에 찬성한다. 하지만 그것은 단지 의혹일 뿐이다. 그러나 의심할 여지가 없는 것은, 마리아와 막달라 마리아와 같은 여성들이 없었다면, 기독교의 탄생과 확산이 이루어지지 않았다는 점이다. 교회는 그것을 인식하고 인정했는가?[6]

성녀과 마녀

교회가 예수의 어머니를 거룩한 동정녀 마리아로 만들고 막달라 마리아와 같은 많은 여성을 성녀로 선포했다는 점에서는 그렇다. 그것은 사실 무조건 여성 친화적이라고 말할 수는 없지만, 그렇다고 해서 명백한 반페미니즘이라 말할 수도 없다. 이처럼 착한 여성들, 그리고 마리아처럼 절대 순결한 여성들은 악한 여성들과 대비되었고, 이 악한 여성들은 하와처럼 악마에 의해 죄악을 범하도록 유혹을 받았다고 전해졌다. 나머지 여성들은 모두 교회에 의해 바울의 침묵 계명이 부과되었고, 그 때문에 그녀들은 교회의 직무에서 지속적으로 배제되었고, 교회의 고위직에 오르는 것이 거부되었다. 그 밖에 오로지 남성 고위 성직자들의 결혼 금지가 부과되었다.

이 모든 것이 전적으로 반페미니즘적이라 해석하고 그렇게 느낄 수 있다. 그것은 무엇보다도 여성들의 미천함과 죄악성 같은 반페미니즘적 이데올로기로 설명되었기 때문이다. 이 이데올로기에 따르면, 여성들이 훨씬 더 쉽게 악마의 유혹을 받기 때문에 남성들보다 하나님을 더 잘 믿지도 않는다. 원리적으로 좋은 남성과 근본적으로 나쁜 여성이라는 이분법적 대조법은 이원론적인 악마신앙으로 설명되었다.[7]

사실 이 이데올로기의 근원은 구약성경에 이미 존재하고, 악마가 이미 하나님과 예수 그리스도의 대립자로 등장하는 신약성경에는 훨씬 더 많이 나타난다.[8] 그러나 악마신앙은 중세의 몇몇 신학자를 통해 비로소 궁극적으로 과격해졌다. 토마스 아퀴나스 같은 신학자는 악마가 인간과 동물 사이를 오가는 육체적 형상을 취하고, 특정한 인간과 인간 집단을 온갖 재난을 일으키도록 부추길 수 있다고 여겼다.[9]

중세 후기에는 이러한 재해에 관해 너무 많은 일이 있었다. 이는 13세기의 몽골의 침입과 같은 외부의 위협에서부터, 빈번한 자연재해를 넘어, 14세기 중반의 섬뜩한 페스트 전염병에까지 이른다.[10] 합리적으로 설명할 수 없고, 공포에 휩싸인 사람들이 곧 임박한 세상의 종말의 징후라고 보고 싶어 하는 이 모든 재해에 관한 책임을 유대인과 나병환자 같은 사회의 전통적인 국외자(局外者) 외에도 카타르파와 다른 이단 종파들에 떠넘겼다.[11] 그들의 숨은 대장은 바로 악마인데, 그가 이들 악마의 이단 종파들에 저주받을 행동을 부추겼다는 것이다.

공포감이 만연한 이러한 분위기 속에서 프랑스의 망탈리테(mentalites) 역사가인 장 델뤼모가 "악마적인 폭발"이라 표기한 것이 출현했다.[12] 중세 전성기 때까지도 미신적이고 이교도적이라고 낙인찍고 거부했던 다양한 악마적 상상물이 이제 받아들여져 교회에 의해 분명하게 인가되었다. 이때 구약성경의 악마와 마녀들에 대해 언급되었다. 복음주의 신학자 구스타프 로스코프가 "이교도적 신의 세계의 기독교적 마귀로의 전락"이라고 말한 것이 나타났다.[13]

특정한 여성들이 악마적 능력을 가졌다는 믿음에는 분명히 이교도적 근원이 있다. 그 여성들은 '마녀'라고 표기되었다. '마녀(Hexe)'라는 단어는 옛날의 고지 독일어 'hagazussa'에서 유래했다.[14] 'Hagazussa'는 'hag(산울타리)'와 'zussa(여성 악마)'의 합성어로, 이 단어는 '산울타리 유령'이라는 뜻이 있다. 13세기에 hagazussa는 라틴어 strix나 striga로 번역되었는데, 그것은 마력을 갖춘 악마적인 여성을 뜻하는 것이었다.

이는 그때까지 교회에 의해 이교도적 미신으로 처리되고 타도의 대상이 되었다. 13세기 이후부터 교회는 사람이 특히 여성들이 실제로 악마적 능력을 갖출 수 있다고 가르쳤다. 여성들이 사전에 악마와 계약을 맺었다면, 그를 통해 온갖 종류의 해로운 마술을 부리는 능력을 얻는다. 짓궂은 날씨, 주택과 외양간의 원인 불명의 화재, 갑자기 우유가 나오지 않는 젖소에 대한 마법, 사람들 사이에 원인 모를 질병의 확산, (명백히 가장 나쁜 것은) 남성의 발기부전 같은 것이 이에 해당한다.[15] 마녀 이데올로기나, 오늘날까지도 무해한 것으로 불리는 마녀 미신은 한편으로 기독교적 악마신앙에, 다른 한편으로 이교도적 악마신앙에 기초해 있었다.

1326년에 교황 요한 22세(1316~1334)는 두 가지 이데올로기들이나 미신들을 서로 결합했고, 그의 칙서 「망대 위(Super illius specula)」에서 악행에 대해서 새로 고안된 종교재판이 집행하라고 명령했다.[16] 알렉산데르 5세(재위 1409~1410)와 마르티노 5세(재위 1417~1431) 같은 또 다른 교황들에 의해서도 명령된 바 있는 이러한 마녀 및 마법사 재판의 수행이 하필이면 독일, 곧 당시의 독일민족의 신성로마제국에서 반대에 부딪혔다. 그에 따라 1484년에 교황 인노첸시오 8세가 악명 높은 '마녀 칙서'인 「우리의 숭고한 갈망(Summis desiderantis affectibus)」을 내렸는데, 그는 "모든 오류는 모조리 근절되어야 한다"고 명령했다.[17]

이는 특히 '상부 독일'과 '마인츠, 쾰른, 트리어, 잘츠부르크, 브레멘 대주교' 지역에 적용되었다. 왜냐하면 이곳은 특히 "자기 자신의 행복을 잊어먹고 가톨릭 신앙을 배신한 수많은 남녀 개인이 남자여자와 온통 뒤섞여 악마와 혼교"를 일삼았기 때문이다.

그리고 마법 걸기, 노래하기, 괴롭히기, 그리고 또 다른 흉악한 미신과 마술적인 범칙, 악덕, 범죄와 함께, 여성의 출산, 동물의 새끼, 땅의 열매, 포도송이, 나무 열매, 그리고 또 인간, 여성, 동물, 가축(……)을 상하게 하고, 질식시키고, 죽게 만들고, 그 원인을 제공하고, 그리고 이러한 인간들, 아내들, 크고 작은 가축들과 동물들을 잔인한 내적, 외적 고통과 돌림병으로 뒤덮고 괴롭히며, 이러한 인간들이 생산을 못하게 하고, 여성들은 임신을 못하게 하며, 남편은 그의 아내들과, 아내는 그 남편들과 부부생활을 하지 못하게 방해한다.

교황 인노첸시오 8세는 도미니쿠스 수도사인 헨리쿠스 인스티토리스(=하인리히 크라머)[18]와 야코부스 슈프렝어에게 독일 땅의 이러한 섬뜩한 범죄를 처단하는 일을 맡겼고, 그들을 '이단무리에 대한 심문관'으로 임명했다. 교황은 이보다 더 무서운 심문관과 더 흉악한 마녀 사냥꾼을 찾을 수 없었다 한다. 이때 그들은 두 사람이 공동으로 펴냈다지만 실제로는 하인리히 크라머가 단독으로 집필한 책에 의존했는데, 그 책이 악명 높은 『마녀의 망치(Hexen hammer)』였다. 이 책은 1486년에 초판이 인쇄되어 1669년까지 무려 30쇄가 출판되었다.[19] 이러한 사실은 이 책의 역사적 영향력을 잘 설명해주는데, 앞서 언급한 교황 인노첸시오 8세의 마녀칙령이 이 책에 삽입되었다는 사실도 이러한 영향력에 이바지했다.

『마녀의 망치』는 이론 부분과 실제 부분으로 구분된다. 앞부분은 최신의 연구에 의해 명명된 누적된 마녀 개념, 즉 악마의 계약, 악마의 정사, 마녀 비행, 마녀 연회, 장애 마술이 다시 한번 발전되었고 신학적으로 설명되고 있다. 눈에 띄는 것은 이미 "마녀의 망치"라는 제목에서 드러나는 여성성에 대한 강한 극단화다. 크라머는 남성들보다 훨씬 더 미신적이고 망상적이고 거짓말을 잘하고 복수심이 많고, 무엇보다도 훨씬 더 선정적인 여성들에 대한 터무니없는 증오[20]를 신학적으로 설명하려 했다. 여성들은 남성들에 비해 신체적, 정신적 관점에서 열등한데, 왜냐하면 창세기에 따르면, 여성은 단지 구부러진 갈비뼈로 구성되어 있기 때문이다.[21] 그 밖에도 여성들은 범죄 성향이 훨씬 더 강했는데, 하와가 그 사례로 제시되었다. 마지막으로 여성들은 신앙에서 훨씬 더 빠르게 의심을 했는데, 그래서 크라머는 'fides(믿음)'와 'minus(마이너스)'로부터 'femina'라는 단어를 뽑아냈다.[22]

"여성이 (……) 신앙에서 더 빨리 의심하고, 더 빨리 신앙을 부정하기" 때문에,[23] 여성은 마녀의 범행에 끌릴 경향이 더 많다. 이는 특히 악마와 정사에 적용되는데, 악마는 남성이고 그에 따라 주로 여성들과 관계를 맺는다. 그와 반대로 충분히 칭송받지 못한 "최고"인 "남성성"은 "엄청나게 큰 위험으로부터 오늘날까지 지켜왔다."[24]

『마녀의 망치』의 뒷부분은 상세한 재판 안내서로 구성되어 있는데, 마녀재판을 어떻게 진행하고, 무엇보다도 '고통스러운 심문'이라는 잔인한 고문을 통해 선고를 위해 필수적인 자백을 어떻게 받아낼 수 있는지에 대해 소개되어 있다.[25] 이러한 상세 설명은 특히 영향력이 컸는데, 왜냐하면 대다수 마녀재판 검사와 재판관들이 이 설명을 따랐기 때문이다. 고문을 통해 고통을 당한 남성 '마법사들'과 더 많은 여성 '마녀들'은 악마와 계약에 대해 점점 더 많은 세부적인 이야기를 누설했다. 그때 (남성) 재판관들과 신학자들도 과연 어떻게, 그리고 어떤 식으로 악마와 계약이 성사되었는지의 세부적 사항에 관심이 있었다. 이때 성적 부분에 집중되었고, 고문당하는 여성들은 악마와의 '정사'를 낱낱이 실토하라고 강요당했다. 이때 악마는 절반은 동물, 절반은 인간의 모습을 하고 거대한 성기를 달고 흉측한 모습으로 나타나 부자연스럽고 변태적인 방식으로 '마녀들'과 교접한다는 식이다. 이러한 심문관들의 병적인 성적 판타지는 한계를 몰랐다. 후대 연구자들은 이를 무엇보다도 독신의무를 지키던 대부분 신학자의 성적 필요로까지 환원시켰다. 이는 그럴싸한 주장이다. 그러나 이 입장은 대부분 결혼한 세속적인 재판관들도 이러한 성적인 세부 사항에 무척 관심이 많았다는 사실을 설명해주지는 못한다.

고문당한 '마녀들'이 정말 드물게는 개별적으로, 대부분은 집단적으로 성교의식과 '마녀 연회'에 참가했던 '마녀들'의 이름을 계속 누설한 것은 재판관들의 실로 광적인 열심 때문이기도 하다. 그렇게 해서 마녀재판은 대부분 꼬리에 꼬리를 물고 이어졌다. 몇몇 지역에서는 정기적으로 마녀재판의 물결이 일었다. 그것은 단지 신학자들과 재판관들을 통해서만 촉진되고 자극된 것이 아니었다. 그 주도권이 아래에서부터 나온 적도 빈번했다.[26] 사람들은 아무런 이유도 없이 항상 미워하는 이웃에게 혐의를 두었다. 더 나아가 마을공동체 내의 특정한 국외자가 특히 당했다.[27] 그런데 상층신분의 도시 사람들도 마녀 혐의를 받았는데, 그들은 동일한 신분의 질투심이나 하층민의 시기심을 불러일으켰다. 이들은 검사들과 재판관들에게 특히 좋은 수입이 보장되는 경우였는데, 마녀 사냥꾼의 사례비가 희생자의 수입에서 청구되었다. 그리고 부유한 마녀들은 가난한 마녀보다 훨씬 더 많은 돈이 필요했다. 그러나 전체적으로 볼 때, 분명한 사회적 이력은 없다. 마녀 박해를 항상 사회적 갈등을 해결하는 수단으로 일반화해서는 안 된다.[28] 훨씬 더 중요하고 훨씬 더 성과가 있는 것은, 『마녀의 망치』에 요약되고 인정받은 것처럼, 반페미니즘적 이데올로기의 동기들이었던 것처럼 보인다.

그런데 이때 『마녀의 망치』가 정작 논란거리가 되지 않는 적이 결코 없다. 처음 출판된 3년 뒤부터 벌써 인문주의자 울리히 몰리토르가 반박문을 출간해 악마의 정사와 마녀 비행에 관한 상상을 간단히 "바보 짓거리"라고 비판했다.[29] 1509년에 에라스무스는 한발 더 나아갔다. 아이러니하게도 『우신예찬(Lob der Tor heit)』에서 그는 당대인을 "미신의 바다"에 빠트리게 만든 "속임수 신학자들"이라고 말한 "위선적인 기적과 예언의 애인들"에 대해 신랄하게 논평했다.[30] 마녀로 고소된 한 여성을 변호하고 이후에 출간한 연설에서 아그리파 폰 네텔스하임은 1519년에 『마녀의 망치』의 가장 중요한 테제를 "망상"과 "궤변"이라고 표현했는데, 그는 "무고한 부인들이 고문당하기 위해" 끌려가서 "이단"이라고 선고되었다는 사실을 근거로 삼았다.[31] 마지막으로 빌리발트 피르크하이머는 이미 1520년에 출판된 희곡에서 가톨릭 신학자이자 루터의 적대자인 요하네스 에크를 거의 계몽주의적인 태도로 비난했다. 왜냐하면 에크가 마녀의 방식대로 "삼지창이나 건초 꾸러미를 타는 것"이 가능하다고 믿었기 때문이었다.[32]

루터, 마녀, 여성

이런 식의 계몽주의적 비난은 1년 전에 요하네스 에크와 대논쟁을 벌였던 루터에게 잘 어울렸을 수도 있다. 19세기의 프로테스탄트 출신의 마녀 연구자들이 그랬듯이, 루터는 교황과 '교황주의자'들을 행위구원론과 면죄부 판매, 다른 신학적 오류 이외에도 비기독교적 미신을 정당하게 비판했을 수도 있다. 그러나 루터파 출신의 마녀 연구자들뿐만 아니라 후대의 많은 루터파 신도들이 놀라워하거나, 심지어 경악스러워할 정도로 루터는 그렇게 하지 않았다. 오히려 완전히 반대였다.

루터는 가톨릭의 마녀 미신을 아무런 제한도 없이 고스란히 넘겨받았다. 이는 1522년에 나온 '마녀' 개념에 대한 그의 설명에서 분명하게 드러난 바 있다. 교황들과 『마녀의 망치』 저자들과 비슷하게, 루터는 '마녀'와 '마법사'를 다음과 같이 정의했다.

> 마법사나 마녀, 그들은 악마의 나쁜 창녀들이다. 그들은 그곳에서 우유를 훔치고, 악천후를 만들고, 숫염소와 빗자루를 타고, 망토를 걸치고 다니고, 사람들을 쏘고, 마비시키고, 마르게 하고, 요람 속의 아기들을 괴롭히고, 부부의 사지에 마술을 걸어, 실제로는 사람인 그들을 소나 황소와 같은 모습으로 나타나게 만든다. 그들에게 사랑과 정사를 강요하고 악마의 소행을 많이 하게 만든다.[33]

이러한 '마법사나 마녀'는 하나님의 분노와 세속적인 재판에 부쳐져야 하는데, 루터가 1529년 『독일의 교리문답(Deutschen Katechismus)』에서 서술한 것처럼, 그들은 첫 번째 계명을 위배했다.

> 하나님의 계명이다. 너는 나 외에 다른 신을 섬기지 마라. 너무 버릇없이 행동하고 악마와 계약을 맺은 사람들도 거기에 포함된다. 악마는 그에게 돈을 충분히 주거나 정사를 돕는다. 그녀들에게 야수성을 보전하고, 잃어버린 재물을 다시 조달해주는 등. 마치 마법사와 흑마술사처럼. 왜냐하면 이 모두 이들이 그들의 마음과 신념을 신실하신 하나님이 아닌 다른 곳에 두고, 하나님의 선한 것을 보지 않으며, 하나님께 아무것도 찾지 않기 때문이다.[34]

분명히 슬픈 결론이다. 루터는 앞서 지적한 반페미니즘적 특징의 마녀 미신을 극복하지 못했다. 자신이 비록 여성들을 증오하지는 않았지만, 확실히 여성을 업신여긴 반페미니스트였기 때문에, 그는 그렇게 한 것이 아니었을까? 이 질문은 물론 제한적 의미에서 아니라고 답할 수 있다. 이에 제한을 두는 것은, 그 자신도 여성에 대한 상당히 바보 같은 발언들을 직접 제시했기 때문이다. 그 발언들은 오늘날의 여성들과 확실히 오늘날의 몇몇 남성의 비위를 상하게 하거나, 오늘날의 표현대로라면, 남성우월주의적인 영향력을 행사한다. 다음과 같은 발언들이 그렇다. "부인이나 처녀가 잘난 체할 때만큼 꼴사나울 때가 없다", "아내가 지닌 가장 위대한 명예는 언제나 남자들이 그녀에게서 태어난다는 것이다", "여자는 모성과 더불어 하나님의 작품이 된다."

종교개혁가의 이와 유사한 발언들은 반페미니즘적이라고 해석할 수 있다. 그러나 그 안에서 성경에 서술되고 규정된 가부장제적 사회 질서의 강화만을 보기 원한다면, 다시 말해, 여성이 남성에게 복종하거나 모성의 의무를 지는 것이 하나님의 뜻이라고 믿는다면, 그렇게 해석해서는 안 된다. 루터도 이러한 신앙을 비판하지도 않았고, 감히 개혁하려고도 하지 않았다. 오늘날 페미니스트들과 페미니즘 사상을 지닌 여성 신학자들이 매우 염려하듯이, 루터는 여성들 안에서 '오로지' 가정주부와 어머니만을 보고 싶어 했다. 하지만 '오로지'라는 것은 과연 무슨 뜻일까? 루터가 설교하고 모범을 보인 가정의 이상은 정말로 항상 모조리 나쁜 것인가? 프로테스탄트적이고 기본적으로 여성이 관리하고 지도하는 목사의 집 또한 좋은 면이 있지 않았을까? 결론적으로 우리 독일의 가장 중요한 남녀 작가와 사상가 몇몇은 이 가정에서 탄생했다.

하지만 이 문제와 여성들에 대한 루터의 태도에서 나타난 (아마도) 긍정적 측면에 대해서는 여기서 더는 다루지 않겠다. 루터의 부인과 루터의 집에 대한 반페미니즘적 왜곡상이라고 후대의 교인들이 지적한 것에 대해서도 여기서는 다루지 않겠다.[35] 대신 우리는 마녀와 여성에 대한 계몽주의의 입장에 대해 시선을 던져보기로 한다.

계몽주의, 마녀, 여성

마녀 미신을 궁극적으로 극복한 것은 확실히 계몽주의의 업적이다. 그러나 이는 마녀 이데올로기에 대한 200년 동안 지속한 찬반논의가 있고 난 후에야 가능해졌다.[36] 이 논쟁은 1563년에 출간된 프로테스탄트 출신 의사인 요한 바이어(1515~1588)의 책 『악마의 특권(De praestigiis daemonum)』과 함께 시작되었다.[37] 바이어는 '마녀'의 '소행'을 이러한 '악마의 위장막'에 포함했다. '마법사'와 '독살자'는 무조건 처벌받지만, '마녀'라고 고소된 여성의 경우는 그녀가 악마에게 단지 유혹당한 것은 아닌지, 또는 '마녀 비행'과 '마녀 연회'를 단지 공상했는지를 조사해야만 한다. 끝으로 일반적으로 특히 지긋한 나이에 "지적 장애"와 '우울한(Melancholie)' 경향을 보이는 여성들이 문제시되고, 그런 것들이 바이어의 생각에는 자궁의 질병에 의해서 발병되었다. 바이어는 다음을 증명하고 싶어 했다.

모든 악의적인 나쁜 것, 즉 늙고 교활한 충동과 요술의 발기자와 시발자는 불쾌한 사탄이다. 왜냐하면 그가 너무도 많은 우울한 기만과 위장을 꾸며

내서 그것으로 사람들에게 처음부터 새파란 거짓말을 하고, 대범하게 사람들을 속였기 때문이다. 여전히 오늘날에도 그것 없는 세계는 너무 낡았고 붕괴의 위험이 있기 때문에, 그러한 놀이는 사람들 사이에서 계속적으로 진행되고 있다. 그러나 대부분은 이제 지적 장애 상태에 빠진 늙고 어리석은 작은 엄마들에게서 나타난다(……).[38]

"작은 엄마들"의 "우울"에 관한 바이어의 이야기는 솔직히 여성 친화적인 것은 아니지만, 의지를 갖고 악마를 받아들인 여성들의 "정욕"에 대한 크라머의 사변보다는 어쨌거나 여성에 적대적이지는 않다.

다음 크라머의 반페미니즘적 비방은 장 보댕(1530~1596)에 의해 다시 공격당했다. 1580년에 처음 출간된 그의 책 『마녀의 악마학에 대해 (De la Démo nomanie Des Sorciers)』에서 보댕은 바이어가 나쁜 의사일 뿐만 아니라 악마의 추종자라고 비난했다. 왜냐하면 바이어는 '악마의 정사'에 대한 가벼운 의심을 표현했기 때문이다.[39] 다시 말해, '마녀'는 결코 그녀의 의지에 반해 악마에게 강간당하지는 않는다. 그들은 실증적으로 증명 가능한 '망치'를 휘두르기 위해 그와 의지지적으로 결합했다. 따라서 그들은 자신들의 행위를 책임져야 한다. 이단과 마찬가지로 '마녀'는 신으로부터 분리이자 국가에 대한 범죄이기 때문에, 국가는 '마녀'가 무너뜨린 질서를 다시 일으켜 세워야 하는 의무가 있다. 그리고 이는 마녀처벌법의 지원과 고문의 도입으로 이루어진다. 여기서 "우유부단한 재판관"은 있어서는 안 된다.

마틴 델리오(1551~1608)가 보댕을 지지했다. 스페인 귀족 가문의 아들로 네덜란드에서 태어난 델리오는 먼저 정치적 경력을 쌓았고, 그런 다음 1580년에 예수회에 입회해 뤼티히와 그라츠에서 신학 교수로 학생들을 가르쳤다. 1588년과 1600년 사이에 그는 6권의 저작 『마녀 재판(Disquisitionum magicarum libri sex)』을 출판했는데, 무엇보다도 프로테스탄트 영토들이 '마녀'와 '이단'에 넘어갔다는 테제를 대변했다.[40]

마찬가지로 프로테스탄트 출신 법률가인 헤르만 괴하우젠(1593~1632)은 마녀재판의 과학성과 합법성에 확신이 있었다. 린텔른의 비퍼만 가문의 교수직을 처음으로 받은 그는 1630년에 『재판 절차(Processus juridicus contra sagas & veneficos)』를 출판했다.[41] 여기서 그는 '마녀와 악마'를 어떻게 다루어야 하는지, 무엇보다도 가차 없는 고문의 도입을 통해 다루어야 한다는 것을 길고 폭넓게 설명했다. 이때 괴하우젠은 장단점을 상세하게 설명한 각각의 고문 방법의 세부 사항에 대한 그야말로 사디스트적인 집착을 증명했다. 이는 마찬가지로 프로테스탄트였던 작센의 법학자 베네딕트 카르프초우(1595~1666)에서도 비슷했다. 카르프초우는 1683년에 그가 비텐베르크에서 출판한 작센의 형법에 관한 책 『작센 제국의 법법행위의 실제(Practica nova imperialis Saxonica rerum criminalium)』에서 마녀재판에서 고문을 가차 없이 사용하는 것에 찬성 입장을 취했고, 그는 그것을 학문적으로, 정확히 말해, 법학적으로 설명했다.[42]

그러나 괴하우젠과 카르프초우가 고문을 선전한 그 잔인성은 비판을 불러일으켰다. 예수회 수도사 프리드리히 폰 슈페(1591~1635)는 1631년에 익명으로 허구의 출판지인 린텔른(괴하우젠의 역작이 1년 전에 출판된 곳임)에서 출간된 책 『범죄인 재판의 신중을 촉구함(Cautio Criminalis)』에서 괴하우젠과 카르프초우의 테제를 비판하고, 결론적으로 마녀재판의 의미와 유용성을 의심했다. 왜냐하면 모든 자백이 오로지 고문을 통해서만 이루어졌기 때문이었다.[43] 마녀의 전체 "교리"는 오로지 "온갖 허황된 이야기"에 기반을 두었다. 하지만 슈페는 왜 그런지에 대해서는 더 이상 설명하지 않았는데, 특히 악마의 육체적 존재와 마녀 미신의 이데올로기적 근거를 아울러 문제 삼는 것을 감행하지는 않았다.

이는 네덜란드의 목사인 발타자 베커(1634~1698)가 1691년에 출판한 책 『마녀의 세계(De betoverde wereld)』에서 처음으로 수행했다.[44] 악마와 계약이나 악마와 정사는 순전히 판타지의 산물이고, "이교도 시인들이 지어낸" 허구이고 쓸데없는 소리인데, 그것을 교회가 넘겨받았다고 한다. 인간에게 초자연적인 것으로 나타나는 모든 것은 결코 악마의 소행이 아니라 자연적 원인이 있다. 이것은 마술에도 적용된다. 그런데 마술과 악마의 육체적 현존에 대한 믿음을 합리적으로 논박한 데카르트에 의지해 베커는 그의 프로테스탄트 신앙의 형제들까지도 비판했다. 그 결과, 어떠한 "주문 행위"는 여전히 "교황제"에서만 적합하다는 것에 대한 증명은 그에게 별다른 도움이 되지 못했다. 반면에 프로테스탄트들은 이것이 필요하지 않았고, 단지 그들의 "체험"을 믿기만 하면 되었다. 베커는 그의 목사직을 박탈당했고, 성찬식에서 배제되었다. 그러나 그에게 마녀재판이나 이단재판이 이루어지지 않은 것만도 즐거운 일이다.

비록 아직은 할레대학교의 동료들에 의해서 여전히 적대시되었지만, 법학교수인 크리스티안 토마시우스(1655~1728)는 이를 더는 두려워하지 않았다. 그 계기는 1701년에 그의 연구 『마법의 범죄(De crimine magiae)』였는데, 그는 당시의 연구 수준을 비판적으로 평가했다.[45] 그는 냉정한 결론을 도출했는데, "가톨릭이든 프로테스탄트이든 가장 유명한 학자들의 (……) 저작에는" 오로지 "마법사와 마녀에 관한 잡다한 우화들"이 발견되었다 한다. 그 또한 어떤 곳에서도 "진실의 그림자"조차도 만나지 못했다. 이는 무엇보다도 악마의 육체적 모습에 관한 상상에도 적용된다는 것이다. 실제로 악마는 육체를 입을 수 없고, 성교할 수 없고, 공기를 통해 인간을 조종할 수 없다. 이 모두는 교부들이 그리스와 "바리새인들"로부터 넘겨받은 "우화"다. 이제는 "인류"가 이처럼 "한심한 미신적 존재"로부터 해방되는 시대가 왔다.[46]

그리고 그 일이 실제로 일어났다. 18세기 초에 프로테스탄트 영토에서 갑자기 마녀재판이 중단되었다. 단지 일부 가톨릭 지역에서만 아직도 몇몇 개별적인 마녀재판이 남아 있을 뿐이었다. 독일의 마지막 마녀 화형식은 1755년에 대주교 교구인 켐프텐에서 거행되었다. 그래도 재판 자체와 고문을 제한하고 마침내 완전히 중지시킨 국가의 법령들이 마녀 박해의 상당히 급속도의 종식에도 기여했다. 고문이 없어지자 가장 광적인 마녀 사냥꾼들도 무력해졌다. 그런데도 "악마와의 결합과 마녀에 대한 신앙에서 나타난 것처럼 인간 이성의 그러한 과오는 두 번 다시 반복되지 않을 것이고, 어느 시대에도 다시는 가능하지 않을 것"이라는 마녀 연구자 게오르크 콘라트 호어스트의 기대는 다소 성급했다.[47]

사실 계몽주의는 반페미니즘적 마녀 미신은 극복했을지 모르지만, 반페미니즘 자체는 극복하지 못했다. 계몽주의는 오히려 남성과 여성 사이의 불평등의 원칙을 고수했다.[48] 그래도 이는 더 이상 하나님과 성경에 대한 언급이 아니라 자연과 근대적인 (자연)과학에 대한 언급으로 설명되었다. 이러한 새로운 반페미니즘적인 이데올로기는 임마누엘 칸트에 의해 다음과 같이 작성되고 해명되었다.

따라서 남편은 너의 주인이다(남편은 명령하고 아내는 복종하는 지체이다)라고 법이 아내와 관련해서 남편에 대해 말할 때, 부부의 평등이 자체적으로 모순되지 않느냐는 질문이 있다면, 이 문제는 배우자간의 자연적인 평등에 모순된다고 바라봐서는 안 된다.[49]

이 말은 이 문제에 관한 마지막 발언이지도 않았고, 그럴 수도 없었다. 프랑스 여성 올랭 드 구즈는 1791년에 여성은 단지 남성의 열등한 동반자일 뿐이기 때문에 인권은 거부될 수 있다는 계몽주의자들의 테제에 반대했고, 「여성과 시민의 권리선언」에서 남성들과 마찬가지로 여성들의 즉각적이고 완전한 법적 평등을 요구했다.[50] 테오도르 폰 히펠은 올랑 드 구즈처럼 그렇게 멀리 나가지는 못했다. 1792년에 출판된 그의 책 『부인들의 시민적 개선에 대해』에서 점진적인, 교육 과정을 통한 여성들의 평등을 제안했다.[51]

그러나 두 가지는 모두 일어나지 않았다. 특히 교회의 반페미니즘적인 도그마와 이데올로기는 개혁하는 기구를 전혀 만든 바 없는 교회의 압력 아래에서 즉각적인 여성해방도, 점진적인 여성해방도 이루어지지 않았다. 이를 위해 여성들 스스로 재차 교회의 격렬한 반대에 맞서 투쟁해야만 했다.

나는 자유의 제국을 위한 여성 시민에 지원한다

"나는 자유 제국을 위한 여성 시민에 지원한다." 이는 루이제 오토-페터스(1819~1895)가 1849년에 창립한 《여성신문(Frauen-Zeitung)》의 구호였다. 진실로 좋은 사안을 위한 좋은 구호다. 이는 독일의 여성운동인데, 이 역사는 루이제 오토-페터스와 그녀의 《여성신문》과 함께 시작되었다.[52] 《여성신문》은 사실 1848년 혁명기에 건설된 다른 몇몇 여성협회처럼 반동기에 금지되었지만, 그것이 15년 뒤인 1865년에 루이제 오토-페터스가 '전국독일여성동맹(ADF)'를 건설하는 것을 막지는 못했다. 이 동맹은 1894년에 다른 협회들과 함께 '독일여성동맹연합(BDF)'으로 통합되었다. 이 연합회는 부르주아 여성들이 우세했는데, 여자 고등학교와 여성 교사 직업 교육을 위한 개혁에 헌신하고 여성의 대학 입학과 여성 참정권을 요구했다.

그것이 진정 혁명적이거나 비기독교적인 노력과 요구는 아니었다. 그런데도 교회와 국가는 그렇게 받아들였고, 그러한 요구가 거부됨으로써 투쟁의 대상이 되었다. 교회는 부르주아 여성운동 회원들이 당국에 충성하지도 복종하지도 않았고, 선거권을 위한 노력을 통해 바울의 침묵 개념을 깨트렸다고 비난했다. 완고한 목사인 아르놀트는 1912년에 『가사도우미 개론(Handbuch der Frauenhülfe)』에 실은 논문에서 이 비판을 다음과 같이 설명했다.

양성이 서로 다르고 분리된다는 주장이 양성이 결합하고 결합해야 한다는 주장에 비해 이전보다 우리의 시대에 훨씬 더 전면에 부각되고 있다. 이렇듯 분리됨에 대한 힘찬 강조 진영에서부터 매우 활기찬, 개별현상 차원에서는 아주 드문, 여성의 실제적 또는 추정되는 이해들을 대변하는 기구가 나타났다. (……) 오늘날 생존투쟁에서 여성들은 무엇이 필요한지, 그녀를 독립적이고, 정말 남성과 같은 신분으로 만들기 위해 법과 교육에서 그들에게 무엇이 보증되어야 하는지, 여성운동은 묻는다.

그러나 이것은 복음을 기반으로 설명할 수 없었던 "완전히 다른 목표"라는 것이다. 왜냐하면 그 목표와 전체 (부르주아) '여성운동'이 교회에서 거부되었기 때문이다.[53]

프롤레타리아적 여성운동은 좀 더 날카롭고, 정말 그야말로 광적인 거부에 부딪쳤다.[54] 이는 이유가 없지는 않았지만, 여성 선거권을 도입하려는 요구가 독일사민당의 당 강령으로 채택된 것은 이 운동 덕택이다. 이 당은 교회와 국가의 분리를 위해 진력했고, 비록 입으로만 그랬지만, 여성 문제의 궁극적이고 근원적인 해결로 나아가는 사회혁명으로 협박했다. 이 모든 것은 분명한 베스트셀러 작품에서 읽을 수 있었다. 바로 1879년에 출간된 아우구스트 베벨의 『여성과 사회주의(Die Frau und der Sozialismus)』다. 베벨의 저작은 사회민주주의 진영에서뿐만 아니라 슈투르스베르크라는 총감이 경악하듯 확인했듯이, "우리 민족의 또 다른 진영에서도" 읽혔다.[55]

그 일은 일어나서는 안 된다. 교회는 "불신앙과 하나님의 대적의 심연에서 발생한 어둠의 세력을 따를 때 행동하는 위험들"을 막아야만 한다.[56] 무엇보다도 교회는 "사회민주주의"가 교회로부터 빼앗아가 타오르는 계급증오로 채우고, 혁명을 위해 교육하기 위해 기독교로부터 멀어지게 하는 데 맞서 "우리 민족의 젊은이들을 지키기 위한 싸움"을 시작해야 한다.[57]

이런 반사회주의적이고 반페미니즘적인 목적과 목표를 달성하기 위해 "사회적 과제와 그 해결에서 차지하는 교회의 몫에 대한 인식과 이해를 위한 설명을 제공하기 위해 각 주의 교회의 교육 과정"이 실행되었다.[58] 이곳에서 먼저 누가 "사회문제"의 발생에 책임이 있는지를 자세하게 설명했다. 당연히 자본주의가 아니라 "맘몬주의, 유물론, 잘못된 자유주의"였다.[59] 특히 "우리의 사회적 상황"에 대한 책임은 "그들의 살림과 경제를 (……) 질서 있게 유지하는 것"을 이해하지 못하는 "게으른" 여성들과 가정주부들이 져야 한다.[60] "따라서 여기서 출발해 정돈된 가사노동을 위해 이러한 무질서한 가정주부들을 교육해야만 한다. 이러한 목적으로 '살림 학교'가 만들어져 '살림 수업을 위한 이동 강좌'가 개설되어야만 한다.

이 과제는 새로운 교회 조직이 떠맡아야 한다. 그 조직은 '가사도우미'라 불렸는데, 모든 공동체에 담당 부서를 갖춰야 한다. 그들의 지속적인 활동은 이 목적을 위해 작성된 『여성가사도우미 개론』에 상세하게 기술되어 있었고, 아주 정확하게 규정되어 있었다.[61] 추가적인 교육 코스에서는 '여성가사도우미'는 '신분의 화합'과 '양성의 화합'에 기여하도록 독려되었다.[62] 이때 "가정 경제 교육이 높은 비중을 차지했는데," 왜냐하면 여성 청년들의 "가정생활의 파괴는 대부분 우리 민족의 딸들에게 가정 경제에 관한 사전교육이 부족한 데"서 찾을 수 있다.[63] 특히 중요한 것은 요리법 학습이다. 그것을 위해 "약 7주간 지속적인 이동 강좌"가 필수적이다.[64] 이러한 이동 요리 강좌와 함께 "어린 여자 청년들"은 벌써 "남편과 자식들에 대한 이후의 신성한 의무"를 미리 준비할 수 있게 된다. "미래의 가정주부들에게" "가정사에 대한 모든 소홀함은 궁극적으로는 하나님에 대한 죄"라는 것을 가르칠 수 있고, 반드시 그래야만 한다.[65]

'이동 요리 강좌'로 여성주의와 마르크스주의에 대항할 수 있다는 아이디어는 오늘날 독자에게는 거의 코미디처럼 느껴진다. 그러나 그 아이디어와 전체 '가사도우미'는 진지하게 받아들여졌다. '가사도우미'는 부르주아적이고 프롤레타리아적인 여성운동에 대한 교회의 답변이었다.[66] 만일 그 모든 것이 종교적으로 설명되지 않았다면, 아무것도 그것에 대해 반대하지 못했을 것이다. 하지만 (남성) 기획자들의 발상에 따르면, '가사도우미'는 죄와 거기서 성장하는 곤궁을 극복하고, 그로써 영혼이 의지적으로 거룩한 나라에 들어가도록 돕는 "여성전사"여야 했다.[67] 그러나 종교적 이데올로기로 여성운동 같은 세속적 운동과 투쟁해서는 안 된다. 그것은 근본주의다. 더 정확히 말하자면, 반페미니즘적 근본주의인데, 그것은 다른 모든 변형된 근본주의처럼 받아들일 수 없다. 이 문제에 대해서는 (맺음말에서) 다시 한 번 다루고자 한다. 그전에 교회 투쟁에 또 다른 시선을 던져 보도록 하자. 이는 자주 간과되었던 문제인데, 이 교회 투쟁에는 다른 여성들도 가담했다.

그녀는 우리 합창단에서 노래하고 있습니다

"아, 네. 그녀는 우리 합창단에서 노래하고 있습니다. 그녀는 아주 잘 지내고 있습니다." 이는 당시의 목사인 (나중에는 비숍이 된) 쿠르트 샤프가 게슈타포에게 구금된 센타 마리아 클라트(1905~1993)의 상태에 대해 물었을 때, 베를린의 한 게슈타포 간부가 통보한 말이다.[68] 센타 마리아 클라트! 베를린의 교회 진영 내부에서는 자주 '산타 마리아' 또는 간단히 '클라트'라고 불리던 그녀는 합창단에서 노래했다는 것으로 안부를 확인했다. 이로써 그녀는 평안한 안부가 아니라(게슈타포의 구금에서는 결코 가능하지 않음), 근처에 위치한 게오르크 교회가 그녀를 위해 중보 기도한 것에 대한 그녀의 기쁨을 표현하고 싶어 했다. 마찬가지로 그녀는 이 교회의 종소리로부터 그것을 알아들었다고 생각했다.⁶⁹ 사람들은 이것을 하나님에 대한 신앙이라고 부른다.

베를린의 철학교수의 딸로 태어난 센타 마리아 클라트는 사회교육자가 되었고, 바이마르공화국 시기에 유치원 원장직을 넘겨받았다. (절반) 유대인 혈통 때문에 그녀는 1934년에 이 직업을 그만두어야 했다. 그러나 그녀는 곧장 자기가 속해 있던 고백교회에 의해 베를린에 있던 베를린-브란덴부르크 사무소의 비서로 고용되었다.

그녀가 선택한 것은 평범한 직업이었다. 그러나 나치 시대와 교회 투쟁의 시기에는 그럴 수 없었다. 센타 마리아 클라트는 눈에 띄는, 특별히 위험한 위치에서 교회 투쟁에 가담하지는 않았다. 하지만 그녀는 자신의 상사인 오토 리벨리우스와 쿠르트 샤프를 위해 정말 중요했지만, 매우 위험했던 사무 및 연락 업무를 수행했다. 그중에는 공동체가 모은 돈을 숨기는 일이 있었는데, 나치화된 공교회의 장악 시도로부터 그 돈은 지켜냈다. 그리고 고백교회의 핍박받는 목사를 위한 이른바 청원 서명록을 발송하고 배포하는 일을 수행했다.

나치 국가(와 나치 교회)의 시각에서 이는 불법적 행동이었다. 그래서 센타 마리아 클라트는 여러 번(총 40번) 게슈타포에게 소환되어 심문당하고 수많은 시간 동안 구금되었다. 그녀는 게슈타포가 위협한 여자 수용소 라벤스브뤼크에의 감금을 가까스로 피할 수 있었다. 그녀는 나치 시대를 살아남았고, 그때부터 베를린-브란덴부르크의 복음주의 총국의 비서 업무에 다시 전념할 수 있었다.

그러나 그녀는 교회에서 좀 더 큰 주목이나 심지어 감사를 받지 못했다. 교회 투쟁에 관한 모든 교회사 작업에서 그녀의 이름은 언급되지 않았다. 1984년에서야 비로소 볼프강 제와 루돌프 베커링 목사가 센타 마리아 클라트와 몇몇 다른 '교회 투쟁의 여성'을 주목했다. 그녀들이 오랫동안 비밀로 남겨져 있었다는 점은 레나테 샤프가 너무나 위대한 책의 서문에서 다음과 같이 확인하고 동시에 비판했다.

> 고백교회의 시대에 대한 역사적 문서에는 주로 남성들이 등장한다. 불법적인 지도부는 남성들이 차지했고, 고백교회 의원총회의 의결과 선언문도 남성들이 작성하였다. 여성들도 이 시기의 교회 안에서 위대한 임무를 수행했지만, 그들은 '평신도'였다. 그녀들의 모습은 밖으로 거의 드러나지 않았다. 그럼에도 그녀들의 충성심과 단호함 때문에 고백 공동체가 존립할 수 있었다.[70]

레나테 샤프에 대한 이러한 평가에 기본적으로 동의할 수 있다. 그러나 그녀보다 교회 투쟁에서 훨씬 더 위대한 역할을 수행했던 몇몇 여성이 또 존재했다. 그녀들은 '고백교회의 존립'을 보장해주었을 뿐만 아니라 확실히 고백교회 전체의 명예를 보전할 수 있게 해주었다. 그녀들은 신앙의 형제들보다 훨씬 더 먼저, 훨씬 더 단호하게 핍박받는 유대인들을 위해 뛰어들었고, 그들을 도왔다. 여기서는 그들 중 세 사람만 언급하겠다.

첫째, 마르가 모이젤(1897~1953)이다. 교직 세미나를 이수하고 간호사 교육을 받은 이후, 그녀는 1932년에 베를린-첼렌도르프에 위치한 '개신교 구역 복지과'의 과장직을 맡았다.[71] 1933년 이곳에서 그녀는 그해 4월 7일의 "공무원재건법"에 따라 국가의 모든 공직에서 해임되어 교회의 사회보조금에 의존하던 교인들의 곤궁과 우려에 직면하게 되었다. 이러한 '비아리안' 기독교인의 곤궁을 덜어주기 위해, 1934년 가을, 마르가 모이젤은 그의 '비아리안' 혈통의 여자 친구 샤를로테 프리덴탈과 함께 유대인 혈통의 기독교인을 위한 중앙 상담소를 만드는 일에 진력했다. 그러나 이 일은 독일 기독교도가 지배하는 교회에 의해서 타협의 여지 없이 거부되었다. 적어도 이제 막 건설된 고백교회의 이 계획에 대한 지지를 얻기 위해, 마르가 모이젤은 1935년 5월에 「기독교 비아리안인들에 대한 고백교회의 과제에 대해」라는 건의서를 작성했다. 그녀는 1935년 6월에 인스부르크에서 개최된 고백교회 총회에서 협의했다. 그러나 그 과정을 통해서는 아무것도 마련되지 않았다. 아우크스부르크에 모인 의원총회는 그것을 거부했다.

마르가 모이젤은 이 거부 결정을 받아들였고, 더 이상 추가적인 건의서를 작성하지는 않았다(1935년 9월의 「독일 비아리안의 상태에 대해」라는 문건은 항상 그녀가 작성한 것으로 잘못 알려져 있는데, 최근에 알려진 바에 따르면, 이 문건은 엘리자베트 슈미츠가 작성한 것임). 대신에 마르가 모이젤은 이후에는 독자적으로, 그리고 대체로 사적 통로를 통해 박해당하는 '비아리안' 기독교인들을 돕는 일에 집중했다. 만일 그 일이 박해하는 자들에게 알려졌다면, 그 일 때문에 그녀를 강제수용소에 감금하라는 지시가 내려졌을 것이다.

마르가 모이젤은 1953년 때 이른 죽음을 맞이할 때까지 박해당하는 '비아리안'에 대한 이타주의적 지원을 알리지 않았다. 아마도 알려지기를 원치 않았기 때문일 가능성이 높다. 이로써 교회는 박해당한 기독교도 및 유대인 '비아리안'을 돕는 일이 가능했다는 사실을 인정했어야만 했다. 실제로 이것을 행한 다른 많은 여성과 마찬가지로 마르가 모이젤은 "찬양받지 못한 여성 영웅"에 속한다. 기껏해야 그녀는 2006년에 이스라엘에 의해 "세계의 정의로운 자"라고 불리면서 명예를 인정받게 되었다. 그에 대한 표식으로 이스라엘 기억 공원 야드 바셈에 그녀의 이름을 단 나무가 심어졌다. 5년 뒤인 2011년, 베를린의 첼렌도르프 구역의 녹지시설을 '마르가-모이젤-플라츠'라고 이름을 바꾸었다.

이미 언급한 건의서 「독일 비아리안의 상태에 대해」의 저자인 엘리자베트 슈미츠(1893~1977)도 이와 유사한 영예를 받게 되었다.[72] 헤센주의 하나우에서는 2005년 이후에야 엘리자베트 슈미츠를 위한 추모비를 조성해주었다. 이스라엘 추모관 야드 바셈은 2011년 10월에 이 "세계의 정의로운 자"를 위해 나무를 심었다. 이런 영예는 늦기 마련이지만, 너무 늦지 않기를 바란다.

김나지움 교수의 딸로 태어난 엘리자베트 슈미츠는 본과 베를린에서 역사학, 독문학과 신학을 공부했고, (역사학자 프리드리히 마이네케에게서) 박사 학위를 마치고 성공적으로 국가시험을 통과한 후, 베를린에서 교직에 임명되었다. 고등학교 1급 교사로 임명된 그녀는 베를린의 여러 학교에서 역사학, 독일어, 종교 분야를 가르쳤다. 그녀 자신이 고백했듯이, 그녀의 심장을 찢어 놓은 1938년의 11월 포그롬 이후에 엘리자베트 슈미츠는 일시적인 휴직 상태에 들어갔다. 그녀는 '나치 국가'의 요구에 따른 수업을 더는 진행할 수가 없었다고 아주 대담하게 그 이유를 설명했다.

나치의 학교 정책에 대한 용감한 저항이 있기 3년 전인 1935년 9월에 그녀가 작성한 문건 「독일 비아리안의 상태에 대해」를 갖고 나치의 유대인 정책에 대해 저항했다.[73] 그것은 아마도 전체 유대인 정책에 반대하는 것이었고, 기독교적 '비아리안'에 대해 실행된 유대정책에만 국한된 것이 아니었다. 즉 그녀는 자신의 문서에서 정권에 의해 핍박받는 모든 유대인의 운명에 대해 기독교의 유대교적 뿌리를 신학적으로 언급하면서 연대 의사를 표명할 것을 요구했다.

그녀의 요청 발언은 당사자인 고백교회로서는 전례가 없는 일이었다. 엘리자베트의 건의서는 1935년 9월 말에 베를린-슈테크리츠에서 개최된 제3차 고백교회 의원총회에서 받아들여지기는커녕 아직도 단 한 번도 공개되지 않았다. 그것은 간단히 묵살되었다. 교회는 마치 이 건의서가 쓰인 적이 없는 것처럼 행동했다. 이미 언급했듯이, 1945년 이후에 이 건의서는 마르가 모이젤이 작성한 것으로 확인되었다. 엘리자베트 슈미츠는 그것을 막을 수가 없었다. 그녀는 1977년 죽을 때까지 인정받지 못했다. 그녀의 장례식에는 단지 7명의 사람만이 참석했다.

위에서 이미 언급했듯이, 엘리자베트 슈미츠는 2011년에 '세계의 정의로운 자'라는 명예로운 명칭이 수여되었다. 이것은 (몇몇 다른 기독교인들처럼) 그녀가 박해당한 유대인들을 도왔기 때문이었다. 이것은 당연히 높이 인정받지 못했다. 그러나 적어도 교회의 관점에서 엘리자베트 슈미츠의 이타주의적 태도가 종교적으로 설명되었다는 것도 마찬가지로 중요하다. 그녀는 1935년 그의 건의서를 갖고 기독교적 반유대주의에 대해 분명한 반대의사를 표명한 첫 번째 인물 중 한 사람이다.

카타리나 슈타리츠(1903~1953)는 그렇게 멀리까지 오지는 못했다.[74] 그녀는 신학자이자 '개신교 비아리안을 위한 교회 구호소'의 직원으로 모든 유대인이 아니라 '단지' 세례를 받은 사람들을 돕는 일에 전념했다. 그들은 기독교와 유대인의 신앙에 따라 유대인이 아니라고 보는 사람들이다. 그러나 이렇듯 종교적으로 완벽하고 정확한 구별은 알다시피 나치 때문에 가능했던 것만은 아니다. 그들은 세례를 받았든 받지 않았든 모든 유대인을 '비아리안'이라고 부르고 박해했다. 따라서 어쨌든 벌써부터 거리감을 느끼게 만드는 표시인 '단지(Nur)'를 완전히 삭제하고 카타리나 슈타리츠를 제대로 평가해야 한다. 특히 이러한 일이 아직도 제대로 이루어지지 않았기 때문에 반드시 그렇게 해야 한다. 교회 투쟁과 저항에 관한 수많은 저작에서 일반적으로 카타리나 슈타리츠는 전혀 언급되지 않거나 또는 아주 짤막하게 그것도 이름은 빼고 '여자 부목사 슈타리츠'라고만 언급될 뿐이다.

이때 카타리나 슈타리츠는 첫 번째 여자 부목사에 속했다. 이 교회의 지위는 마부르크대학교에서 역사학, 독일어, 신학을 공부하고, 그리고 신학 박사를 마치고 난 뒤인 1928년에 수여된 것이었다(이 대학 신학교에서는 첫 번째 여성이었음). 대략 수습 공무원에 해당하는 여자 부목사로서 그녀는 병원의 종교생활을 담당했다. 1932년에는 브레슬라우의 도시 부목사로 임명되었다. 그곳에서 그녀는 교회의 '성직을 수여받았다.' 비록 남자 목사의 '목사 안수식'과는 같지 않았지만, 여성 목회자, 곧 여성 목사의 임명식은 성직수여식과 결합되어 있었다. 목사 임명을 받은 다른 여성 부목사처럼 카타리나 슈타리츠도 다른 남자 목사의 월급의 75퍼센트만 받게 되었다.

브레슬라우 도시의 부목사 활동 이외에도 카타리나 슈타리츠는 그뤼버 목사가 이끄는 '개신교 비아리안을 위한 교회 구호소'에서 일했고, (4장에서) 이미 언급했듯이, '비아리안' 복음주의 기독교인의 출국을 위해 힘썼다. 이 일은 전쟁이 발발하고 난 이후에는 상황이 점점 더 어려워졌다. 그럼에도 카타리나 슈타리츠는 이 일을 계속했고 '비아리안' 개신교 기독교의 상황을 개선하기 위해 최선을 다했다.

그녀는 9월 말에 작성한 "브레슬라우 직장 동료들"에게 전달한 회람 문서를 통해 1941년 9월 5일 이후에 또 차별하는 유대별 표식을 달고 다녀야 했던 '비아리안' 기독교인들을 위해서 더 많은 일을 할 것을 요구했다.[75] 벌써 몇몇 주의 교회에서 자주 일어나는 것처럼 그들을 기독교의 예배에서 배제해서는 안 된다는 것이다. 만약 그런 일이 일어난다면, "교회의 기독교적 명예가 비기독교적인 행위에 의해" 위험에 처하게 될 것이다. 유대인 혈통의 교인을 축출하는 것은 절대적으로 비기독교적인데, 카타리나 슈타리츠는 몇몇 성경 구절을 언급하면서 그 이유를 설명했다.

그러자 즉각적으로 카타리나 슈타리츠 자신은 교회 직장에서 축출되었다. 그녀는 브레슬라우 교회 지도부에 의해서 무기한 해임되었다. SS의 잡지인 《흑색 군단(Das Schwarze Korps)》은 유대인 친화적인 "도시의 부목사"에 반대하는 반유대주의적, 반페미니즘적인 특징을 지닌 비방 기사를 게재한 다음, 카타리나 슈타리츠는 브레슬라우를 즉시 떠나라는 압력을 받았다. 그녀는 한때 자신이 공부했던 마부르크로 갔다. 그러나 그녀는 그곳에서(아마도 그녀의 교회의 고발에 의해) 게슈타포에게 발각되어 1942년 초에 구금되었다. 카타리나 슈타리츠는 먼저 브라이테나우 노동교육 수용소에 끌려갔고, 다음 여자 강제수용소인 라벤스부뤼크로 이송되었다.

바르텐부르크의 파울 그라프 요크와 몇몇 교회 관계자의 압력으로 카타리나 슈타리츠는 1943년 5월 이른바 '시범적으로' 강제수용소 감금에서 풀려났다. 그녀는 브레슬라우로 돌아갈 수는 있었지만, 1945년 1월에 헤센으로 다시 도주했다. 그러나 헤센의 교회 지도부는 그녀를 다시 교회 직위에 복귀시킬지 주저했다. 대신에 카타리나 슈타리츠는 바트 빌둥어 프뢰벨 세미나에서 독일어와 종교를 가르쳤다. 1950년, 그녀가 죽기 3년 전(그녀는 겨우 50세로 생을 마감했음)에야 비로소 카타리나 슈타리츠는 프랑크푸르트 암 마인의 목사직을 받았다. 비록 그녀는 아직도 부목사 칭호만 달고 다니라고 허락되었지만, 그녀는 헤센의 첫 번째 여자 목사였다. 그녀만 유일한 사례로 남지 않았다. 이후 점차 다른 여성 부목사들이 목사안수를 받았고, 그런 다음 심지어 공식적으로 목사직에 임명되어 여성 목사로 임명되었다.

여성 목사(Frau Pastor)는 목사의 부인(Frau des Pastors)이 아니다

"여성 목사는 (언제나, 단지) 목사의 부인이 아니다"는 말이 출현한 것은 고백교회의 아주 본질적인 업적 중 하나다. 비록 의도했다기보다 절대적으로 인력이 부족했기 때문이기도 하지만, 고백교회는 여성들이 전통적으로 남성이 지배하던 교회로 들어설 수 있는 길을 터주었다.[76] 이것은 원래 원하던 것이 아니었다는 사실은 1944년 말 구프로이센 연합의 복음주의 교회위원회의 성명서에서 나오는데, 그것은 아래와 같이 읽힌다.

> 복음에 대한 논리 정연한 설교가 남성의 입에서 나오지 못하는 비상시에는 자격을 갖춘 여성들도 공동체 예배에서 복음을 선포하는 것을 교회 지도부는 허용할 수 있다.[77]

이들 여성은 대학교나 고백교회에서 새로 세운 교회의 신설 대학에서 신학을 공부해서 부목사에 임명된 여성들을 뜻했다. 그녀들은 남자 목사들이 병역의무로 징집되었기 때문에 곧바로 고백교회에서 급하게 그녀들이 필요했다. 그 외에도 그녀들은 교회에 적은 비용이 들었는데, 목사 안수를 받은 여성 부목사는, 위에서 언급했듯이, 남성 목사들의 기본급의 75퍼센트만 받았다. 그녀들은 동료 목사들처럼 많은 일을 해야만 했지만, 사정은 그랬다. 아무튼 오늘날에도 그녀들은 예배를 인도하고 점점 더 많은 교회의 일들을 수행한다. 1944년 10월 31일, 구프로이센 연합의 복음주의 교회위원회의 지시에 따라 여성 부목사들은 심지어 목사 안수식, 즉 '성직 수여'시에 여자 부목사가 보좌하는 것도 허용되었다.[78]

그럼에도 이 모든 일은 몇몇 보수적인 복음주의 목회자의 마음에 들지 않았다. 이런 사람 중에 아이텔-프리드리히 폰 라베나우 목사가 있었는데, 그는 1944년 12월에도 (이 시점에는 벌써 붉은 군대가 동프로이센을 밀고 들어왔음) 『교회에서 신학적으로 교육된 여성들의 책무(Dienst der theologisch gebildeten Frauen in der Kirche)』에 대한 추천서를 작성했는데, 그의 서문은 여전히 똑같았다. "여성은 남성의 반려자이고 어머니로 창조되었다. 그녀의 정신적, 영적 유형은 대체로 너그럽다."[79]

이런 일반적인 반페미니즘적 발언 이후에 폰 라베나우는 여성 부목사의 특별 과제에 대해서 다음과 같이 의견을 피력했다.

여성 부목사는 보통의 경우 남성(가정에서의 아버지와 비교해 보라)에게 일어나는 일을 모두 삼가야 하고 즐겨서는 안 된다. (……) 만일 어쩔 수 없이 그래야만 한다면, 그녀들은 남성을 대리해서 용감하게 할 것이며, 단호함 속에 감춰진 부끄러움으로 행동할 것이다. 그러나 결국에는 반려자로서 해야 한다. 따라서 남성적 거동과 표식과 관련해서는 몸을 사려야 한다. 그녀의 등장은 조용하게 말해진다. 내가 왜 지금 이것을 행해야만 하는지 그들은 이제 알고 있다. 생각해보라, 다른 사람들이 여기에 서야 한다는 것을. 나는 지금 단지 그 자리에 대신 서 있을 뿐이다.

여러 여성 부목사는 동료 목사인 폰 라베나우처럼 생각하지 않았고, 1945년 초까지도 그들은 가능한 한 즉각적으로 시험을 보고 임명되기를, 즉 성직이 수여되기를 서둘러 청원하는 편지를 교회 지도부에 제출했다.[80] 한 번 공포되고 진행된 '성직 수여'와 안수식을 감히 되돌려 놓으려고 하지는 않을 것이라는 기대는 전쟁이 끝난 뒤에야 실현되었다. 여성 부목사들은 이제 여성 목사로 활동하도록 허용되었다.

그런데 어떻게? 그리고 무엇보다도 어떤 옷을 입고? (남성의) 성직복을 입는 것이 그들에게 허용되었는가? 몇몇 창의적이고 바느질과 가위질에 능통한 여성 부목사들은 그렇게 했다. 그들은 간단히 남자 목사의 성직복 아래쪽을 약간 잘라내고 위쪽을 약간 바느질하고, 그것을 입고 설교단에 오르고 공동체 앞에 나타났다. 그러나 그것은 여러 교회 남성들에게 환영받지 못했다. 그들은 여성 부목사들, 곧 여성 목사들이 남성 성직복보다는 여성 복장을 하고 나타나는 것이 더 좋지 않겠냐는 매우 중요하게 여긴 문제에 대해 공개적으로 논의했다.

이러한 목적을 위해 그사이에 주교로 임명된 오토 디벨리우스가 일종의 교회 의상쇼를 개최했다. 여기서 그의 여비서(그가 바로 센타 마리아 클라트임!)가 마네킹처럼 교회의 남자들 앞에서 행진하고 다양한 교회 복장을 입고 공연해야만 했다. 이러한 결코 아름답지 않은 이야기는 남성들의 정신, 즉 반페미니즘적인 망상 몇 가지를 말해준다. 이러한 망상은 아직도 교회에서 지배적이다.

그것은 극복되었는가? 교회의 남성들에게서 추방되었는가? 1960년대 이후 점점 더 많은 여성이 목사직에 임명되고 여성 목사가 되고 결국에는 심지어 주교직에 임명되었다는 사실은 특히 이러한 질문에 대해 긍정적인 답변을 말해준다.[81] 더욱이 몇몇 주 교회의 여성 목사들에게 여전히 금지되어 있는 결혼조차도 이제는 모두에게 허락되고 있다. 가톨릭의 독신제도에 해당하는 극히 눈에 띌 만한 프로테스탄트적인 대응물이 개신교에는 더 이상 존재하지 않는다.

게다가 개신교는 여성들을 교회 직분에 허락한다는 점에서뿐만 아니라 결혼과 가정에 대한 특별한 기독교적 가치관들에 대해 다소 자유롭게 바라보는 시선에서도 가톨릭교회와 서로 구분된다. 개신교는 마찬가지로 1970년대 이후 다시 강화된 여성운동과도 평화로운 관계를 만들어냈다. 여성운동이 요구하는 추가적인, 완전한 여성해방은 더는 교회에서 거부되지 않는다. 모두는 아니지만, 대부분 개신교 신자는 이 모든 것을 좋다고 느낀다. 이는 (개신교) 교회가 뿌리 깊게 박힌 반페미니즘적 입장과 이데올로기를 극복하기 시작했다는 것을 의미하는 것이다.

맺음말

인간의 영원하고 현세적인 구원을 위해

교회는 "인간의 영원하고 현세적인 구원에" 이바지해야 한다는 것은 1947년 8월 다름슈타트 선언의 골자였다. 그런데 그것은 이루어졌는가? 교회는 "악에 맞선 선의 전선"에서 이탈했는가? 교회는 다름슈타트 선언에서 고발한 "잘못된 길"을 끝장냈는가? 교회가 더는 '선'이라면 무조건 찬양하고 '악'이라면 모조리 저주하지 않는다는 점에서는 그렇다. 사실 교회가 '잘못된 길'을 전반적으로 마무리했지만, 그러나 아직도 완전히 청산하지 못했다는 점에서는 그렇지 않다.

오늘날 교회, 곧 우리 개신교 기독교인들은 모든 '당국'에 늘 충성하며 따라서는 안 된다. 우리는 "사람보다 하나님께 더 복종해야" 하기 때문에, 독재 내부에서 독재에 맞서서 저항해야 한다.

오늘날 교회, 곧 우리 개신교 기독교인들은 특정한 전쟁을 찬양하고 정당하다고 표현해서도 안 된다. 우리는 적어도 부당한 전쟁에 대한 군역의 의무를 거부하고 "우리의 원수를 사랑해야" 되고, 사랑해야 한다.

오늘날 교회, 곧 우리 개신교 기독교인들은 우리가 현재의 자본주의적 사회질서를 손댈 수 없고 신성불가침하다고 설명하면서 "맘몬을 섬겨서"는 안 된다. 그 대신에 우리는 가난한 사람들을 도와야 하고 좀 더 나은, 좀 더 정의로운 사회질서를 위해 노력해야 한다.

오늘날 교회, 곧 우리 개신교 기독교인들은 유대인을 악마화하거나 개종시키려 하거나 심지어 박해해서는 안 된다. 우리는 그들을 모든 박해에서 지켜야 하고 그들이 우리의 형제자매임을 인정해야 한다.

오늘날 교회, 곧 우리 개신교 기독교인들은 로마인을 멸시해서는 안 된다. 우리는 뭔가 악한 것이 그들을 부추겼다는 우리의 선입견을 극복해야 한다. 이는 "내 형제 중 지극히 작은 자에게 한 것이" "하나님께 한 것"이 된다는 성경 말씀(마태복음 25장 40절)에 따라야 한다.

오늘날 교회, 곧 우리 개신교 기독교인들은 여성들이 "공동체 내에서 잠잠해야" 한다는 것을 인정해서는 안 된다. 여성들은 교회와 국가에서 완전히 평등한 권리를 가진 존재로 인정될 수 있다. 그들이 남성들에게 복종하는 것이 하나님의 뜻일 리가 없다.

다른 세속적 용어로 구성해보자면, 국가주의, 주전주의, 맘몬주의(또는 반사회주의), 반유대주의, 반집시주의, 반페미니즘이 오늘날에는 대체로 극복되었다고 말할 수 있다. 그러나 이들 이데올로기의 역사는 아직 완전히 청산되지 못했다. 이러한 과거 극복에 대해서는 아무런 말이 없다.

오늘날에는 민주주의와 저항권이 인정된다는 것은 매우 바람직하고 올바른 일이지만, 과거에 그렇지 못했다는 것은 매우 한탄할 만한 일이다. 교회는 항상, 그리고 나치 시대까지 모든 권위적 정권에 자발적으로 복종했고, 정권에 방해가 되는 모든 것과 싸워왔다. 이 두 가지는 루터의 당국 이데올로기를 통해 발생했다. 그에 따라 이것이 교회사와 세속사 쪽에서 발생했을 때, 두 가지는 훨씬 더 날카롭게 비판받을 수 있다. 이는 19세기의 민주주의 운동과 최초의 독일 민주주의, 곧 바이마르공화국에 대한 교회의 거부에도 적용된다.

다른 한편, 오늘날에도 그대로 널리 퍼져 있는 이른바 교회 투쟁에 대한 찬양은 어느 정도 삭제될 수 있다. 이 칭송은 많은 교회사가뿐만 아니라 세속사가의 저항에 부딪히게 될 것이다. 그것은 정말 교회 투쟁이 아니었다. 교회 투쟁이 제3제국의 교회 전체가 다른 문제에서 완전한 실패를 은폐하기 위한 알리바이가 되어서는 안 된다. 실제로는 찬양하고 모든 부당한 비판으로부터 보호하는 것은 동독 교회의 태도다. 마지막으로 특히 본과 지금의 베를린 공화국을 유보 없이 인정하는 것은 인정받을 만하다.

오늘날에는 병역의무를 거부할 권리가 인정되어 있고, 오늘날 평화를 보전하기 위해 기도할 수 있다는 것이 매우 바람직하고 올바른 일이지만, 과거에는 교회가 모든 전쟁을 축복했다는 사실은 매우 한탄할 만하다. 이는 마찬가지로 루터를 소환하여 기독교적 상징을 사용해 이루어졌다. 그와 함께 교회는 기독교의 평화의 계명을 무시해버렸다.

그 외에도 교회는 특히 이처럼 진정한 기독교의 교리에 따라 평화의 보전을 위해 몸 바친 사람들을 지지하지 않았고, 오히려 전쟁에 탐닉한 정치가들과 재판관들과 함께 그들을 박해에 넘겨주었다. 평화의 구축을 위해 목숨을 바친 헤르만 슈퇴어 같은 평화주의자들에 대해 말할 수 있다.

교회가 첫날부터 유대인과 로마인에 대한 인종전쟁이고 독일이 단독으로 벌인 2차 세계대전에 반대하지 않았다는 사실을 알아야 한다는 것은 훨씬 더 당혹스럽다. 1943년 10월에 와서야 구프로이센 연합의 제12차 고백의원총회에 의해 이 인종전쟁에서도 성경의 살인 금지가 준수되어야 한다는 점이 환기되었다. 교회와 교회가 지지한 서독의 평화운동은 더욱 칭찬할 만하다. 동독의 경우는 더 더욱 그렇다.

오늘날에는 "맘몬을 섬기지 말고," 가난한 사람들을 도우며, 현재의 자본주의 사회질서를 더는 건드릴 수 없고 신성불가침하다고 설명하지 말라고 외칠 수 있는 것은 꽤 바람직하고 올바른 일이지만, 과거에는 교회가 이 모두를 행하지 않았다는 것은 매우 한탄할 만한 일이다. 이는 다시 부자들의 "폭리"만을 비판하고 가난한 사람들이 노동 교육을 받기를 원했던 루터를 소환함으로써 이루어졌다(그의 유대인 적대적인 책자에서 루터는 단지 유대인의 '폭리'만을 비판했고, 그들을 역시 강제노동으로 구금하고 싶어 했다).

교회는 루터의 지침을 따랐고, 가난한 사람들을 노동하도록 교육했고, 자본주의 시스템의 부정적 측면에 대한 책임을 오로지 유대인에게 물었다. 동시에 다시 좀 더 정의로운 사회질서를 구축하기 위해 다시 복음에 의존하는 사람들은 교회의 용인 아래 박해를 당했다. 오늘날에도 여전히 자주 칭송되는, 정말 그야말로 미화된 '내지선교'는 약간의 밝은 측면 외에도 더 많은 어두운 면을 드러냈다. 이도 마찬가지로 여전히 청산될 수 있다. 어쨌거나 교회는 결론적으로 민주주의뿐만 아니라 사회민주주의의 원리도 인정해왔다.

반유대주의, 반집시주의, 반페미니즘 이데올로기에 관한 한, 실제로 모든 이야기가 다 되었다. 그러나 여기서 찬양되거나 적어도 요구되는 이 이데올로기들의 극복은 오로지 그들의 역사를 똑바로 알고 비판적으로 묘사할 때만 가능해진다. 그러나 반집시주의의 경우, 그것은 아직도 전혀 이루어지지 않았고, 반페미니즘은 단지 시작에 불과할 뿐이다. 내가 아는 한, 교회의 반집시주의와 반페미니즘의 역사에 대한 정말 포괄적이고 철저한 연구가 여태까지 없다.

반유대주의는 사정이 완전히 다르다. 그러나 반유대주의 이데올로기의 역사에 대한 수많은 기존 출판물 중에서 (내가 그렇게 부르지만) 기독교적 반유대주의를 충분하리만치 비판한 것은 얼마 되지 않는다. 이는 기독교적 반유대주의를 '반유다주의'라고 표현하고, 사회적, 인종주의적인 동기를 갖는 근대적인 '반유대주의'와 구분하고 그다지 나쁘지 않은 것으로 표현하는 바람에 이런 일이 발생한다.

그러나 반유대주의의 두 가지 변형태 사이에는 경계가 불분명한 이행 과정이 있었고, 지금도 있다. 그리고 기독교적 반유대주의와 인종주의적 반유대주의라는 두 가지 변형태로 유대인에 대한 박해와 학살이 설명되었다. 그런데도 그것은 결코 모든 교회사가와 세속사가에 의해 그렇게 이해되지는 않는다.

세속사가들은 (기독교적) '반유다주의'와 (인종주의적인) 근대적 '반유대주의' 사이의 구분을 사회경제사적 주장으로 설명한다. 근대적 반유대주의는 자본주의가 탄생하면서 비로소 발생했고, 새로 출현한 사회 중간층에 의해서 유지되었다 한다.

이때 간과된 것은, 첫째, 자본주의 발생 이전에 이미 인종주의적 반유대주의가 존재했다는 점이다. 둘째, 근대적인 인종주의적 반유대주의가 낡은 기독교적 반유대주의를 결코 밀어내지 못했다는 점이다. 마지막으로, 셋째, 반유대주의의 두 가지 변형태는 중간층뿐만 아니라 하층민들 사이에서도 발견된다는 점이다. 이는 무엇보다도 반유대주의가 전반적으로 항상, 무엇보다도 국가와 사회, 특히 교회의 엘리트들에 의해서 선전되었기 때문에 그렇게 되었다.

다른 한편, 사실 교회 내부에도 반유대주의자들이 있었다(루터도 이에 해당할 수 있음)는 것을 교회사가들이 부정하지는 않지만, 그런데도 여기서는 '오로지' 반유다주의자들만이 문제가 된다는 주장과 함께 항상 옹호되었다. 첫째로, 이는 여러 교회의 반유대주의자들은 유대인에 대한 그들의 적대감을 인종주의적 동기로 설명해왔기 때문에 그것은 맞지 않는다. 둘째로, 반유다주의의 무해성이 표명되고 있다. 왜 이런 주장이 교회 진영에서 늘 또다시 시도되는 것일까? 반유대주의와 반유다주의를 구분하려고 왜 그토록 발악하는 것일까?

대답은 손바닥 위에 놓여 있다. 반유다주의, 곧 기독교적 반유대주의를 완전히 극복하지 못했고, 그것을 심지어 극복해서는 안 되기 때문이다. 다시 말해, 이는 교회의 일부에서 (복음주의 교회보다는 가톨릭교회가 훨씬 더 많음) 그야말로 금지되는데, 그들은 반유대주의라고 표현할 수 있고 그에 따른 심판을 받게 되는 이데올로기를 예나 지금이나 확신시키고 행동하도록 촉구한다.

첫째, 이는 유대인의 개종을 뜻하는데, 이는 바울의 감람나무 비유에 대한 언급으로 설명되고 정당화된다. 둘째, 이는 지금도 여전히 마주치는 유대인의 악마화를 뜻하는데, 만약 그들이 끝까지 진정한, 곧 기독교적인 신앙으로 개종하기를 원하지 않는다면, 요한복음 8장 44절에 따라, 그들은 "악마의 자식들"이 되고, 그렇게 남는다.

교회가 유대인들의 개종과 악마화 밑바탕에 깔린 악마신앙 전체를 포기하고 극복할 마음의 준비가 되어 있다고 선언할 때에야 비로소, 교회는 실제로 반유대주의를 포기하고 극복한 것이다.

언젠가는 그것이 이루어질까? 회의부터 먼저 앞선다. 왜냐하면 그것은 정말이지 가톨릭의 종교개혁뿐만 아니라 새로운 복음주의의 종교개혁을 전제로 하기 때문이다. 결론적으로 기독교적 반유대주의 전체가 루터에 의해 개혁되지 않았고, 심지어 훨씬 더 과격해졌다. 우리 복음주의 기독교인들은 적어도 2017년의 (임박한) 종교개혁 축제 때에는 그것을 잊지 말고, 분명하게 요구하고 비판해야만 할 것이다.

부록: 용어 해설

갈색총회

갈색총회는 1933년 9월의 제국총회를 비꼬는 표현이다. 루트비히 뮐러가 제국비숍에 선출되었고, 대부분 총회의원이 돌격대의 갈색 유니폼을 입고 그곳에 나타났다.

개혁교회

츠빙글리와 칼뱅에 의한 개혁교회는 당시부터 오늘날까지도 '개혁된'이라고 지칭한다. 루터파 교회와 달리 아래로부터 위로의 공동의회의 원리로 구성되었고, 당국에 대한 충성도가 낮다. 왜냐하면 그들은 저항권도 인정하기 때문이다. 개혁교회는 그들의 소박한 외관에 따라 루터파 교회와 차이를 보이고, 가톨릭교회와는 훨씬 더 큰 차이를 보인다. (대부분 그리스도의 주검이 없는) 십자가를 제외한다면, 종교적 상징물이나 심지어 성화조차도 금기시한다.

경건주의

17세기 후반에 생겨났으며, 주로 일반 성도들에 의해 수행된 신앙운동. 이 신앙운동은 종교개혁의 가치와 목표를 성찰하고, 특히 경건한 개인의 생활개혁에 진력하되, 가난한 사람들과 약자들을 위한 사회참여를 함께 아우르는 것이다. 오늘날의 복음주의는 경건주의와 결합되어 있다.

고백교회

고백교회는 새로운 교회가 아니라 독일 기독교도(DC)가 지배하고 제국비숍이 이끄는 제국교회 내부에 있던 반대운동이다. 1934년 5월, 이 교회는 부퍼탈-바멘의 고백의원총회에서 설립되었다. 여기서 작성된 바름 고백을 통해 그들은 나치 국가의 통수권 요구와 나치화된 교회의 국가권력 횡령에 반대했다.

1934년 10월, 베를린-달렘에서 열린 제2차 의원총회에서 교회의 비상법(달렘 비상법)에 따라 새로운 교회 지도부가 제국형제위원회와 함께 선출되었다. 전염되지 않은 교회를 운영하기 위해 임시 교회 지도부가 이 위원회의 보완 기구로 배치되었다.

고백교회가 제국교회위원회에서 교회 업무 담당 제국장관에 협조하는 온건한 분파로 전락한 뒤, 1936년 2월, 고백교회의 좀 더 급진적인 분파는 바트 외인하우젠의 고백의원총회에서 제2차 임시 교회 지도부를 선출했다.

1934년 5월 이후부터 고백공동체가 독일 전역에 세워졌고, 선출된 형제위원회에 의해 지도되었다. 의무선언서(이른바 붉은 카드)에 서명만 하면, 고백공동체에 가입할 수 있었다. 독일 기독교도가 지배하는 공식적인 공동체에서 이 공동체 회원들이 본당과 여타의 교회 건물에의 출입이 거부되었을 때, 그들은 임대 공간에서 예배와 모임을 계속해 나갔다. 필요한 재정 수단은 기부금으로 충당되었다. 공식적인 교회의 업무로부터 쫓겨났거나 아예 처음부터 받아들여지지 않은 고백교회 목사의 월급도 공동체의 기부금에서 지급했다.

고백의원총회

제1차 고백의원총회는 바름의 총회라고 지칭되었는데, 1934년 5월에 이곳에 모인 총회의원들이 6가지 테제로 정리된 "복음주의 교회의 진실"을 고백했다. 제1차 바름 총회 이후부터 1936년까지 제국 차원에서 세 차례의 고백의원총회가 더 열렸다. 각각의 주 교회들은 고백의원총회를 계속 개최했다. 구프로이센 연합 교회는 총 12차례의 총회가 열렸다.

구프로이센 연합교회

구프로이센 연합교회는 프로이센의 복음주의 교회였다. 이 교회는 프리드리히 빌헬름 3세 국왕이 1817년에 완성한 루터파 교회와 개혁파 교회의 통합(연합)으로 탄생했다. 1866년 이후 프로이센에 복속된 지역의 루터파 및 개혁파 교회들은 이 연합에 받아들여지지 않았기 때문에, 여태까지 '프로이센 복음주의 교회'가 1867년 이후부터 '구프로이센 연합교회'라고 명명되었다. 1947년 연합국이 규정한 프로이센 국가의 해체 이후, 이 교회는 '구프로이센'이라는 명칭을 포기했고, 1953년 이후에도 여전히 '연합 개신교 교회(EKU)'라고 불린다. 2004년에 이 교회는 개신교 교회연합으로 등장했다.

근본주의

근본주의는 첫째, 근본적인, 곧 문자적인 성경해석, 둘째, 계몽주의, 근대성, 이성에 대한 모든 반대, 셋째, 정치적, 종교적 조직을 통한 (모든 종교의) 정치화로 이해된다. 그런 식의 근본주의적인, 곧 종교적으로 추동된 정치가 인간의 권리와 존엄에 위배되고 반민주주의적 목표를 설정한다면, 이는 관용되어서는 안 되며, 이에 맞서 싸워야 한다.

독일 기독교도(DC)

1932에 건설된 이 교파는 스스로 '독일 기독교도의 신앙운동'이라고 불렸다. 모두 29개의 복음주의 지역교회를 지도자 원리에 따라 구조화한 '제국교회'로 통합, 유대인 선교의 폐지, 교회 영역에서 아리안조항의 도입, 기독교의 '탈유대화'를 요구했다. 1933년 7월에 실시한 교회 선거에서 독일 기독교도가 거의 모든 지역교회에서 3분의 2의 다수표를 획득했다. 그 이후 그들 강령의 여러 핵심 사항이 구체적으로 실현되었다. 이에 목회자비상연합의 항의가 일어났고, 1934년 5월에 고백교회의 건설로 이어졌다.

독일 개신교 교회(EKD)

(나치화된) 제국교회와 (반대하는) 고백교회를 기초로 1945년에 독일의 모든 지역 교회(루터파, 개혁파, 통합파)를 묶은 느슨한 연합체.

동독 개신교 교회연합(BEK)

1969년 동독 지역의 개신교 주 교회들이 '동독 개신교 교회연합(BEK)'으로 통합되었다. 이는 독일 개신교 교회(EKD)에서 탈퇴한 것과 관련된다. 독일이 통일된 후, 동독 개신교 교회연합은 해체되었다.

두 개의 검 이론

1494년 교황 겔라시우스 1세가 발전시킨 교리가 두 개의 검 이론이라고 이해된다. 그에 따르면, 하나님이 한 개의 검, 곧 세속적 권력은 세속 권력에게, 다른 한 개의 검은, 곧 정신적 권력은 반대로 대주교들에게 위임했다. 그런 뒤, 교황 그레고리오 7세는 「교황 훈령(Dictatus papae)」에서 하나님이 대사도 베드로의 후계자인 그 자신에게 두 개의 검과 아울러 정치적, 정신적 전권을 넘겨주었다고 주장했다. 교황은 세속적 권력을 뜻하는 검을 황제에게 넘겨줄 수도 있고, 넘겨주지 않을 수도 있다. 교황 보니파키우스 8세는 1302년의 교황 칙서 「거룩한 교회(Unam Sanctus)」에서 모든 세속 권력이 교황의 지배에 복종할 것을 요구했다. 이것은 다시 두 개의 검 이론의 발전 형태인데, 그에 따르면, 세속의 검은 교회를 위해서, 그와 달리, 정신적인 검은 교회에 의해서 집행된다는 뜻을 지닌다.

두 제국 교리

20세기에 와서야 만들어진 이 개념은 루터 신학의 핵심적인 요소로 지칭된다. 루터는 1523년에 출간한 책자인 『세속 당국에 관해: 세속 당국에 얼마나 복종해야 하는가?』에서 이 개념을 발전시켰다. 여기서 루터는 하나님의 제국과 지상의 제국을 구분했다. 하나님 제국의 기독교인은 오로지 그의 믿음과 하나님의 은혜로만 살 수 있다. 그러나 지상 제국의 기독교인은 (개개인과 전체 사회의 유익을 위해) 기독교 당국에 따라야 하고 복종할 의무를 지닌다. 기독교인은 반기독교적 당국에 대해서만 저항할 수 있다.

루터파 교회

루터의 추종자들은 (먼저 그들의 반대파들에 의해) 루터파라고 불렸다. 1550년 아우크스부르크의 종교화의에서 정착된 교리가 루터적이라고 지칭되었다. 그 뒤에 루터가 개혁하고 지역 제후들이 인도한 지역교회에 대해서 루터적이라는 표기가 통용되었다. 이 지역교회는 (부분적으로는 오늘날까지도) 위에서 아래로 총회의 원리로 구축되었고, 루터의 두 제국 교리에 의해 재차 설명되었다. 당국에 대한 충성심을 강조했다.

목회자/목사

목회자 또는 여러 지역교회와 지방에서 목사는 안수를 받은 성직자를 뜻하는데, 복음주의 교회의 직무를 맡는다. 1960년대 이후에는 복음주의 교회(그리고 그곳에서만)의 내부에서 여성 목회자들이나 여성 목사들이 존재하게 된다. 명칭이 다른 목회자나 목사는 권리와 의무상의 차이가 있음을 뜻하지는 않는다.

목회자비상연합

1933년 9월 6일 구프로이센 연합 복음주의 교회가 도입한 아리안조항에 대한 항의로 베를린 달렘의 목사인 마르틴 니묄러가 발기함으로써 1933년 9월 22일에 목회자비상연합이 건설되었다. 1934년 1월까지 독일 전역에서 7,000명 이상의 복음주의 목사들을 포괄하는 목회자비상연합에서 1934년 5월에 고백교회가 탄생했다.

바름 고백

1934년 5월 바름의 고백의원총회에서 작성된 「독일 복음주의 교회의 현 상황에 대한 신학적인 설명」이 바름 고백으로 지칭되었다. 이곳에 모인 총회의원들은 여러 "복음주의 교회의 진실"을 고백했는데, 그것은 6가지 테제로 정리되었다. 그중에서 가장 중요한 것은 제5테제(바름 5)였는데, "국가가 그의 특별한 임무를 넘어서 인간 삶의 유일하고 총체적인 질서가 되어 교회의 법령을 이행해야 하고, 이행할 수 있다"는 '잘못된 교리'는 비난받았다.

반유다주의

기독교의 유대인 적대감을 나타내는 용어. 사회적, 인종주의적 동기를 갖는 근대적 반유대주의와 구분된다. 그러나 이 용어를 비판하는 역사가도 더러 있다.

반유대주의

1878년에 언론인인 빌헬름 마르가 고안한 것이 확실해 보이는 이 개념은 오늘날 (기독교적, 사회적, 인종주의적) 모든 형태의 유대인에 대한 적대감을 뜻하거나 단지 '근대적인' 사회적, 인종주의적 원인의 반유대주의를 나타낸다. 이는 기독교의 반유다주의와 구분된다. 원래는 유대인에 대한 적대감을 의미하는 반유대주의는 틀린 개념이다. 반셈족주의는 셈족, 곧 셈어족에 속한 사람들에 대한 반감을 지칭한다. 히브리어 외에 아람어족과 근동의 여러 언어가 이 어족에 속한다.

복음주의

오늘날 모든 프로테스탄트 교회(와 자유교회) 내의 여러 흐름이 복음주의라고 표시되는데, 이 말은 복음서로 돌아간다는 뜻이다. 이들은 자유 신학(종종 다른 종교들, 특히 이슬람에 반대하는)에 반대하고, 문자적인, 곧 근본주의적인 성경 해석에 찬성하며, 특히 경건주의적인 생활의 변화를 주창했다. 그에 따라 상대적으로 젊은 개념인 복음주의는 종종 근본주의나 경건주의와 동일시되곤 한다.

부목사/여성 부목사

부목사와 여성 부목사는 복음주의 교회 내에서 (국가의 남녀 사법 연수생과 비슷하게) 1차 신학 시험에 합격한 이후에 앞으로 맡게 될 직분인 목사와 여성 목사로서 교육받는 남녀 신학자를 일컫는 말이다. 이 부목사의 교육 기간은 2차 신학 시험의 응시와 함께 종료된다. 그런 다음에 목사와 여성 목사의 임용은 안수식과 함께 이루어진다.

비숍(비상비숍)

비숍직(그리스어 episkopos로 감독을 뜻함)은 루터의 의지에 따라 원래는 복음주의 교회에 없었다(개혁교회에는 오늘날까지도 없음). 왜냐하면 복음주의 교회는 공동체 차원에서 자치적으로 관리해야 하기 때문이었다. 그러나 루터는 그 자신과 종교개혁을 지키기 위해, (복음주의적인) 제후들의 도움이 필요했다. 그에 따라 제후들은 최고위 비숍(summus episcopus) 직분으로 교회 관리를 맡게 되었다. 그러나 루터의 뜻에 따르라 그들은 비상비숍으로 이 역할을 단지 한시적으로 수행할 계획이었다. 그런데 이 임시제도가 그대로 굳어져버렸다. 그에 따라 지역 제후들이 총회의 도움을 받아 지역 제후의 교회정권으로서의 역할을 수행했다. 그 밖에 여러 루터파 교회에 비숍이 있었지만, 구프로이센 연합교회에는 더 이상 존재하지 않았다. 그러나 1945년 이후 이 교회뿐만 아니라 독일의 다른 복음주의 교회에는 대부분 비숍들이 남아 있다. 1980년대 이후부터는 여성 비숍들도 있다.

선교(이교도-유대인-집시-내지선교)

신약성경(무엇보다도 마태복음 28장 18-20절)에서 언급한 제자들에게 행한 예수의 선교 명령을 제시하면서 개신교는 18세기 이후부터 가톨릭교회의 뒤편이나 측면에서 그중에서도 다른 비기독교 종교 공동체의 일원이라 이해된 이른바 이교도들, 유대인들, 그리고 일시적으로 (가톨릭교도인) 로마인들까지도 선교했다. 다시 말해, 이는 프로테스탄트 신앙으로 개종시키려 하는 시도다.

19세기 중반 이후 교회가 운영하는 사회사업을 (오늘날까지) 내지선교라고 불렀다. 이교도 및 유대인 선교의 의미와 유용성, 그리고 종교적 정당성에 대해서는 1945년 이후에 교회 내부에서 격렬한 논쟁이 되었다. 그 결과, 적어도 유대인 선교는 여러 지역교회에서 중지되었다. 그럼에도 유대인 선교는 여러 복음주의 권역에서 (그리고 전체 가톨릭교회에 의해서!) 아직도 진행되고 있다.

성직 수여

한때는 복음주의 교회의 남녀 청년의 입교식을 뜻하는 용어로 성직 수여라는 단어가 사용되었다. 제3제국 시대에도 성직 수여는 2차 신학 시험 이후 고백교회의 목회 업무를 넘겨받은 여성 부목사들의 안수식을 뜻하는 대체 표현이었다. 그러나 여성 부목사들은 남성 부목사들과 달리 (2차 신학 시험 이후에) 목사직, 곧 여성 목사라고 표시되지 못했다.

순결한 교회

1933년 7월의 교회 선거에서 독일 기독교도(DC)가 다수를 획득하지 못한 나치 시대의 복음주의 지역교회가 '순결한 교회'라고 지칭되었다. 바이에른, 하노버, 뷔르템베르크 복음주의 지역 교회가 이에 해당한다. 이 교회들은 어쨌든 공식적인 제국교회에 속했지만, 1936년부터 그들의 대표자들은 고백교회의 고백의원총회에 참석했다.

아리안조항

1933년 4월 7일의 "공무원재건법"에 따르면, 여러 협회가 이른바 아리안조항을 그들의 정관에 받아들였다. 그 단체들은 '비아리안' 출신의 인사들을 축출하려고 했다. 최초의 복음주의 주교회였던 구프로이센 연합의 복음주의 교회는 1933년 9월 6일에 특히 과격한 아리안조항을 도입했다. 그 조항은 '비아리안' 기독교인의 해임뿐만 아니라 '비아리안' 인사들과 결혼한 사람들까지도 교회의 직무에서 해고한다고 규정했다.

악마/악마신앙

악마는 구약성경에서, 그리고 신약성경에서 더 빈번하게 여러 사람의 적대자로, 하나님과 아들 예수의 적대자로 나타난다. 이런 이중적인 악마신앙은 교부들에 의해서 계속 만들어졌다. 중세에는 악마가 육체적 형태를 갖는다고 생각함에 따라 악마는 세상의 모든 악에 대한 책임을 떠맡게 되었다. 악마의 대리자, 곧 이교도, 마녀, 유대인 등이 악마를 돕는다고 주장되었고, 그래서 이들은 교회와 세속적 권력에 의해 악마화했고 박해당했다. 악마신앙은 유대인, 마녀, 이교도와 기독교의 (이른바) 추가적인 적의 박해에 대한 이데올로기적 토대이자 원인 규명을 의미했다. 그런데도 루터는 악마신앙을 개혁하지 못했다. 20세기에 와서야 비로소 프로테스탄트 신학은 악마신앙을 극복하기 시작했다. 그럼에도 이런 노력은 프로테스탄트적 근본주의자들과 가톨릭 및 정통파 교회의 모든 대변인의 신랄한 비판에 부딪혔다. 프로테스탄트 기독교인들과는 달리 가톨릭과 정통파 교인들은 악마의 존재를 반드시 믿어야만 한다. 그러나 이는 받아들여지지 않고 있고, 세계교회의 공조를 어렵게 만든다. 악마신앙은 극복되어야 할 이데올로기다.

안수식

(라틴어 'ordinatio'로 임명을 뜻하는) 안수식은 복음주의 교회 내부에서 목사(1960년대 이후에는 여성 목사까지 포함)를 (지속적인) 교회 업무에 임명하는 (예배와 결합하지 않은) 축하 행사를 뜻한다. 일반적으로 목사직이나 (1960년대 이후에는) 여성 목사직을 받는 것과 관련되어 있다. 여러 복음주의 지역교회에서는 교회의 다른 직원들까지도 임명식과 함께 직분을 수행하게 된다. 이때 신학적으로 학습된 일반성도가 중요시된다.

의원총회

의원총회(그리스어 'synodos'로 모임을 뜻함)은 복음주의 교회에서 목사와 일반 성도들로 구성된 구역, 지역, 전국 차원의 대표기구다. 그것은 세속적인 의회와 비교될 수 있다. 이 의원총회는 통합교회의 총회와 대비되는데, 후자는 국가가 임명한 교회와 국가의 대표들이 참석한다.

장로

장로(그리스어 'presbyteros'로 노인을 뜻함)는 복음주의 자유 교회에서 선출된 공동체 위원이라고 불렸다. 이는 목회자들뿐만 아니라 일반 성도들도 될 수가 있다. 개혁교회와 부분적으로는 통합교회에서 선출된 공동체 위원은 일반 성도들이다. 공동위원회와 의원총회에서 선출되지 않은 목사들이 그들과 대립하는데, 그들이 대부분 의석의 절반을 차지한다.

제국비숍/제국교회

1933년 7월의 교회 선거에서 독일 기독교도(DC)가 승리한 후에 완성된 당시 29개의 복음주의 지역교회가 제국 전역의 독일 복음주의 교회(DEK)로 통합되면서 제국교회라고 불렀다. 1933년 9월 6일에 이 총회는 루트비히 뮐러가 제국비숍으로 선출되었다.

총회

(라틴어의 'consistorium'으로 모임을 뜻하는) 콘시스토리움은 종교개혁 이후 만들어진 교회의 관리청을 지칭한다. 지역 제후의 교회정권의 최고위 비숍(summus episcopus)에 의해 임명되고, 그들에게 돈을 받고 통제되는 교회의 관료들만이 이 기관에 속해 있었다.

최고위 비숍

복음주의 교회정권의 소지자가 최고위 비숍이라 불렸는데, 이는 종교개혁 동안에 루터에 의해 위임되었다. 원래 이 직위는 단지 일시적인 비상 해결책이었다. 따라서 최고위 비숍은 원래 단지 비상비숍이었다.

탈무드/토라

여러 세대의 랍비들이 히브리 성경의 모세 5경을 토라라고 명명했고, 6세기 이후부터 저술된 토라에 대한 해석과 주석을 탈무드라고 일컫는다.

통합교회

1817년 프리드리히 빌헬름 3세 프로이센 국왕에 의해 통합된 루터파 교회와 개혁교회가 (1867년부터) '구프로이센 연합교회'라고 불렸다. 1953년 이 교회는 '연합 복음주의 교회'로 명칭을 바꾸었다. 이러한 복음주의적인 통합교회 이외에 오늘날 우크라이나에는 가톨릭과 정통파 교회연합에 의해 탄생한 확장된 통합교회가 현재까지도 남아 있다.

형제위원회

형제위원회는 바름 고백교회 내부에서 바름 고백의원총회에 따라 공동체 차원에서 설립된 친밀한 지도부였다. 한층 더 넓은 교회 관리 차원에서 형제위원회가 하부 단위에서 위로 계속 생겨났는데, 제국형제위원회가 최고 상부 기관이 되었다. 1945년에 '제국'이라는 단어가 삭제되었다. 지금까지도 형제위원회라고 불렸던 예전의 제국형제위원회는 1948년까지 존속되었다.

주

머리말: 우리는 잘못된 길로 들어섰다

1. Helmut Ruppel · Ingrid Schmidt · Wolfgang Wippermann, "… stoßet nicht um weltlich Regiment?", *Ein Erzähl-und Arbeitsbuch vom Widerstehen im Nationalsozialismus*(Neukirchen, 1986), S.35 이하.
2. 프로테스탄티즘과 복음주의교회는 오랫동안 서로 바꿔 사용해온 개념이다. 전체 복음주의 교회의 모든 (성직자와 일반 성도) 교인들은 프로테스탄트로 표기되었다. 주 교회는 다시 루터파, 개혁파, 통합 교회파로 구분된다.
3. Terry Eagleton, *Ideologie. Eine Einführung*(Stuttgart 1993); Kurt Lenk, *Volk und Staat. Strukturwandel politischer Ideologien im 19. und 20. Jahrhundert*(Stuttgart, 1971).
4. Reinhart Koselleck, "Einleitung," in: Otto Brunner·Werner Conze·Reinhart Koselleck (Hrsg.), *Geschichtliche Grundbegriffe. Historisches Lexikon zur politisch-sozialen Sprache in Deutschland*, Bd.1(Stuttgart, 1972), S.XIV 이하.
5. Gerhard Hauck, *Einführung in die Ideologiekritik*(Hamburg, 1992); Lenk, *Volk und Staat*, S.20 이하.

6. 나는 이 성경구절을 신학자가 아닌 역사가로서 읽고 해석한다. 따라서 나는 신학적 해석을 뒤로하고 이데올로기 역사적 해석에 국한한다. 오늘날의 신학자들이 해석하는 식보다는 당대의 교회가 발췌해서 교인들에게 전달한 방식에 따라 성경은 역사적인 영향력을 끼쳤다.
7. 교회를 구교와 신교로 나누는 이러한 구분법은 확실히 가톨릭과 프로테스탄트 교도들의 비판을 받는다. 프로테스탄트들은 자신들의 교회가 훨씬 더 나은 교회라고 보고, 많은 가톨릭교도들은 프로테스탄트는 대체로 올바른 교회가 아니다.
8. 이 책에서 비판되는 교회의 몇몇 이데올로기는 교회사가뿐만 아니라 세속사가 진영에서도 제대로 다루어지지 않았다. 이는 무엇보다도 반집시주의의 경우에 적용된다. 그와는 달리 자주 다루어져온 교회의, 정확히 말하면, 기독교의 반유대주의는 도저히 참을 수 없는 방식으로 사면되었다.
9. 이러한 세속사가들의 몇몇 작업은 각주와 참고문헌에 언급해 놓았다. 나는 이 작업들과의 좀 더 가까운 대결은 피하고자 한다.
10. 이러한 교회사의 몇몇 작업들은 각주에서 좀 더 세밀하게 파고들고 있다. 이는 무엇보다도 루터와 유대인과의 관계와 교회의 투쟁에 대한 작업에 적용된다.
11. 이는 '교리 사역을 위한 연구소'와 '베를린 개신교 교육신학 연구소'에도 적용된다. 이곳에서 내가 오랫동안 수업을 진행할 수 있게 허락해준 동료 교수와 교리 교사에게 심심한 감사를 표하고 싶다. 특히 잉그리트 슈미트와 헬무트 루펠에게 특별히 감사한 마음을 전한다. 나는 그분들과 함께 여러 종교교육학 관련 출판물들을 저술할 수 있었다. 교회사와 종교사에 관련된 나의 다른 작업들은 참고문헌에 포함시켰다.
12. 악마 신앙과 근본주의에 대한 비판은 Wolfgang Wippermann, *Rassenwahn und Teufelsglaube*(Berlin, 2005); ders., *Fundamentalismus. Radikale Strömungen in den Weltreligionen*(Freiburg, 2013)를 보라.
13. 부득이하게 사용할 수밖에 없는 교회사 및 신학에 관련된 몇 가지 전문 개념은 부록에서 설명한다.

1장. 사람보다 하나님을 더욱 섬기라 — 교회와 국가

1. 나는 이 책에서 루터의 성경번역본을 인용했다. 내가 그 번역본을 최고라고 생각해서라기보다는 그것이 역사적으로 가장 중요하고 가장 많은 영향력을 행사했기 때문이다.
2. 이 주제에 대해서는 꽤 많은 (신학적) 저서가 있다. 그와 달리 이러한 당국에 대한 충성

심, 정확히 말하면, 권위주의 이데올로기에 대한 이데올로기 비판적 연구는 드물다. 그래서 나는 이 장에서 오히려 정치사적인 접근 방식을 선택했고, 정확히 말하면 선택해야만 했다. 그에 따라 다음 장에서 다루어지는 많은 이데올로기들은 아래에서 아주 간략하게 요약된 교회의 정치사적 배경에서 해석된다.

3. 이 문제에 대해서는 아래를 참고하라. Karl Kupisch, *Kirchengeschichte*, Bd.1-4(Stuttgart, 1974). 교회사와 세속사 진영에서 출판한 엄청난 작품들에 대한 추가적인 언급은 하지 않겠다.

4. 루터와 아래에서 또 간략하게 다루어진 종교개혁에 대해서는 Heinrich Lutz, *Reformation und Gegenreformation*(München, 2002); Bernd Möller, *Deutschland im Zeitalter der Reformation*(Göttingen, 1999); Olaf Mörke, *Die Reformation. Voraussetzungen und Durchführung*(München, 2005); Heiko A. Oberman, *Die Reformation. Von Wittenberg nach Genf*(Göttingen, 1986); ders., *Luther. Mensch zwischen Gott und Teufel*(Berlin, 1987); Luise Schorn-Schütte, *Die Reformation. Vorgeschichte, Verlauf, Wirkung*(München, 1996)를 참고하라.

5. Kupisch, *Kirchengeschichte*, Bd.3.

6. Wolfgang Wippermann, *Preußen. Kleine Geschichte eines großen Mythos*(Freiburg, 2011).

7. Kupisch, *Kirchengeschichte*, Bd.4.

8. 이 문제와 일반적인 교회법에 대해서는 Gerhard Besier, *Preußischer Staat und Evangelische Kirche in der Bismarckära*(Gütersloh, 1980)를 참고하라.

9. Martin Greschat, *Protestanten in der Zeit. Kirche und Gesellschaft in Deutschland im Kaiserreich bis zur Gegenwart*(Stuttgart, 1994).

10. 바이마르공화국 시기의 교회에 대해서는 Hans Prolingheuer, *Kleine politische Kirchengeschichte*(Köln, 1984); Klaus Scholder, *Die Kirchen und das Dritte Reich*, Bd.1(Frankfurt/M., 1977)를 참고하라.

11. 히틀러가 제국총리에 임명된 후에 이 경고는 철회되었다. 중앙당은 통수권법에 동의했고, 곧장 자진 해체했다. 이는 1933년 7월 20일 교황과 히틀러와 맺은 협약의 대가였다.

12. 여기에 대해서는 Kurt Meier, *Die Deutschen Christen*(Halle, 1967)를 참고하라. 그리고 한층 비판적인 연구서로는 Ernst Klee, "Die SA Jesu Christi." *Die Kirchen im Banne Hitlers*(Frankfurt/M., 1989)를 참고하라.

13. "Richtlinien der "Glaubensbewegung Deutsche Christen" vom 26. Mai 1932",

Georg Denzler · Volker Fabricius, *Die Kirchen im Dritten Reich*, Bd.1-2(Frankfurt/M., 1984), Bd.2, S.37~39에서 재인용.

14. 나치시대의 교회사에 관한 간략한 소개서는 Prolingheuer, *Kleine politische Kirchengeschichte*; Scholder, *Die Kirchen und das Dritte Reich*, Bd.2; Kurt Meier, *Der Evangelische Kirchenkampf*, Bd.1-3(Halle, 1976~1984)를 참고하라. 이데올로기 비판적인 연구는 Jan Rehmann, *Kirchen im NS-Staat*(Berlin, 1986)를 보라.
15. "Kirchengesetz der Evangelischen Kirche der Altpreußischen Union vom 6. September 1933", Denzler · Fabricius, *Kirchen im Dritten Reich*, Bd.2, S.76.
16. "Entschließung der Glaubensbewegung Deutsche Christen des Gaues Groß-Berlin vom 13. November 1933", Denzler · Fabricius, *Kirchen im Dritten Reich*, Bd.2, S.88 이하.
17. Ruppel · Schmidt · Wippermann, "stoßet nicht um weltlich Regiment", S.25~28에서 재인용.
18. Joachim Beckmann(Hrsg), *Kirchliches Jahrbuch für die Evangelische Kirche in Deutschland 1933~1944*(Gütersloh, 1948), S.133 이하.
19. Beckmann(Hrsg.), *Kirchliches Jahrbuch*, S.263 이하.
20. 여기에 대해서는 본문 4장을 참고하라.
21. (오늘날의 관점에서) 양 교회가 나치의 인종전쟁에 대해 취한 태도는 거의 스캔들 수준이었다. 이에 대해서는 Heinrich Missalla, *Für Volk und Vaterland. Kirchliche Kriegshilfe im Zweiten Weltkrieg*(Königstein, 1978). 그리고 본문 2장을 참고하라.
22. Hartmut Ludwig, *Die Opfer unter dem Rad verbinden. Das Büro "Pfarrer Grüber". Blinkzeichen der Hoffnung*(Neukirchen, 1993).
23. Beckmann, *Kirchliches Jahrbuch*, S.399 이하.
24. Martin Greschat(Hrsg.), *Im Zeichen der Schuld. 40 Jahre Stuttgarter Schuldbekenntnis. Eine Dokumentation*(Neukirchen-Vluyn, 1985), S.45 이하.
25. 이에 대해서는 Armin Boyens, *Kirche in der Nachkriegszeit*(Göttingen, 1976); Frederic Spotts, *Kirchen und Politik in Deutschland*(Stuttgart, 1976); Prolingheuer, *Kleine politische Kirchengeschichte*.
26. Hans Georg Fischer, *Evangelische Kirche und Demokratie nach 1945. Ein Beitrag zum Problem der politischen Theologie*(Lübeck, Hamburg, 1970).
27. Gerhard Besier, *Der SED-Staat und die Kirche*, Bd.1-3(Berlin, 1993~1996); Günter

Heydemann · Lothar Kettenacker(Hrsg.), *Kirchen in der Diktatur*(Göttingen, 1993); Ehrhart Neubert, *Geschichte der DDR-Opposition*(Berlin, 1997).

28. Besier, *Der SED-Staat und die Kirche*, Bd.1, S.278.
29. Ebenda, S.311 이하.
30. Besier, *Der SED-Staat und die Kirche*, Bd.2, S.55 이하.
31. Ebenda, S.243 ff.
32. 본문 2장을 참고하라.
33. 이에 대한 날카로운 비판에 대해서는 Besier, *Der SED-Staat und die Kirche*. 그와는 달리 이에 대한 긍정적인 비판에 대해서는 Erhart Neubert, *Eine protestantische Revolution*(Berlin, 1990).
34. Neubert, *Eine protestantische Revolution*.

2장. 너희 원수를 사랑하라 — 교회와 전쟁

1. 전쟁과 평화의 문제에 대한 신학적 연구는 매우 많다. 그러나 교회가 주전주의 이데올로기를 비판적으로 다루는 작업과 평화주의에 대한 가치평가가 부족하다. 이 주제에 대한 역사는 대부분 세속사가들이 썼다. 이에 대해서는 무엇보다도 Karl Holl, *Pazifismus in Deutschland*(Frankfurt/M., 1988).
2. Wolfgang Wippermann, "Lizenz zum Töten. Kreuzzüge im Mittelalter und Moderne", *Evangelische Kommentare* 2(1997), S.90~92; Wippermann, *Fundamentalismus*.
3. Martin Luther, "An die Herren deutsch Ordens, dass sie falsche Keuschheyt meyden und zur rechten ehelichen Keuschheyt greifen," D. Martin Luthers Werke, *Weimarer Ausgabe*(WA로 축약함), Bd.12, S.232~244.
4. Martin Luther, "Ob Kriegsleute im seligen Stand sein können. Ich zitiere aus der sprachlich modernisierten Fassung", http://www.glaubensstime.de/doku.php?id= autoren:l: Luther.
5. Ebenda, S.5.
6. Ebenda, S.18.
7. Ebenda, S.27 이하.
8. Immanuel Kant, "Zum ewigen Frieden. Ein philosophischer Entwurf(1795)",

Immanuel Kant, *Zum ewigen Frieden und andere Schriften*(Frankfurt/M., 2008).
9. Holl, *Pazifismus*.
10. Wolfgang Huber · Johannes Schwerdtfeger(Hrsg.), *Kirche zwischen Krieg und Frieden. Studien zur Geschichte des deutschen Protestantismus*(Stuttgart, 1976); Martin Greschat, "Krieg und Kriegsbereitschaft im deutschen Protestantismus", Jost Dülffer · Karl Holl, *Bereit zum Krieg. Kriegsmentalität im Wilhelminischen Deutschland, 1890~1914*(Göttingen, 1986), S.33~55.
11. Ernst Moritz Arndt, *Versuch in vergleichender Völkergeschichte*(Leipzig, 1843), S.418.
12. Horst Zillessen, *Volk-Nation-Vaterland. Der deutsche Protestantismus und der Nationalismus*(Gütersloh, 1971).
13. 이에 대해서는 Wolfgang Wippermann, *Denken statt denkmalen. Gegen den Denkmalswahn der Deutschen*(Berlin, 2010), S.61 이하.
14. 에밀 프롬멜의 연설은, 1930년 9월 30일, 독일군이 슈트라스부르크에 진군했을 때, 성 토마스교회에서 있었다. Karl Hammer, *Krieg und Frieden*(Freiburg, 1972), S.140~154. 그리고 Karl Hammer, *Deutsche Kriegstheologie 1870~1918*(München, 1971)도 참고하라.
15. Vortrag Pastor Friedrich v. Bodelschwinghs vom 27. Juni 1871. 이는 내지선교를 위한 라인-베스트팔렌 지역위원회가 출간하고 준비하였다. Hammer, *Krieg und Frieden*, S.164~168.
16. Wilhelm Pressel, *Die evangelische Kriegspredigt im Ersten Weltkrieg 1914 bis 1918*(Göttingen, 1968).
17. Martin Rade, "Alles Volk in die Schützengräben", Hammer, *Krieg und Frieden*, S.244 이하.
18. "Allgemeine Evangelisch-Lutherische Kirchenzeitung, 7. August 1914", Hammer, *Krieg und Frieden*, S.285.
19. "Der Evangelische Oberkirchenrat in Berlin am 11. August 1914 an die Geistlichen und Gemeinde-Kirchenräte", Hammer, *Krieg und Frieden*, S.211.
20. Hammer, *Krieg und Frieden*, S.219.
21. Dietrich Vorwerk, "Darf der Christ hassen?, Die Reformation 1914", Hammer, *Krieg und Frieden*, S.292 이하에서 재인용.

22. 이날은 1952년부터 첫째 대강절 전 둘째 일요일과 이른바 죽음의 일요일 전에 치러졌다.
23. Ruppel · Schmidt · Wippermann, "stoßet nicht um weltlich Regiment", S.31 이하.
24. Eberhard Röhm, Sterben für den Frieden. Spurensuche Hermann Stöhr(Stuttgart, 1985).
25. Ruppel · Schmidt · Wippermann, "stoßet nicht um weltlich Regiment", S.34.
26. Johann Vogel, Kirche und Wiederbewaffnung. Die Haltung der Evangelischen Kirche in Deutschland in den Auseinandersetzungen um die Wiederbewaffnung der Bundesrepublik 1949~1955(Göttingen 1978).
27. "Gebt Gott recht" – Erklärung des Bruderrates vom 14. Oktober 1949.
28. 1945년 이후의 평화운동에 대해서는 Lorenz Knorr, Geschichte der Friedensbewegung in der Bundesrepublik(Köln, 1983); Uli Jäger · Michael Schmid-Vöhringer, "Wir werden nicht Ruhe geben...", Die Friedensbewegung in der Bundesrepublik Deutschland 1945~1982. Geschichte, Dokumente, Perspektiven(Köln, 1982); Rüdiger Schmitt, Die Friedensbewegung in der Bundesrepublik Deutschland. Ursachen und Bedingungen der Mobilisierung einer neuen sozialen Bewegung(Opladen, 1990).
29. 이 단체는 예전에 고백교회 교인이었던 로타르 크라이지히가 창립하였다. 그는 이른바 유전병자 살인을 공개적으로 비판했다. 크라이지히에 대해서는 Susanne Willems, Lothar Kreyssig. Vom eigenen verantwortlichen Handeln(Berlin, 1996).
30. 동독의 평화운동에 대해서는 Neubert, Geschichte der DDR-Opposition. 그에 대한 비판적 평가에 대해서는 Besier, Der SED-Staat und die Kirche, Bd.2를 참고하라.
31. Wippermann, Denken statt denkmalen, S.139 이하.

3장. 맘몬을 섬기지 마라 — 교회와 자본

1. 이 부분은 신학 연구를 통해서 잘 알려졌다. 마찬가지로 맘몬주의를 비판적으로 다룬 이데올로기의 역사에 관한 연구가 부족하다. 내가 아는 선에서 본다면, 세속사가 중에서도 이 연구를 출간한 적이 없다. 이에 대해서는 Rainer Kessler · E. Loos(Hrsg.), Eigentum, Freiheit und Fluch. Ökonomische und biblische Entwürfe(Gütersloh, 2000).
2. John T. Noonan, The Scholastic Analysis of Usury(Cambridge, 1957).

3. Wolfgang Wippermann, *Agenten des Bösen. Verschwörungstheorien von Luther bis heute*(Berlin, 2007), S.47 이하.
4. Eric Kerridge, *Usury, Interest and the Reformation*(Aldershot, 2002).
5. Martin Luther, "Sermon von dem Wucher", *WA* Bd.6.
6. Ebenda, S.47, 57.
7. 이에 대해서는 본문 4장을 참고하라.
8. Wilhelm Weitling, "Das Evangelium des armen Sünders, 1846", Wolf Schäfer(Hrsg.), *Wilhelm Weitling, Das Evangelium des armen Sünders – Die Menschheit, wie sie ist und wie sie sein sollte*(Reinbek, 1971).
9. Wolf Schäfer, *Die unvertraute Moderne. Historische Umrisse einer anderen Natur und Sozialgeschichte*(Frankfurt/M., 1985), S.19.
10. Weitling, *Evangelium des armen Sünders*, S.140.
11. Karl Marx · Friedrich Engels, "Manifest der Kommunistischen Partei", *Marx/Engels Werke* 4, S.482.
12. 사회주의와 교회에 대해서는 Johannes Kandel, "Verhältnis zu Kirchen und Religionsgemeinschaften", Thomas Meyer·Susanne Miller·Joachim Rohlfes(Hrsg.), *Lern- und Arbeitsbuch deutsche Arbeiterbewegung. Darstellung, Chroniken, Dokumente*, Bd.1-3(Bonn, 1984), Bd.3, S.337~372. 교회와 사회주의에 대해서는 Günter Brakelmann, *Die soziale Frage des 19. Jahrhunderts*(Witten, 1979); ders.: *Kirche und Sozialismus im 19. Jahrhundert. Die Analyse des Sozialismus und Kommunismus bei Johann Hinrich Wichern und bei Rudolf Todt*(Witten, 1966).
13. "Flugschrift des Bundes der Kommunisten 1848", *Marx/Engels Werke*, 5, S.4: "교회와 국가의 완벽한 분리. 모든 종파의 성직자들은 오로지 그들의 자발적인 교구에 의해 봉급이 지급될 것이다."
14. "Eisenacher Programm der Sozialdemokratischen Arbeiterpartei 1869", Dieter Dowe · Kurt Klotzbach(Hrsg.), *Programmatische Dokumente der deutschen Sozialdemokratie*(Berlin, 1973), S.167: "교회와 국가의 분리, 학교와 교회의 분리"의 문제는 "Gothaer Programm der Sozialistischen Arbeiterpartei Deutschlands, 1875", Ebenda, S.173: "사적인 것에 대한 종교의 성명서."
15. Jochen-Christoph Kaiser, *Evangelische Kirche und sozialer Staat. Diakonie im 19. und 20. Jahrhundert*(Göttingen, 2008).

16. Brakelmann, *Kirche und Sozialismus im 19. Jahrhundert*.
17. J.H. Wichern, *Die Innere Mission der deutschen evangelischen Kirche, eine Denkschrift an die deutsche Nation im Auftrage des Centralausschusses für die Innere Mission*(Berlin, 1849).
18. Ebenda, S.30.
19. Ebenda, S.111, 109.
20. 토트에 대해서는 Brakelmann, *Kirche und Sozialismus*.
21. Rudolf Todt, *Der radikale deutsche Sozialismus und die christliche Gesellschaft*(Wittenberg, 1878), S.33.
22. Adolf Stoecker, *Das moderne Judentum, besonders in Berlin*(Berlin, 1880), S.18 이하.
23. Ebenda, S.39.
24. Renate Breipohl, *Religiöser Sozialismus und bürgerliches Geschichtsbewusstsein zur Zeit der Weimarer Republik*(Zürich, 1971); Friedrich-Martin Balzer, *Klassengegensätze in der Kirche. Erwin Eckert und der Bund der Religiösen Sozialisten*(Köln, 1973). 많은 사료가 실려 있어서 매우 유용한 연구는 Johannes Kandel, "Theorien der Arbeiterbewegung in der Weimarer Republik-Religiöser Sozialismus", Meyer · Miller · Rohlfes(Hrsg.), *Lern- und Arbeitsbuch deutsche Arbeiterbewegung*, Bd.2, S.455~497.
25. Kandel, *Theorien der Arbeiterbewegung*, S.469.
26. 기독교적 동기에 따른 저항에 대한 일반적인 연구는 Ruppel · Schmidt · Wipperman, "stoßet nicht um weltlich Regiment."
27. Paul Tillich, "Grundlinien des religiösen Sozialismus", *Blätter für Religion und Sozialismus* 4(1923), S.19.
28. Paul Tillich, "Zehn Thesen(1932)", Georg Denzler · Volker Fabricius(Hrsg.), *Die Kirchen im Dritten Reich. Christen und Nazis Hand in Hand?*, Bd.2(Frankfurt/M., 1984), S.35 이하에서 재인용.
29. Besier, *Der SED-Staat und die Kirche*, Bd.2, S.62.
30. Ebenda, S.51~55.
31. Theodor Strohm, *Kirche und Demokratischer Sozialismus*(Tübingen, 1968).
32. Kandel, "Verhältnis zu Kirchen und Religionsgemeinschaften", *Lern- und Arbeitsbuch deutsche Arbeiterbewegung*, Bd.2, S.367 이하.

4장. 악마의 자식들 — 교회와 반유대주의

1. 유대인의 악마화에 대한 수용의 역사에 대해서는 Joshua Trachtenberg, *The Devil and the Jews. Medieval Conception of the Jews and its Relation to Modern Antisemitism*(Philadelphia, 1961). 그리고 Wippermann, *Rassenwahn und Teufelsglaube*도 참고하라. 나는 이 책에서 기독교적 악마신앙이 기독교적 반유대주의의 이데올로기적 토대가 된다고 설명하고자 했다.
2. 이에 대해서는 Karl Heinrich Rengstorf · Siegfried v. Kortzfleisch(Hrsg.), *Kirche und Synagoge. Handbuch zur Geschichte von Christen und Juden*, Bd.1-2(Stuttgart, 1970); 개정판(München, 1988) 그리고 Simon M. Dubnow, *Weltgeschichte des jüdischen Volkes von seinen Ursprüngen bis zur Gegenwart*, Bd.1-10(Berlin, 1925-1929); Léon Poliakov, *Geschichte des Antisemitismus*, Bd.1-8(Worms, 1977-1988); Alex Bein, *Die Judenfrage. Biographie eines Weltproblems*, Bd.1-2(Stuttgart, 1980); Jacob Katz, *Vom Vorurteil bis zur Vernichtung. Der Antisemitismus 1700~1993*(München, 1988)를 참고하라.
3. 마태복음 13장, 15장, 로마서 11장, 7장, 9장.
4. 이에 대해서는 Rainer Erb(Hrsg.), *Die Legende vom Ritualmord. Zur Geschichte der Blutbeschuldigung gegen die Juden*(Berlin, 1993).
5. 이 사건을 아주 구체적으로 설명한 Dubnow, *Weltgeschichte des jüdischen Volkes*, Bd.5, S.159 이하와 비교해보라.
6. "Urkunde Friedrichs II. vom Juli 1236", Guido Kisch, *Forschungen zur Rechts- und Sozialgeschichte der Juden in Deutschland während des Mittelalters*(Zürich, 1955), S.260.
7. 이에 대해서는 Rengstorf · v.Kortzfleisch(Hrsg.), *Kirche und Synagoge*, Bd.1, S.279 이하; Battenberg, *Das europäische Zeitalter*, S.180 이하; Heiko A. Oberman, *Wurzeln des Antisemitismus. Christenangst und Judenplage im Zeitalter von Humanismus und Reformation*(Berlin, 1981).
8. "Auszüge aus Reuchlins Gutachten", Höxter, *Quellenbuch*, Bd.4, S.81~83.
9. "Brief Luthers vom Februar 1514 an Georg Spalatin", *WA Briefe*, S.23. 현대어본은 Martin Bienert, *Martin Luther und die Juden. Ein Quellenbuch mit zeitgenössischen Illustrationen, mit Einführungen und Erläuterungen*(Frankfurt/M.,

1982), S.28~30.
10. 이에 대해서는 Peter von der Osten-Sacken, *Martin Luther und die Juden. Neu untersucht anhand von Anton Margarithas "Der gantz Jüdisch glaub"*(1530/31)(Stuttgart, 2002).
11. Bienert, *Luther und die Juden*, S.188.
12. Martin Luther, "Dictata super Psalterium", WA 3, S.296.
13. Martin Luther, "Daß Jesus Christus ein geborener Jude sei", WA 11, S.314~336.
14. 1520년에 출간된 루터의 「성모 마리아 찬가의 독일본 해제」(WA 7. S.544~604)에 따르면, "그들(유대인들)에게 진실을 말하려 하나, 그들이 원하지 않는다면, 그냥 내버려두라."(S.601) 이로써 루터가 선교 명령을 유대인들에게까지 적용하는 것을 포기했는지는 의문의 여지가 많다. 어쨌거나 그는 이런 제안을 두 번 다시 반복하지는 않았다.
15. Martin Luther, "Vier tröstliche Psalmen an die Königin zu Ungarn", WA 19, S.595~613.
16. 라틴어 문장은 WA 42, S.447~451에 실려 있다. 18세기 중반 요한 게오르크 발크에 의해 완성된 독일어 번역본은 *Dr. Martin Luthers sämtliche Schriften*, Bd.1(St. Louis, 1880~1910)에 실려 있다.
17. Martin Luther, "Wider die Sabbather an einen guten Freund", WA 50, S.312~337.
18. *Ebenda*, S.314.
19. *Ebenda*, S.336.
20. *Ebenda*, S.335.
21. 이에 대해서는 Deppermann, *Judenhaß und Judenfeindschaft im frühen Protestantismus*, S.121.
22. Martin Luther, "Von den Juden und ihren Lügen", WA 53, S.417~552.
23. *Ebenda*, S.427
24. *Ebenda*, S.514.
25. Martin Luther, "Vom Schem Hamphoras und vom Geschlecht Christi", WA 53, S.579~648, S.613.
26. Luther, "Von den Juden und ihren Lügen", WA 53, S.417~552.
27. 이러한 요구는 루터의 마지막 설교에 나오는데, 루터는 탈진 때문에 끝내지 못했다. WA 51, S.195.
28. 매우 날카롭고 올바른 비판 논문인 Martin Stöhr, "Luther und die Juden",

Evangelische Theologie 20(1960), S.157~182과도 비교해보라. "신학적 개념이나 신앙적 언어로 그렇게 멋진 묘기를 부릴 줄 아는 사람은 없다. 루터의 '날선 자비', 다시 말해, 그의 자비는 '수정의 밤' 제안으로 이루어져 있다."(S.175)

29. Wolfgang Wippermann, "Diabolischer Antisemitismus. Luther, der Teufel und die Juden", Vito Palmieri · Helmut Ruppel · Ingrid Schmidt · Wolfgang Wippermann (Hrsg.), Durch den Horizont sehen. Lernen und Erinnern im interreligiösen Dialog(Berlin, 2005), S.113~119.

30. 유대인 혐오적인 루터의 저작의 수용 문제에 대해서는 Osten-Sacken, Martin Luther und die Juden, S.271 이하.

31. 이에 대해서는 Paul Gerhard Aring, Christen und Juden heute – und die "Judenmission"?. Geschichte und Theologie protestantischer Judenmission in Deutschland, dargestellt und untersucht am Beispiel des Protestantismus im mittleren Deutschland(Frankfurt/M., 1987); Christopher Clark, The Politics of Conversion. Missionary Protestantism and the Jews in Prussia 1728~1941(Oxford, 1995)와 비교해보라.

32. Johann Jakob Schudt, Jüdische Merkwürdigkeiten IV. Theil(Frankfurt/M., 1717), 2, S.331.

33. Johann Andreas Eisenmenger, Entdecktes Judenthum zweyter Theil(Königsberg, 1718), S.447. 제목부터 루터에 의해 개혁되지 않고 과격해진 종교적 반유대주의의 영향을 드러낸다. "발견된 유대인(성) 또는 철저한 진실 보고서/완악한 유대인이 어떤 방식으로 거룩하고 거룩하신 삼위일체이신 하나님을/기타 등등/무서울 정도로 모독하고 욕보이고/그리스도의 성모를 거부하고/신약성서/복음서와 사도들/기독교를 온통 조롱하고/기독교 전체를 최고로 경멸하고 저주한다."

34. Christian Wilhelm von Dohm, Über die bürgerliche Verbesserung der Juden(Lemgo, 1781).

35. 이에 대해서는 Rainer Erb · Werner Bergmann, Die Nachtseite der Judenemanzipation. Der Widerstand gegen die Integration der Juden in Deutschland 1780 ~1860(Berlin, 1989)와 비교해보라.

36. Michael Ley, Genozid und Heilserwartung. Zum nationalsozialistischen Mord am europäischen Judentum(Wien, 1991), S.90에서 재인용. 볼테르에 대해서는 Katz, Vom Vorurteil bis zur Vernichtung, S.43 이하.

37. Ley, *Genozid und Heilserwartung*, S.93에서 재인용. 칸트에 대해서는 Katz, *Vom Vorurteil bis zur Vernichtung*, S.70 이하.
38. Rengstorf · v. Kortzfleisch(Hrsg.), *Kirche und Synagoge*, Bd.2, S.149에서 재인용. 헤르더에 대해서는 Katz, *Vom Vorurteil bis zur Vernichtung*, S.64 이하.
39. Ley, *Genozid und Heilserwartung*, S.94에서 재인용.
40. Johann Gottlieb Fichte, "Beitrag zur Berichtigung der Urtheile des Publikums über die französische Revolution", J. G. Fichte, *Gesamtausgabe*, Bd.I, 1(Stuttgart, 1964), S.292. 그리고 사울 아셔의 항변과도 비교해보라. Saul Ascher, *Eisenmenger der Zweite. Nebst einem vorangesetzten Sendschreiben an den Herrn Professor Fichte in Jena*(Berlin, 1794).
41. 이에 대해서는 Wolfgang Wippermann, "Was ist Rassismus? Ideologien, Theorien, Forschungen", Barbara Danckwortt u.a.(Hrsg.), *Historische Rassismusforschung. Ideologen-Täter-Opfer. Mit einer Einleitung von Wolfgang Wippermann* (Hamburg, 1995), S.9~33.
42. Christoph Meiners, *Geschichte der Menschheit*(Lemgo, 1785).
43. Christoph Meiners, "Ueber die Natur der morgenländischen Völker", *Göttingisches Historisches Magazin* VII(1790), S.384~455.
44. Christoph Meiners, *Über den Handel und die Gewerbe, die Nahrung und Kleidung, über das häusliche und gesellige Leben der Völker des Mittelalters*(1792), Friedrich Lotter, "Christoph Meiners und die Lehre von der unterschiedlichen Wertigkeit der Menschenrassen", Hartmut Boockmann · Hermann Wellenreuther(Hrsg.), *Geschichtswissenschaft in Göttingen. Eine Vorlesungsreihe*(Göttingen, 1987), S.30~75, S.54에서 재인용.
45. Meiners, *Ueber die Natur der morgenländischen Völker*, S.454 이하.
46. Wilhelm Marr, *Der Sieg des Judentums über das Germanentum*(Berlin, 1879).
47. 무엇보다도 Reinhard Rürup, *Emanzipation und Antisemitismus. Studien zur "Judenfrage" in der bürgerlichen Gesellschaft*(Göttingen, 1975).
48. 이러한 역사가로 Bein, *Die Judenfrage*; Katz, *Vom Vorurteil bis zur Vernichtung*; Poliakov, *Geschichte des Antisemitismus*이 있다.
49. Ernst Moritz Arndt, *Blick aus der Zeit auf die Zeit*(Frankfurt/M., 1814), S.188 이하. 아른트는 유대인들이 나폴레옹에 의해 베스트팔렌 왕국과 마찬가지로 서독 지역으로 유

입되었기 때문에 유대인의 해방을 거부했다. 그리고 아른트에게 나폴레옹은 '지옥 보좌 위의 악마'이고 '흑암의 지배자'였다. Ley, *Genozid*, S.116에서 재인용.

50. Jakob Friedrich Fries, *Ueber die Gefährdung des Wohlstandes und Charakters der Deutschen durch die Juden*(Berlin, 1816), S.18. 유대인에게 노란색 식별 표시를 하게 했던 중세의 관습을 다시 도입하자는 제안도 프리즈에게서 나온다. Ley, *Genozid*, S.120와 비교해보라.

51. Richard Wagner, "Aufklärungen über das „Judentum in der Musik"(1869년 1월 1일 마리아 무하노프 부인(태명: 네셀로데 백작부인)에게 보낸 문건), Richard Wagner, *Gesammelte Schriften und Dichtungen*, Bd.8(Leipzig, 1873), S.322.

52. Richard Wagner, "Erkenne dich selbst(1881)", *Gesammelte Schriften*, Bd.14(Leipzig, 1914), S.190.

53. Wilhelm Marr, "Der Sieg des Judentums über das Germanentum(1879)", Höxter, *Quellenbuch*, Bd.5, S.143 이하.

54. Adolf Stöcker, "Das moderne Judentum in Deutschland, besonders in Berlin, Berlin 1880", Höxter, *Quellenbuch*, Bd.5, S.142.

55. Haag, *Teufelsglauben*, S.486 이하와 비교해보라.

56. Adolf Hitler, *Mein Kampf. Zwei Bände in einem Band. Ungekürzte Ausgabe*, 102. Auflage(München, 1934), S.70. 히틀러의 멘토였던 디트리히 에카르트도 자신의 반유대주의-반볼셰비즘적인 투쟁 저작을 쓰면서 기독교의 반유대주의 동기를 많이 이용했다. Dietrich Eckart, *Der Bolschewismus von Moses bis Lenin. Zwiegespräche zwischen Adolf Hitler und mir*(München, 1924).

57. Wolfgang Gerlach, *Als die Zeugen schwiegen. Bekennende Kirche und die Juden*(Berlin, 1987).

58. 디트리히 본회퍼는 예외인데, 1934년 8월에 발표한 그의 논문 「교회의 아리안 구절」은 나치의 유대인정책을 전부 비판했다. Denzler · Fabricius, *Die Kirchen im Dritten Reich*, Bd.2, S.74를 참고하라.

59. "Kirchengesetz der Evangelischen Kirche der altpreußischen Union vom 6. September 1933", Denzler · Fabricius, *Die Kirchen im Dritten Reich*, Bd.2, S.76.

60. "Entschließung der „Glaubensbewegung Deutsche Christen" des Gaus Groß-Berlin vom 13. November 1933", ebenda, S.88.

61. "Denkschrift der Vorläufigen Leitung der Deutschen Evangelischen Kirche vom

28. Mai 1936", *ebenda*, S.99~103.
62. "Buß- und Bettagspredigt Pfarrer Julius von Jan vom 16. November 1938", *ebenda*, S.208~210.
63. "Aufruf des Landeskirchenrates der Thüringer evangelischen Kirche zum Buß- und Bettag 1938", Gerlach, *Als die Zeugen schwiegen*, S.236 이하.
64. "Godesberger Erklärung vom 31. Mai 1939", Prolingheuer, *Kleine politische Kirchengeschichte*, S.190.
65. 몇 안 되는 예외적인 경우는 위에서 이미 언급한 디트리히 본회퍼의 논문이다. Dietrich Bonhoeffer, *Der Arierparagraph in der Kirche*.
66. Beckmann, *Kirchliches Jahrbuch*, S.380~383.
67. 그뤼버의 사무실에 대해서는 Ludwig, *Die Opfer unter dem Rad verbinden*을 보라.
68. 이에 대해서는 본문 6장을 참고하라.
69. 이에 대해서는 Jochen-Christoph Kaiser, "Evangelische Judenmission im Dritten Reich", Jochen-Christoph Kaiser · Martin Greschat(Hrsg.), *Der Holocaust und die Protestanten. Analyse einer Verstrickung*(Frankfurt/M., 1988), S.186~215; Wolfgang Wippermann, "'Synagoge mit Christentünche.' Ein unbekannter Ort in der Kastanienallee 22 im Berliner Bezirk Prenzlauer Berg", Palmieri · Ruppel · Schmidt · Wippermann(Hrsg.), *Durch den Horizont sehen*, S.188~192; Wippermann, *Kirche im Krieg*.
70. Clemens Vollnhals, *Evangelische Kirche und Entnazifizierung. Die Last der nationalsozialistischen Vergangenheit*(München, 1989).
71. 행동 속죄표시와 창립자인 로타르 크라이지히에 대해서는 Susanne Willems, *Lothar Kreyssig: Vom eigenen verantwortlichen Handeln*(Berlin, 1996); Gabriele Kammerer, *Aktion Sühnezeichen Friedensdienste*(Göttingen, 2008).
72. 유대인 박해와 홀로코스트에 대한 교회의 반응에 대한 지속적인 논의에 대해서는 Jochen-Christoph Kaiser · Martin Greschat(Hrsg.), *Der Holocaust und die Protestanten. Analyse einer Verstrickung*(Frankfurt/M., 1988).
73. Wolfgang Wippermann, "Von Luther bis Hitler? Der deutsche Protestantismus und die Judenfrage", Evangelisches Bildungswerk Berlin(Hrsg.), *Wirkungen der Reformation*(Berlin, 1984), S.31~45.
74. Daniel Jonah Goldhagen, *Die katholische Kirche und der Holocaust. Eine*

Untersuchung über Schuld und Sühne(Berlin, 2002).

5장. 엠스란트의 빗자루 — 교회와 반집시주의

1. '로마(Roma)'(로만어의 롬은 사람을 뜻함)는 전체 민족을 뜻하는 국제적으로 사용되는 공식 표기인데, 독일에서 사는 사람들은 '신티와 로마'로 표기되고 있다. 15세기 초반에 독일에 유입된 첫 번째 로마인들은 '신티인'에 속해 있었기 때문에 이러한 이중 표기가 통용되었다. 그에 따라 그들은 항상 그렇게 표기되었다.
2. 반집시주의라는 개념은 1980년대부터 독일에서 사용되기 시작했다. 이 개념은 분명 문제가 있다. 만일 이 개념이 "집시주의"나 "집시인성"의 존재를 지칭하는 것이라면, 그런 것은 있을 수 없다. 그런데도 그 사이에 로마인인들도 이 개념을 받아들이고 있다. 그들조차도 예전에는 당연하게 통용되고 일반적으로 받아들여진 것, 곧 로마인에 대한 적대감을 가리키는 개념이 필요했음을 인정한 것이다. 이에 대해서는 Wolfgang Wippermann, "Wie die Zigeuner," *Antisemitismus und Antiziganismus im Vergleich*(Berlin, 1997); ders., *Rassenwahn und Teufelsglaube*(Berlin, 2005), S.89 이하.
3. Ines Köhler-Zülch, "Die verweigerte Herberge. Die Heilige Familie in Ägypten und andere Geschichten von „Zigeunern" – Selbstäußerungen oder Außenbilder?", Jacquelin Giere(Hrsg.), *Die gesellschaftliche Konstruktion des Zigeuners. Zur Genese eines Vorurteils*(Frankfurt/M., 1996), S.46~86.
4. Alfonso di Nola, *Der Teufel. Wesen, Wirkung, Geschichte*(München, 1990), S.375.
5. Wippermann, *Rassenwahn und Teufelsglaube*, S.89 이하. 그리고 Wippermann, "Wie die Zigeuner", S.50 이하도 참고하라.
6. 이 문제와 로마인에 대한 교회의 태도에 대해 다룬 연구가 거의 없다. 이에 대해서는 Wilhelm Solms, *"Kulturloses Volk"? Berichte über "Zigeuner" und Selbstzeugnisse von Sinti und Roma*(Seeheim, 2006)(Beiträge zur Antiziganismusforschung Bd.4), S.39 이하.
7. Albert Krantz, *Sachsenchronik*(Leipzig, 1563), S.239 이하.
8. Sebastian Münster, *Cosmographey oder Beschreibung aller Länder*(Basel, 1628), S.603.
9. di Nola, S.374에서 재인용.
10. 1442년 '집시 백작' 미카엘을 위한 프리드리히 3세 왕의 보호 서신과 '클라인애킵텐' 백작인 디트리히를 위한 게하르트 폰 윌리히-베르크 대공의 보호 서신을 비교해보라. 이

두 서신은 Wolfgang Wippermann, *Geschichte der Sinti und Roma in Deutschland. Darstellung und Dokumente*(Berlin, 1993), S.54 이하에 실려 있다.

11. "Abschied des Freiburger Reichstages vom 4. September 1498", Wippermann, *Geschichte der Sinti und Roma in Deutschland*, S.55 이하.
12. 이러한 '집시인법'의 숫자는 100여 개에 달한다. 그중 몇 가지는 Wippermann, *Geschichte der Sinti und Roma*, S.62 이하에 실려 있다.
13. Christoph Elsas, "Die Kirchen und die "Zigeuner", *Beiträge zur Antiziganismusforschung* 1(Seeheim, 2003), S.118~125, S.121.
14. 이탈리아에서는 사정이 완전히 달랐다. 이곳에서는 종교개혁 이후에 로마인의 개신교화를 다루는 회의가 구성되었다. Solms, "Kulturloses Volk", S.48 이하.
15. 내가 아는 한, 루터에 관련된 문헌 전체에서 이 문제는 제기되지 않았다. 그러니 답변이 제출되지 않은 것은 어쩌면 당연하다.
16. Luther, "Von den Juden und ihren Lügen", WA 53, S.523~526.
17. 그런 종류의 노동작업장이 독일에는 종교개혁 이후에나 생겨났다. 그것은 프로테스탄트 노동윤리에 의해 자극받았던 셈이다.
18. Martin Luther, "Vom Schem Hamphoras und vom Geschlecht Christi," WA 53, S.613.
19. Solms, "Kulturloses Volk", S.47.
20. Max Weber, *Die protestantische Ethik*, Bd.1(Göttingen, 1975).
21. 이에 대해서는 Wippermann, *Rassenwahn und Teufelsglaube*, S.93 이하. 그리고 몇 가지 투고 논문은 *Beiträge zur Antiziganismusforschung* Bd.1(Seeheim, 2003)를 참고하라.
22. "집시"에 관한 칸트의 표명에 대해서는 Kurt Röttgers, "Kants Zigeuner", *Kant-Studien* 88(1997), 1; Hund, *Rassismus*, S.87 이하, S.120 이하.
23. Immanuel Kant, "Über den Gebrauch teleologischer Prinzipien in der Philosophie", Immanuel Kant, *Werkausgabe in 12 Bänden*, hrsg. von Wilhelm Weischedel(Frankfurt/M., 1977), Bd.8, S.157 이하.
24. Ebenda.
25. Ebenda, S.155.
26. Kant, "Von den verschiedenen Rassen der Menschen", *Kant Werke*, Bd.9, S.24.
27. Christian Wilhelm von Dohm, *Über die bürgerliche Verbesserung der*

Juden(Berlin, Stettin, 1781); 재판본(Hildesheim, 1973).

28. *Ebenda*, S.87~91.
29. Heinrich Moritz Gottlieb Grellmann, *Die Zigeuner. Ein historischer Versuch über die Lebensart und Verfassung, Sitten und Schicksale dieses Volkes in Europa, nebst ihrem Ursprunge*(Dessau, Leipzig, 1783). 별로 수정되지 않은 두 번째 판본은 *Historischer Versuch über die Zigeuner betreffend die Lebensart und Verfassung, Sitten und Schicksale dieses Volks seit seiner Erscheinung in Europa und dessen Ursprung. Zweyte, viel veränderte und vermehrte Auflage*(Göttingen, 1787). 나는 아래에서 첫 번째 판본을 인용했다. 그리고 그렐만에 대해서는 Claudia Breger, "Heinrich Moritz Gottlieb·Grellmann—Überlegungen zu Entstehung und Funktion rassistischer Deutungsmuster im Diskurs der Aufklärung", Barbara Danckwortt·Thorsten Querg·Claudia Schöningh(Hrsg.), *Historische Rassismusforschung. Ideologen—Täter—Opfer. Mit einer Einleitung von Wolfgang Wippermann*(Berlin, 1995), S.34~69. 그리고 Wim Willems, "Außenbilder von Sinti und Roma in der frühen Zigeunerforschung", Jacque line Giere(Hrsg.), *Die gesellschaftliche Konstruktion des Zigeuners*, S.87~108.
30. Grellmann, *Zigeuner*, S.3 이하.
31. *Ebenda*, S.3.
32. Hartwig von Hundt-Radowsky, *Der Judenspiegel*(Würzburg, 1819), S.47 이하.
33. *Ebenda*, S.52.
34. Theodor Tetzner, *Geschichte der Zigeuner, ihre Herkunft, Natur und Art*(Weimar, 1835), S.58 이하.
35. "Acta die Civilisierung der Zigeuner betreffend", *Geheimes Staatsarchiv Preußischer Kulturbesitz I. A Rep. 76*.
36. 가톨릭교회는 "집시인의 영적 치유"를 지나치게 가부장적으로 수행했고, 그다지 로마인 친화적이지는 못했다. Solms, "Kulturloses Volk", S.49 이하.
37. 이에 대해서는 Barbara Danckwortt, "Franz Mettbach: Die Konsequenzen der preußischen "Zigeunerpolitik" für die Sinti von Friedrichslohra", Danckwortt u. a. (Hrsg.), *Historische Rassismusforschung*, S.273~295.
38. 1930년대에도 내지선교를 위한 잡지인 《도시선교》에 「집시인의 삶은 즐겁다」와 「집시인의 성탄절」이라는 논문이 실렸다.

39. 이에 대해서는 Wippermann, "Wie die Zigeuner", S.95 이하.
40. Emil Reinbek, *Die Zigeuner. Eine wissenschaftliche Monographie nach historischen Quellen bearbeitet. Herkommen, Geschichte und eigenthümliche Lebensweise dieses räthselhaften Wandervolkes, von seinem ersten Auftreten bis auf neueste Zeit*(Salzkotten-Leipzig, 1861), S.3.
41. Ebenda, S.12.
42. Cesare Lombroso, *Ursachen und Bekämpfung des Verbrechens*(Berlin, 1902), S.313.
43. 이는 롬브로소의 기본 테제인데, 그는 이것을 자신의 주저에 제기했다. *Der Verbrecher in anthropologischer, ärztlicher und juristicher Beziehung*(Hamburg, 1894).
44. Richard Liebich, *Die Zigeuner in ihrem Wesen und in ihrer Sprache. Nach eigenen Beobachtungen dargestellt*(Leipzig, 1863).
45. Ebenda, S.18 이하.
46. Ebenda, S.19.
47. Ebenda, S.19.
48. Ebenda, S.113.
49. 리터와 그가 운영한 반집시주의적 연구소에 대해서는 Ute Brucker-Boroujerdi · Wolfgang Wippermann, "Die „Rassenhygienische und Erbbiologische Forschungsstelle" im Reichsgesundheitsamt", *Bundesgesundheitsblatt* 32(März 1989), S.13~19. 그리고 Tobias Schmidt-Degenhard, *Vermessen und Vernichten. Der NS-"Zigeunerforscher" Robert Ritter*(Stuttgart, 2012).
50. Robert Ritter, *Versuch einer Sexualpädagogik auf psychologischer Grundlage*(München, 1928).
51. Robert Ritter, *Ein Menschenschlag. Erbärztliche und erbgeschichtliche Untersuchungen über die – durch 10 Geschlechterfolgen erforschten – Nachkommen von "Vagabunden, Jaunern und Räubern"*(Leipzig, 1937).
52. Robert Ritter, "Zur Frage der Rassenbiologie und Rassenpsychologie der Zigeuner in Deutschland", *Reichsgesundheitsblatt* 13(1938), S.425 이하.
53. Wolfgang Wippermann, "Holocaust mit kirchlicher Hilfe", *Evangelische Kommentare* 9(1993), S.519~521. 그리고 Wippermann, "Auserwählte Opfer", S.37 이하도 참고하라.
54. "Gesetz zur Verhütung erbkranken Nachwuchses vom 14. Juli 1933",

Reichsgesetzblatt(1933) I, S.529 이하.

55. 이에 대한 사례에 대해서는 Gisela Bock, Zwangssterilisation im Nationalsozialismus (Opladen, 1986), S.351 이하. 그리고 Hansjörg Riechert, Im Schatten von Auschwitz. Die NS-Sterilisationspolitik gegenüber Sinti und Roma(Münster, 1995).

56. "Erste Verordnung zur Ausführung des Gesetzes zum Schutze des deutschen Blutes und der deutschen Ehre vom 14. November 1935", Reichsgesetzblatt(1935) I, S.1334.

57. "Runderlass des Reichs- und Preußischen Ministers des Innern vom 26. November 1935", Ministerialblatt für die innere Verwaltung(1935), Nr.49, Sp.1429~1434.

58. Wilhelm Stuckart · Hans Globke, Kommentar zur deutschen Rassengesetzgebung, Bd.1(München, Berlin, 1936), S.55.

59. Wolfgang Wippermann, Konzentrationslager. Geschichte, Nachgeschichte, Gedenken(Berlin, 1999), S.75 이하.

60. "Erlaß des Reichs- und Preußischen Ministers des Innern vom 14. De-zember 1937 über die vorbeugende Verbrechensbekämpfung durch die Polizei", Kriminalpolizei. Sammlung für die kriminalpolizeiliche Organisation und Tätigkeit geltenden Bestimmungen und Anordnungen(1937), S.VII 이하; 일부 내용은 Wippermann, Geschichte der Sinti und Roma in Deutschland, S.79에 실려 있다.

61. 이에 대해서는 Hans Buchheim, "Die Aktion "Arbeitsscheu Reich"", Gutachten des Instituts für Zeitgeschichte, Bd.2(München, 1966), S.196~201; Wolfgang Ayaß, ""Ein Gebot nationaler Arbeitsdisziplin". Die Aktion "Arbeitsscheu Reich"" 1938, Beiträge zur nationalsozialistischen Gesundheits-und Sozialpolitik 6(1988), S.43~74.

62. "Runderlass des Reichsführers SS und Chefs der Deutschen Polizei im Reichsministerium des Innern vom 8. Dezember 1938", Ministerialblatt des Reichs- und Preußischen Ministers des Innern 99, Nr.51, S.2105~2110.

63. "Runderlaß des Reichsführers SS und Chefs der Deutschen Polizei im Reichsministerium des Innern vom 7. August 1941 über die 'Auswertung der rassenbiologischen Gutachten über zigeunerische Personen'", Erlasssammlung des Reichskriminal polizeiamtes Berlin-Vorbeugende Verbrechensbekämpfung

(Institut für Zeitgeschichte München, Dc 17.02) 와 비교해보라.

64. *Evangelisches Zentralarchiv* EZA 1/C1/270.
65. Beckmann, *Kirchliches Jahrbuch*, S.376를 참고하라.
66. Solms, "Kulturloses Volk", S.42.
67. 가톨릭교회는 사정이 약간 달랐다. 여기서는 힐데스하이머 주교인 마헨스가 1943년 3월까지도 독일 주교회의의 의장인 추기경 베르트람에게 당시에 이송되기 직전에 있던 가톨릭(!)교도 로마인을 위해 뭔가를 해달라는 청원을 하는 방향으로 틀었다. 그러나 베르트람은 아무런 반응을 보이지 않았다. 그리고 가톨릭교회의 다른 대표자도 신앙의 형제인 로마인의 이송을 저지하지 않았다. 가톨릭교도의 집에 묶었던 아이들도 이런 상황에 놓여 있었다. Solms, "Kulturloses Volk", S.40 이하와 비교해보라.
68. 이에 대해서는 Wippermann, "Auserwählte Opfer", S.56 이하; ders., ""Wie mit den Juden?" Der nationalsozialistische Völkermord an den Sinti und Roma in Politik, Rechtsprechung und Wissenschaft", *Bulletin für Faschismus- und Weltkriegsforschung* H.15(2000), S.3~29; Julia von dem Knesebeck, *The Roma Struggle for Compensation in Post-War Germany*(Hatfield, Hertfordshire, 2011).
69. Romani Rose(Hrsg.), *Der nationalsozialistische Völkermord an den Sinti und Roma*(Heidelberg, 1995), S.115에서 재인용.
70. 신티인과 로마인에 대한 민족학살과 관련된 사료들 중 아주 소수만이 뉘른베르크 자료집에 선별적으로 받아들여져 인쇄되었다. *Nürnberger Prozesse. Der Prozeß gegen die Hauptkriegsverbrecher vor dem Internationalen Militärgerichtshof*(Nürnberg 14.11.1945-1.10.1946, Bd.1-42, Nürnberg 1947~1949).
71. Körber, *Die Wiedergutmachung und die Zigeuner*, S.170.
72. Otto Küster u.a., *Bundesentschädigungsgesetz. Bundesergänzungsgesetz zur Entschädigung für Opfer der nationalsozialistischen Verfolgung (BEG) vom 18. September 1953, Kommentar*(Berlin, 1955), S.48.
73. 내용 일부는 Tilman Zülch(Hrsg.), *In Auschwitz vergast, bis heute verfolgt. Zur Situation der Roma (Zigeuner) in Deutschland und Europa*(Reinbek, 1979), S.168~170에 실려 있다.
74. Franz Calvelli-Adorno, "Die rassische Verfolgung der Zigeuner vor dem 1. März 1943", *Rechtsprechung zum Wiedergutmachungsrecht* 12(1961), S.529 이하.
75. 이에 대해서는 Hans Günther Hockerts, "Anwälte der Verfolgten. Die United

Restitution Organization", Ludolf Herbst·Constantin Goschler, *Wiedergutmachung. Westdeutschland und die Verfolgten des Nationalsozialismus, 1945~1954*(München, 1992), S.249~272.

76. Michael Schenk, *Rassismus gegen Sinti und Roma*(Frankfurt/M., 1994), S.326에서 재인용.
77. "BGH-Urteil vom 18. Dezember 1963", *Rechtsprechung zum Wiedergutmachungsrecht*(1964), S.209 이하. 그리고 Schenk, *Rassismus gegen Sinti und Roma*, S.327 이하.
78. *Drucksache des Deutschen Bundestages 10/6287 vom 31*(Oktober 1986), S.34.
79. Arnold Spitta, "Wiedergutmachung oder wider die Gutmachung", Zülch(Hrsg.), *In Auschwitz vergast*, S.161~167.
80. Solms, "Kulturloses Volk", S.52 이하.
81. 이에 대해서는 개인적인 기억이 있다. 2010년 1월 27일, "민족사회주의의 희생자에 대한 추념의 날" 달렘에 있는 성 안넨교회에서 행한 설교에서 나는 무엇보다도 로마인들에 대한 학살을 추념했다. 이 민족학살은 달렘의 성 안넨교회 근처에 있는 리터의 연구소에서 이데올로기적으로 사전 준비되었다. 이 교회가 바로 교회 투쟁이 시작된 곳인데, 로마인의 박해는 단 한 번도 다루어지지 않았다. 예배 방문객들의 반응은 무덤덤했고, 거의 한결같이 거부 반응을 보였다.
82. http://www.jesus.de/blickpunkt/detailansicht/ansicht/kirchen. "Sinti und Roma: Kirchen bekennen Mitschuld an Deportation vor 70 Jahren."
83. 이에 대해서는 Wippermann, "Wie die Zigeuner", S.216; Wippermann, *Rassenwahn und Teufelsglaube*, S.7 이하.
84. Ernst Bloch, *Erbschaft dieser Zeit*(Frankfurt/M., 1962)(초판 1935년).
85. Friedrich Schleiermacher, *Der christliche Glaube nach den Grundsätzen der evangelischen Kirche*(1821), hrsg. von M. Redeker(Berlin, 1960), S.211.
86. Klaus Berger, *Wozu ist der Teufel da?*(Stuttgart, 1998), S.190.
87. 나는 이 테제를 나의 책 『인종광기와 악마신앙』에서 제기했고 증명하려고 했다.
88. 나는 가톨릭교회에 의해 지금까지도 운영되는 "집시와 유랑자들 정신 치유"에 대해서는 다루고 싶지 않다. 그것을 비판하는 일은 프로테스탄트인 내가 해야 할 일이다. 이에 대해서는 Solms, ""Kulturloses Volk"", S.59 이하와 비교해 보라.

6장. 교회에서 잠잠하라 ― 교회와 반페미니즘

1. 성경의 여성 이미지에 관한 나의 설명과 비판은 (당연히) 매우 일반적인 수준이고 남성적인 시각에서 이루어졌다. 남성(또는 여성)이 전혀 다른 시각에서 볼 수 있다는 것은, 신학 연구가 잘 보여준다. 무엇보다도 페미니즘 진영에서 제출된 신학 연구가 그러하다. 이에 대해서는 Luise Schottroff · Marie-Theres Wacker, *Kompendium Feministische Bibelauslegung*(Gütersloh, 2007).
2. 이는 페미니즘 신학 진영에서 나오는 비판의 중점에 있다. 이 비판이 정당한지의 문제에 대해서는 여기서 더는 다루지 않으려 한다.
3. Hedwig Dohm, *Die Antifeministen. Ein Buch der Verteidigung*(Berlin, 1902).
4. Gerda Lerner, *Die Entstehung des feministischen Bewusstseins. Vom Mittelalter bis zur Ersten Frauenbewegung*(Frankfurt/M., 1995).
5. 다양한 남성중심적 개념과 발상은 페미니즘 신학에서 날카롭게 비판되고 있다. 이는 나에게 대단히 현재적인 의미를 지닌 것처럼 보인다. 그 외에도 나는 우리가 여성주의적인 것으로 보완하거나 심지어 대체하고, 성경의 '(남자)조상'을 '역대부모'로 바꾸며, '제자들'을 '남녀제자들'로 말한다고 해서, 이러한 남성중심주의적인 개념과 발상을 극복할 수 있을지는 의심스럽다.
6. 아래에서 간략하게 요약된 교회의 반페미니즘의 역사에 관한 연구도 아직까지 없는 실정이다. 페미니즘적 시각을 지닌 남녀 역사가들의 관심사도 마녀광기 연구와 비판에만 집중되어왔다.
7. 이에 대해서는 Wippermann, *Rassenwahn und Teufelsglaube*, S.16 이하.
8. Gustav Roskoff, *Geschichte des Teufels*, Bd.1-2(Leipzig, 1869); Herbert Haag, *Teufelsglaube*(Stuttgart, 1974); Peter Stanford, *Der Teufel. Eine Biografie*(Frankfurt/M., 2000).
9. 이와 관련해서는 벌써 Roskoff, *Geschichte des Teufels*, Bd.1, S.317에서 지적되었다. "중세 시대의 악마 신앙에 대해 말하는 모든 작가들은 다음과 같은 주장에 의견이 일치한다. 곧, 악마에 대한 상상력과 그의 마력에 대한 공포심은 13세기에 와서 정점에 달했고, 그 때부터 차분함이 지배적인 감수성이 되었다."
10. Jean Delumeau, *Angst im Abendland. Die Geschichte kollektiver Ängste im Europa des 14. Bis 18. Jahrhunderts*(Reinbek, 1985), S.358.
11. 선구자들에 대해서는 Carlo Ginzburg, *Hexensabbat. Entzifferung einer nächtlichen*

Geschichte(Frankfurt/M., 1997), S.47 이하를 참고하라.
12. Delumeau, *Angst im Abendland*, S.358.
13. Roskoff, *Geschichte des Teufels*, Bd. II, S.8.
14. 개념사에 대해서는 Leander Petzoldt, *Kleines Lexikon der Dämonen und Elementargeister*(München, 1995), S.98 이하.
15. 마녀 연구는 몇 년 사이에 엄청나게 폭증되어 간단히 개관할 수 없을 정도가 되었다. 옛날 방식의 사상사적인 연구들 중에서 탁월한 작품은 Wilhelm Gottlieb Soldan, *Geschichte der Hexenprocesse. Aus den Quellen dargestellt*(Stuttgart und Tübingen, 1843); *Soldan's Geschichte der Hexenprozesse, neu bearb. von Heinrich Heppe*(Stuttgart, 1890); Joseph Hansen, *Zauberwahn, Inquisition und Hexenprozeß im Mittelalter und die Entstehung der großen Hexenverfolgung*(München, Leipzig, 1900). 최근의 연구는 대부분 사회사적인 접근 방법에 치우치는데, 대부분은 이데올로기, 특히 악마학적인 원인과 요인들을 소홀하게 다루는 경향을 보인다. 일반적인 개설서는 Wolfgang Behringer, *Hexen. Glaube, Verfolgung, Vermarktung*(München, 1998); Andreas Blauert(Hrsg.), *Ketzer, Zauberer, Hexen. Die Anfänge der europäischen Hexenverfolgungen*(Frankfurt/M., 1990); Helmut Brackert u. a., *Aus der Zeit der Verzweiflung. Zur Genese und Aktualität des Hexenbildes*(Frankfurt/M., 1977); Christoph Daxelmüller, *Zauberpraktiken. Die Ideengeschichte der Magie*(Düsseldorf, 2001); Richard van Dülmen(Hrsg.), *Hexenwelten. Magie und Imagination*(Frankfurt/M., 1987); Eva Labouvie, *Zauberei und Hexenwerk*(Frankfurt/M., 1991); Brian P. Levack, *Hexenjagd. Die Geschichte der Hexenverfolgungen in Europa*(München, 1999); Gerhard Schormann, *Hexenprozesse in Deutschland*(Göttingen, 1981); Georg Schwaiger(Hrsg.), *Teufelsglaube und Hexenprozesse*(München, 1999). 비평이 달린 사료 모음집으로 매우 유익한 것은 Wolfgang Behringer(Hrsg.), *Hexen und Hexenprozesse*(München, 1988)를 참고하라.
16. Hansen, *Zauberwahn*, S.262 이하; Behringer(Hrsg.), *Hexen und Hexenprozesse*, S.76.
17. 그 내용의 일부는 Behringer(Hrsg.), *Hexen und Hexenprozesse*, S.88 이하에 실려 있다.
18. 크라머에 대해서는 Peter Segl, "Heinrich Institoris. Persönlichkeit und literarisches Werk", ders.(Hrsg.), *Der Hexenhammer. Entstehung und Umfeld des Malleus*

maleficarum von 1487(Köln, 1988), S.103~126.
19. 오늘날 이용할 만한 번역서는 Heinrich Kramer(Institoris), Der Hexenhammer, Malleus Maleficarum, neu übersetzt und kommentiert(München, 2000).
20. '마녀의 망치'의 극도로 여성적대적인 이러한 경향에 대해서는 Claudia Honegger, Die Hexen der Neuzeit. Studien zur Sozialgeschichte eines kulturellen Deutungsmusters(Frankfurt/M., 1978); Evelyn Heinemann, Hexen und Hexenangst. Eine psychoanalytische Studie des Hexenwahns der Frühen Neuzeit(Göttingen, 1998).
21. Kramer, Hexenhammer, S.237.
22. Ebenda, S.99.
23. Ebenda, S.100.
24. Ebenda, S.238.
25. Ebenda, S.385 이하.
26. Peter Kriedke, "Die Hexen und ihre Ankläger. Zu den lokalen Voraussetzungen der Hexenverfolgungen in der frühen Neuzeit. Ein Forschungsbericht", Zeitschrift für historische Forschung 12(1987), S.47~71와 비교해보라.
27. 지역 연구에서 좋은 사례는 Eva Labouvie, Zauberei und Hexenwerk. Ländlicher Hexenglaube in der frühen Neuzeit(Frankfurt/M., 1991)를 참고하라.
28. 이에 대해서는 무엇보다도 Andreas Blauert(Hrsg.), Ketzer, Zauberer, Hexen. Die Anfänge der europäischen Hexenverfolgungen(Frankfurt/M., 1990).
29. Ulrich Molitor, Von Hexen und Unholden, Konstanz 1489. 이는 Behringer(Hrsg.), Hexen und Hexenprozesse, S.112 이하에 실려 있다.
30. Erasmus von Rotterdam, Lob der Torheit(1509), hrsg. von Anton Gail(Stuttgart, 1883); 여기서는 ebenda, S.114 이하에서 재인용.
31. Agrippa von Nettelsheim, De vanitate scientarum(Köln, 1531). 이는 Wilhelm Soldan · Heinrich Heppe · Max Bauer, Geschichte der Hexenprozesse(Hanau, 1911), Bd.1, S.486 이하에 실려 있다. Behringer(Hrsg.), Hexen und Hexenprozesse, S.116 이하에서 재인용.
32. Willibald Pirckheimer, Eckius dedolatus, Nürnberg 1520. 이는 ebenda, S.117 이하에서 재인용.
33. 이는 ebenda, S.104에서 재인용. Nikolaus Paulus, "Luthers Stellung zur

Hexenfrage", ders.: *Hexenwahn und Hexenprozeß, vornehmlich im 16. Jahrhundert*(Freiburg, 1910), S.26와 비교해보라.
34. Martin Luther, *Deutscher Katechismus*(Wittenberg, 1529), S.7. Behringer(Hrsg.), *Hexen und Hexenprozesse*, S.104에서 재인용.
35. 반페미니즘적인 왜곡된 이미지에 관한 한 가지 사례는 Georg Rietschel, *Luther und sein Haus*(Leipzig, 1917).
36. 이 토론에는 여성들이 참여할 수가 없었다. 그런데도 오로지 남성들이 주도한 이러한 담론은 몇몇 여성 적대적인 측면들을 드러냈다.
37. Johann Weyer, *De praestigiis daemonum*(1563). 이는 Behringer(Hrsg.), *Hexen und Hexenprozesse*, S.140 이하에 실려 있다.
38. 이는 ebenda, S.145에서 재인용.
39. Jean Bodin, *De daemonomania magorum*(1580), 1581년에는 슈트라스부르크에서 독일어 번역본이 나왔다. 그 내용이 일부 ebenda, S.161~165에 실려 있다.
40. Martin DelRio, *Disquisitionum magicarum libri* VI(Leiden, 1598~1660). 그 내용의 일부가 Juli Caron Baroja, *Die Hexen und ihre Welt*(Stuttgart, 1967), S.146 이하와 Behringer(Hrsg.), *Hexen und Hexenprozesse*, S.230~232에 번역되어 실려 있다.
41. Hermann Goehausen, *Processus juridicus contra sagas et veneficos, das ist: Rechtlicher Prozeß, wie man gegen Unholdten und Zauberische Personen verfahren soll*(Rinteln, 1630).
42. Benedikt Carpzow, "Practica rerum criminalium, Wittenberg 1846"(초판 1635년), Richard van Dülmen(Hrsg.): *Hexenwelten*(Frankfurt/M., 1987), S.382.
43. Anonymus(Friedrich Spee), *Cautio criminalis*(Rinteln 1631; München 1982).
44. Balthasar Bekker, "De betoverde wereld, 1691", Gottlieb Wilhelm Soldan · Heinrich Heppe · Max Bauer, *Geschichte der Hexenprozesse*(Hanau, 1911), Bd.2, S.237 이하.
45. Christian Thomasius, *De crimine magiae. Vom Laster der Zauberei*(Halle, 1701; München, 1986).
46. Behringer(Hrsg.), *Hexen und Hexenprozesse*, S.443 이하에서 재인용.
47. Georg Conrad Horst, *Dämonologie oder Geschichte des Glaubens an Zauberei und dämonische Wunder mit besonderer Berücksichtigung des Hexenprocesses seit den Zeiten Innocentius des Achten*, Bd.1-2(Frankfurt/M., 1818), Bd.1, S.6.

48. 사회사 지향의 연구에서 계몽주의의 여성 담론에 관한 아주 간략한 언급이 발견된다. Ute Frevert, *Frauen-Geschichte. Zwischen bürgerlicher Verbesserung und Neuer Weiblichkeit*(Frankfurt/M., 1986).
49. Immanuel Kant, *Die Metaphysik der Sitten*(Frankfurt/M., 1993), AB 110.
50. 이는 H. Schröder(Hrsg.), *Die Frau ist frei geboren. Texte zur Frauenemanzipation I: 1789-1870*(München, 1979), S.32 이하에 실려 있다.
51. Theodor v. Hippel, *Über die bürgerliche Verbesserung der Weiber*(1792)(Berlin, 1828).
52. (시민적) 여성운동의 역사에 대해서는 Frevert, *Frauen-Geschichte*, S.72 이하; Ute Gerhard, *Frauenbewegung und Feminismus. Eine Geschichte seit 1789*(München, 2009).
53. Pastor Arnold, "Ziele und Grenzen der Frauenhülfe", *Die Frau im evangelischen Gemeindeleben. Handbuch der Frauenhülfe. Im Auftrage des Engeren Ausschuss des Evangelisch-Kirchlichen Hülfsvereins hrsg. von Lic. P. Cremer*(Potsdam, 1912), S.20~26.
54. 이에 대해서는 아직도 능가할 수 없는 연구서인 Richard J. Evans, *Sozialdemokratie und Frauenemanzipation im deutschen Kaiserreich*(Berlin, 1979)를 참고하라.
55. Superintendent Stursberg, "Die Stellung der evangelischen Kirche zu den sozialen Fragen der Vergangenheit und Gegenwart", *Landeskirchlicher Instruktionskurs zur Einführung in die Kenntnis und das Verständnis der sozialen Aufgaben und des Anteils der Kirche an ihrer Lösung*(Berlin, 1906), S.135~154, S.151 이하.
56. *Die Frau im evangelischen Gemeindeleben*, S.104.
57. *Ebenda*, S.122.
58. *Landeskirchlicher Instruktionskurs zur Einführung in die Kenntnis und das Verständnis der sozialen Aufgaben und des Anteils der Kirche an ihrer Lösung*(Berlin, 1906).
59. *Ebenda*, S.151 이하.
60. *Ebenda*, S.67. 그리고 일반적인 교회의 사회정책에 대해서는 Jochen-Christoph Kaiser, *Evangelische Kirche und sozialer Staat. Diakonie im 19. und 20. Jahrhundert*(Göttingen, 2008).

61. Die Frau im evangelischen Gemeindeleben. Handbuch der Frauenhülfe. Im Auftrage des Engeren Ausschuß des Evangelisch-Kirchlichen Hülfsvereins, hrsg. von Lic. P. Cremer(Potsdam, 1912).
62. Instruktionskursus der Frauenhülfe in Eisenach 19. bis 21. Februar 1912, S.14 이하.
63. Ebenda, S.30 이하.
64. Ebenda.
65. Die Frau im evangelischen Gemeindeleben, S.42.
66. 지속적인 교회의 여성협회에 대해서는 Jochen-Christoph Kaiser, Frauen in der Kirche. Evangelische Frauenverbände im Spannungsfeld von Kirche und Gesellschaft 1890~1945(Düsseldorf, 1985).
67. Instruktionskurs für Frauenhülfe 1912, S.23~25.
68. Wolfgang See · Rudolf Weckerling, Frauen im Kirchenkampf. Beispiele aus der Bekennenden Kirche Berlin-Brandenburg 1933 bis 1945(Berlin, 1984), S.13.
69. Ebenda, S.20.
70. Ebenda, S.7.
71. 이에 대해서는 Martin Greschat, ""Gegen den Geist der Deutschen". Marga Meusels Kampf für die Rettung der Juden", Ursula Büttner · Martin Greschat(Hrsg.), Die verlassenen Kinder der Kirche: Der Umgang mit Christen jüdischer Herkunft im "Dritten Reich"(Göttingen, 1998), S.70~85.
72. 오늘날의 엘리자베트 슈미츠에 대해서는 Manfred Gailus, Mir aber zerriss es das Herz -der stille Widerstand der Elisabeth Schmitz(Göttingen, 2010).
73. "Text, aber fälschlich Marga Meusel zugeschrieben", Wilhelm Niemöller(Hrsg.), Die Synode zu Steglitz(Göttingen, 1970).
74. 카타리나 슈타리츠의 전기에 대해서는 Hannelore Erhart · Ilse Meseberg-Haubold · Dietgard Meyer, Von der Gestapo verfolgt, von der Kirchenbehörde fallengelassen: Katharina Staritz(1903~1953)(Neukirchen, 2002).
75. Eberhard Röhm · Jürgen Thierfelder, Evangelische Kirche zwischen Kreuz und Hakenkreuz. Bilder und Texte einer Ausstellung(Stuttgart, 1981), S.135.
76. 이에 대해서는 See · Weckerling, Frauen im Kirchenkampf; Beate Schröder · Gerti Nützel, Die Schwestern mit der Roten Karte(Berlin, 1992); Wolfgang Wippermann, "Kirche im Krieg", Erich Schuppan(Hrsg.), Kirche in Not. Die Evangelische Kirche

in Berlin-Brandenburg im Konflikt mit dem totalen Staat(1933~1945)(Berlin, 2000), S.305~350와 비교해보라.
77. Evangelisches Zentralarchiv EZA 50/674.
78. EZA 50/618.
79. EZA 50/378.
80. EZA 50/674.
81. 동독의 교회에서도 발전 양상은 비슷했다. 그렇기 때문에 여기서는 그 문제에 대해 더 이상 자세하게 다루지 않는다.

참고문헌

1차 사료

Arndt, Ernst Moritz, "Germania und Europa(1803)", Ernst Anrich(Hrsg.), *Ernst Moritz Arndt. Germanien und Europa*(Stuttgart, 1940).

Arndt, Ernst Moritz, *Blick aus der Zeit auf die Zeit*(Frankfurt, 1814).

Arndt, Ernst Moritz, "Phantasien zur Berichtigung der Urteile über künftige deutsche Verfassungen(1815)", Paul Requadt(Hrsg.), *Ernst Moritz Arndt: Volk und Staat*(Leipzig, 1934).

Arndt, Ernst Moritz, "Versuch in vergleichender Völkergeschichte(1843)", Paul Requadt(Hrsg.), *Ernst Moritz Arndt. Volk und Staat*(Leipzig, 1934).

Beckmann, Joachim(Hrsg.), *Kirchliches Jahrbuch für die Evangelische Kirche in Deutschland 1933~1944*(Gütersloh, 1948).

Bekker, Balthasar, "De betoverde wereld(1691)", Gottlieb Soldan · Heinrich Heppe · Max Bauer, *Geschichte der Hexenprozesse*(Hanau, 1911), Bd.2, S.237.

Bernstein, Reiner, *Qellen zur jüdischen Geschichte. Von den Anfängen bis ins Zeitalter der Emanzipation*(Stuttgart, 1973).

Biester, Johann Erich, "Über die Zigeuner, besonders im Königreich Preußen", *Berlinische Monatsschrift* 21(1793), S.108~165.

Blumenbach, Johann Friedrich, *Über die Natürlichen Verschiedenheiten im Menschengeschlecht*(Leipzig, 1798).

Bodin, Jean, *De daemonomania magorum*(Straßburg, 1581).

Carpzow, Benedikt, *Practica rerum criminalium*(Wittenberg, 1646).

Chamberlain, Houston Stewart, *Die Grundlagen des 19. Jahrhunderts*, Bd.1-2(München, 1901).

Dillmann, Alfred(Hrsg.), *Zigeunerbuch. Herausgegeben im Auftrag der Polizeidi rektion München*(München, 1905).

Dohm, Christian Wilhelm v., *Über die bürgerliche Verbesserung der Juden*(Berlin, Stettin, 1781).

Dohm, Hedwig, *Die Antifeministen. Ein Buch der Verteidigung*(Berlin, 1902).

Dowe, Dieter/Klotzbach, Kurt(Hrsg.), *Programmatische Dokumente der deutschen Sozialdemokratie*(Berlin, 1973).

Dühring, Eugen, *Die Judenfrage als Racen-, Sitten und Culturfrage, mit einer weltgeschichtlichen Antwort*(Karlsruhe, Leipzig, 1881).

Eckart, Dietrich, *Der Bolschewismus von Moses bis Lenin. Zwiegespräche zwischen Adolf Hitler und mir*(München, 1924).

Eisenmenger, Johann Andreas, *Entdecktes Judentum* ···, Bd.1-2(o.O., 1700).

Fabronius, Hermann, *Geographia Historica: Newe Summarische Welthistoria oder Beschreibung al ler Keysertumb/Königreiche/Fürstenthumb/und Völcker heutiges Tages auff Er den* ···(Schmalkalden, 1616).

Fichte, Johann Gottlieb, "Beiträge zur Berichtigung der Urtheile des Publicums über die französische Revolution(1793)", J. H. Fichte(Hrsg.), *Johann Gottlieb Fichtes sämmtliche Werke*, Bd.6(Berlin, 1845), S.39~288.

Fichte, Johann Gottlieb, "Reden an die deutsche Nation"(Berlin, 1808), J. H. Fichte (Hrsg.), *Fichtes Werke*, Bd.7, S.257~499.

Frank, Christian, *Die Juden und das Judenthum wie sie sind*(Köln, 1816).

Fries, Jakob Friedrich, *Über die Gefähr dung des Wohlstandes und Charakters der Deutschen durch die Juden*(Heidelberg, 1816).

Fritsch, Ahasver, *Oposcula varia*, Bd. II (Nürnberg, 1731-1732).

Fritsch, Theodor, *Antisemiten-Katechismus. Eine Zusammenstellung des wichtigsten Materials zum Verständnis der Judenfrage*(Leipzig, 1887).

Fritsch, Theodor, *Handbuch der Judenfrage* ···, 33. Aufl.(Leipzig, 1933).

Glagau, Otto, *Der Börsen- und Gründungsschwindel in Berlin*(Leipzig, 1876).

Goehausen, Hermann, *Processus juridicus contra sagas & veneficos, das ist Rechtlicher Prozeß, wie man gegen Unholdten und Zauberische Personen verfahren soll* ···(Rinteln, 1630).

Grattenauer, Carl Wilhelm Friedrich, *Wider die Juden, ein Wort der Warnung an alle unsere christliche Mitbürger*, 3. Unveränderte Aufl.(Berlin, 1803).

Grellmann, Heinrich Moritz, *Die Zigeuner. Ein historischer Versuch über die Lebensart und Verfassung, Sitten und Schicksale dieses Volkes in Europa, nebst ihrem Ursprunge*(Göttingen, 1783).

Grellmann, Heinrich Moritz, *Historischer Versuch über die Zigeuner betreffend die Lebensart und Verfassung, Sitten und Schicksale dieses Volkes seit seiner Erscheinung in Europa und dessen Ursprung*, 2. Aufl.(Göttingen, 1787).

Günther, Hans F. K., *Rassenkunde des jüdischen Volkes*(München, 1931).

Handbuch der Frauenhülfe. Im Auftrage des Engeren Ausschusses des Evangelisch-Kirchlichen Hülfsvereins hrsg. von Lic. P. Cremer(Potsdam, 1912).

Hippel, Theodor v., *Über die bürgerliche Verbesserung der Weiber*(1792)(Berlin, 1828).

Hitler, Adolf, *Mein Kampf. Zwei Bände in einem Band, ungekürzte Ausgabe*(München, 1941)(초판 1925년).

Höxter, Julius, *Quellenbuch zur jüdischen Geschichte und Literatur*, Bd.1-5(Frankfurt/M. 1928–1930).

Hundt-Radowsky, Hartwig v., *Judenspiegel, ein Schand- und Sittengemälde alter und neuer Zeit*(Würzburg, 1819).

Jahn, Friedrich Ludwig, "Deutsches Volkstum, Lübeck 1810", Carl Euler(Hrsg.), *Friedrich Ludwig Jahns Werke*, Bd.1(Hof, 1884), S.143~380.

Justin, Eva, *Lebensschicksale artfremd erzogener Zigeunerkinder und ihrer Nachkommen*(Berlin, 1944)(=Veröffentlichungen auf dem Gebiet des

Volksgesundheitsdienstes H. 491).

Kant, Immanuel, "Zum ewigen Frieden. Ein philosophischer Entwurf(1795)", Immanuel Kant, Zum ewigen Frieden und andere Schriften(Frankfurt/M., 2008).

Kommission zur Erforschung der Geschichte der Frankfurter Juden(Hrsg.), Dokumente zur Geschichte der Frankfurter Juden 1933~1945(Frankfurt/M., 1964).

Kramer, Heinrich (Institoris), Der Hexenhammer. Malleus Maleficarum(1486), neu übersetzt und kommentiert(München, 2000).

Krämer, Robert, "Rassische Untersuchungen an den „Zigeuner"- Kolonien Lause und Altengraben bei Berleburg, Diss.(Münster, 1937", Archiv für Rassen- und Gesell schaftsbiologie einschließlich Rassen- und Gesellschaftshygiene, 31(1937/38), S.33~56.

Krantz, Albert, Sachsenchronik(Leipzig, 1563)(초판: Köln, 1520).

Lagarde, Paul de, Deutsche Schriften. Über das Verhältnis des deutschen Staates zur Theologie ···, 4. Aufl.(Göttingen, 1903).

Lagarde, Paul de, Ausgewählte Schriften. Juden und Indogermanen(München, 1921).

Landeskirchlicher Instruktionskurs zur Einführung in die Kenntnis und das Verständnis der sozialen Aufgaben und des Anteils der Kirche an ihrer Lösung(Berlin, 1906).

Liebich, Richard, Die Zigeuner in ihrem Wesen und in ihrer Sprache. Nach eigenen Beobachtungen dargestellt(Leipzig, 1863).

Lombroso, Cesare, Der Verbrecher in anthropologischer, ärztlicher und juristi scher Beziehung(Hamburg, 1894).

Lombroso, Cesare, Ursachen und Bekämpfung des Verbrechens(Berlin, 1902).

Longerich, Peter(Hrsg.), Die Ermordung der europäischen Juden. Eine umfas sende Dokumentation des Holocaust 1941~1945(München, 1989).

Luther, Martin, "Sermon von dem Wucher(1519)", Martin Luthers Werke, Weimarer Ausgabe(WA), Bd.6, S.33~60.

Luther, Martin, "Das Magnificat verdeutscht und ausgelegt(1520)", WA Bd.7, S.544~604.

Luther, Martin, "An die Herren deutsch Ordens, daß sie falsche Keuschheyt meyden und zur rechten ehelichen Keuschheyt greifen", WA Bd.12, S.232~244.

Luther, Martin, "Daß Jesus Christus ein geborener Jude sei(1523)", WA Bd.11, S.314~336.

Luther, Martin, "Wider die Sabbather an einen guten Freund(1537)", WA Bd.50, S.312~337.

Luther, Martin, "Von den Juden und ihren Lügen(1543)", WA Bd.53, S.417~552.

Luther, Martin, "Vom Schem Hamphoras und vom Geschlecht Christi(1543)", WA Bd.53, S.579~648.

Marr, Wilhelm, Der Judenspiegel, fünfte mit einem anderen Vorwort versehene Aufl.(Hamburg, 1862).

Marr, Wilhelm, Der Sieg des Judentums über das Germanentum, 10. unverän derte Aufl.(Berlin 1879).

Meiners, Christoph, Grundriß der Geschichte der Menschheit(Lemgo, 1798)(재판: Königstein, 1981).

Meyfart, Johann Matthäus, Christliche Erinnerung an Gewaltige Regenten …(Erfurt, 1635).

Molitor, Ulrich, Von Hexen und Unholden(Konstanz, 1489).

Münster, Sebastian, Cosmographey oder Beschreibung aller Länder(Basel, 1628)(초판 1550).

Mylius, Christian Otto, Corpus Constitutionum Marchicarum, Bd.1-6(Berlin, Halle, 1737-1755).

Nettelsheim, Agrippa v., De vanitate scientarum(Köln, 1531).

Neureiter, Ferdinand v., Kriminalbiologie(Berlin, 1940).

Niemöller, Wilhelm(Hrsg.), Die Synode zu Steglitz(Göttingen, 1970).

Nordmann, Heinrich G., Die Juden und der deutsche Staat(Berlin, 1861).

Pätzold, Kurt(Hrsg.), Verfolgung, Vertreibung, Vernichtung. Dokumente des fa schistischen Antisemitismus 1933 bis 1945(Leipzig, 1982).

Pfefferkorn, Johannes, Judenspiegel(Köln, 1507).

Portschy, Hermann, Die Zigeunerfrage. Denkschrift des Landeshauptmannes für das Burgenland(1938)(Ms).

Pott, August Friedrich, *Die Zigeuner in Europa und Asien. Ethnographischlinguistische Untersuchung vornehmlich ihrer Herkunft und Sprache*, Bd.1-2(Halle, 1844/45).

Reinbek, Emil, *Die Zigeuner. Herkommen, Geschichte und eigenthümliche Lebensweise dieses rätselhaften Wandervolkes*(Salzkotten, 1861).

Rietschel, Georg, *Luther und sein Haus*(Leipzig, 1917).

Ritter, Robert, "Erbbiologische Untersuchungen über einen Züchtungskreis von "asozialen Psychopathen" und Zigeunermischlingen. Bericht des Internationalen Kongresses für Bevölkerungswissenschaft, Berlin 26. August–1. September 1935", Hans Harmsen · Franz Lohse(Hrsg.), *Bevölkerungsfragen*(München, 1936), S.713.

Ritter, Robert, *Ein Menschenschlag. Erbärztliche und erbgeschichtliche Untersuchungen über die – durch 10 Geschlechterfolgen erforschten – Nachkommen von "Vagabunden, Jaunern und Räubern"*(Leipzig, 1937).

Ritter, Robert, "Mitteleuropäische Zigeuner, ein Volksstamm oder eine Mischlingspopulation", *Internationaler Kongreß für Bevölkerungswissenschaft* (Paris, 1937), S.71.

Ritter, Robert, "Zur Frage der Rassenbiologie und Rassenpsychologie der Zigeuner in Deutschland", *Reichsgesundheitsblatt* 13(1938), S.425.

Ritter, Robert, "Die Zigeunerfrage und das Zigeunerbastardproblem, in: Fortschritte der Erbpathologie", *Rassenhygiene und ihre Grenzgebiete* 3(1939), S.1~20

Ritter, Robert, "Die Bestandsaufnahme der Zigeuner und Zigeunermischlinge in Deutschland", *Der Öffentliche Gesundheitsdienst* 6(1941), S.535~539.

Ritter, Robert, "Das Kriminalbiologische Institut der Sicherheitspolizei", *Kriminalistik* 16(1942), S.117.

Rohling, August, *Der Talmudjude*, 7. Aufl.(Münster, 1877).

Rosenberg, Alfred, *Der Mythus des 20. Jahrhunderts*(München, 1930).

Rüdiger, Johann, "Von der Sprache und Herkunft der Zigeuner aus Indien", *Neuester Zuwachs der teutschen, fremden und allgemeinen Sprachkunde in eigenen Aufsätzen, Buchanzeigen und Nachrichten*, 1. Stück(Leipzig, 1782), S.37~84.

Rühs, Friedrich, *Über die Ansprüche der Juden an das deutsche Bürgerrecht* (Berlin, 1816).

Rühs, Friedrich, *Die Rechte des Christenthums und des deutschen Volkes, vert heidigt gegen die Ansprüche der Juden und ihrer Verfechter*(Berlin, 1816).

Schmid, Hans Dieter · Schneider, Gerhard · Sommer, Wilhelm(Hrsg.), *Juden unterm Hakenkreuz. Dokumente und Berichte zur Verfolgung und Vernichtung der Juden durch die Nationalsozialisten 1933 bis 1945*, Bd.1-2(Düsseldorf, 1983).

Schoenberner, Gerhard, *Der gelbe Stern. Die Judenverfolgung in Europa 1933~1945*(Hamburg, 1960).

Schudt, Johann Jakob, *Jüdische Merkwürdigkeiten*(Frankfurt/M., 1717).

Spee, Friedrich v., *Cautio criminalis*(Rinteln, 1631).

Stoecker, Adolf, *Christlich-sozial. Reden und Aufsätze*, 2. Aufl.(Berlin, 1890).

Stoecker, Adolf, *Das moderne Judentum in Deutschland, besonders in Berlin*(Berlin, 1880).

Tetzner, Theodor, *Geschichte der Zigeuner, ihre Herkunft, Natur und Art*(Weimar, 1835).

Thomasius, Christian, *De crimine magiae. Vom Laster der Zauberei*(Halle, 1701).

Thomasius, Jacob, *Curiöser Traktat von den Zigeunern*(Dresden, Leipzig, 1702)(초판: De Cingaris, Leipzig, 1652).

Todt, Rudolf, *Der radikale deutsche Sozialismus und die christliche Gesellschaft* (Wittenberg, 1878).

Treitscke, Heinrich v., *Ein Wort über unser Judenthum*(Berlin, 1881).

Treitschke, Heinrich v., *Historische und politische Aufsätze*(Leipzig, 1897).

Turmair, Johannes, *Johannes Turmair's genannt Aventinus Sämmtliche Werke, Bd.1-6*, hrsg. von der Bayerischen Akademie der Wissenschaften(München, 1881–1906).

Wagenseil, Johann Christoph, *De sacri Rom. Imperii Libera Civitate Noribergensi Commentatio ··· Es wird auch in der Vorrede von der Vermuthlichen Herkunft der Zigeuner gehandelt*(Altdorf, 1697).

Wagner, Richard, *Das Judenthum in der Musik*(Leipzig, 1869).

Weitling, Wilhelm, *Das Evangelium der armen Sünder*(o.O., 1845).

Weyer, Johannes, *De praestigiis daemonum*(o.O., 1563).

Wichern, Johann Hinrich, *Die Innere Mission der deutschen evangelischen Kirche, eine Denkschrift an die deutsche Nation, im Auftrag des Centralausschusses für die Innere Mission verfasst von J. H. Wichern*(o.O., 1849).

Zedler, Johann Heinrich, "Zigeuner", Ders., *Großes vollständiges Universalle xikon aller Wissenschaften und Künste* …, Bd.56(Leipzig, Halle, 1740), Sp.520~544.

2차 자료(연구논문 및 단행본)

Aring, Paul Gerhard, *Christen und Juden heute – und die "Judenmission"? Geschichte und Theologie protestantischer Judenmission in Deutschland, dargestellt und untersucht am Beispiel des Protestantismus im mittleren Deutschland*(Frankfurt/M., 1987).

Balzer, Friedrich-Martin, *Klassengegensätze in der Kirche. Erwin Eckert und der Bund der Religiösen Sozialisten*(Köln, 1973).

Battenberg, Friedrich, *Das europäische Zeitalter der Juden*, Bd.1-2(Darmstadt, 1990).

Beckmann, Joachim(Hrsg.), *Kirchliches Jahrbuch für die Evangelische Kirche in Deutschland 1933–1944*(Gütersloh, 1948).

Behringer, Wolfgang, *Hexen. Glaube, Verfolgung, Vermarktung*(München, 1998).

Behringer, Wolfgang(Hrsg.), *Hexen und Hexenprozesse*(München, 1998).

Bein, Alex, *Die Judenfrage. Biographie eines Weltproblems*, Bd.1-2(Stuttgart, 1980).

Berding, Helmut, *Moderner Antisemitismus in Deutschland*(Frankfurt/M., 1988).

Berger, Klaus, *Wozu ist der Teufel da?*(Stuttgart, 1998).

Bergmann, Werner, *Geschichte des Antisemitismus*(München, 2000).

Besier, Gerhard, *Preußischer Staat und Evangelische Kirche in der Bismarckära* (Gütersloh, 1980).

Besier, Gerhard, *Der SED-Staat und die Kirche*, Bd.1-3(Berlin, 1993–1996).

Blickle, Peter, *Die Reformation im Reich*(Stuttgart, 2000).

Bienert, Walther, *Martin Luther und die Juden*(Frankfurt/M., 1982).

Blauert, Andreas(Hrsg.), *Ketzer, Zauberer, Hexen. Die Anfänge der europäischen Hexenverfolgungen*(Frankfurt/M., 1990).

Boyens, Armin, *Kirche in der Nachkriegszeit*(Göttingen, 1976).

Brakelmann, Günter, *Kirche und Sozialismus im 19. Jahrhundert. Die Analyse des Sozialismus und Kommunismus bei Johann Hinrich Wichern und Rudolf Todt*(Witten, 1966).

Brakelmann, Günter, *Die soziale Frage des 19. Jahrhunderts*(Witten, 1979).

Brakelmann, Günter(Hrsg.), *Protestantismus und Politik. Werk und Wirkung Adolf Stoeckers*(Hamburg, 1982).

Braun, Christina v. · Heid, Ludger(Hrsg.), *Der ewige Judenhass*(Stuttgart, 1990).

Breipohl, Renate, *Religiöser Sozialismus und bürgerliches Geschichtsbewusstsein zur Zeit der Weimarer Republik*(Zürich, 1971).

Burgmer, Christoph(Hrsg.), *Rassismus in der Diskussion*(Berlin, 1999).

Burleigh, Michael/Wippermann, Wolfgang, *The Racial State. Germany 1933~1945*(Cambridge, 1991).

Busch, Eberhard, *Juden und Christen im Schatten des Dritten Reiches. Ansätze zu einer Kritik des Antisemitismus in der Zeit der Bekennenden Kirche*(München, 1979).

Clark, Christopher M., *The Politics of Conversion. Missionary Protestantism and the Jews in Prussia 1728~1941*(Oxford, 1995).

Claussen, Detlev, *Vom Judenhass zum Antisemitismus. Materialien einer verleugneten Geschichte*(Darmstadt, 1987).

Claussen, Detlev, *Grenzen der Aufklärung. Zur gesellschaftlichen Geschichte des modernen Antisemitismus*(Frankfurt/M., 1987).

Danckwortt, Barbara · Mettbach, Franz, "Die Konsequenzen der preußischen "Zigeunerpolitik" für die Sinti von Friedrichslohra", Danckwortt, Barbara · Querg, Thorsten · Schönigh, Claudia(Hrsg.), *Historische Rassismusforschung. Ideologien – Täter – Opfer*(Hamburg, 1995), S.273~295.

Daxelmüller, Christoph, *Zauberpraktiken. Die Ideengeschichte der Magie* (Düsseldorf, 2001).

Delumeau, Jean, *Angst im Abendland. Die Geschichte kollektiver Ängste im*

Europa des 14. bis 18. Jahrhunderts, Bd.1-2(Reinbek, 1985).

Denzler, Georg · Fabricius, Volker, Die Kirchen im Dritten Reich. Christen und Nazis Hand in Hand, Bd.1-2(Frankfurt/M., 1984).

van Dülmen, Richard(Hrsg.), Hexenwelten. Magie und Imagination(Frankfurt/M., 1987).

Dubnow, Simon, Weltgeschichte des jüdischen Volkes von seinen Ursprüngen bis zur Gegenwart, Bd.1-10(Berlin, 1925-1929).

Eagleton, Terry, Ideologie. Eine Einführung(Stuttgart, 1993).

Elsas, Christoph, "Die Kirchen und die "Zigeuner"", Beiträge zur Antiziganismusforschung 1(Bad Seeheim, 2003), S.118~125.

Erb, Rainer(Hrsg.), Die Legende vom Ritualmord. Zur Geschichte der Blutbeschuldigungen gegen die Juden(Berlin, 1993).

Erhart, Hannelore · Meseberg-Haubold, Ilse · Meyer, Dietgard, Von der Gestapo verfolgt, von der Kirchenbehörde fallengelassen: Katharina Staritz(1903~1953)(Neukirchen, 2002).

Erb, Rainer · Bergmann, Werner, Die Nachtseite der Judenemanzipation. Der Widerstand gegen die Integration der Juden in Deutschland 1780~1860(Berlin, 1989).

Evans, Richard J., Sozialdemokratie und Frauenemanzipation im deutschen Kaiserreich(Berlin, 1979).

Fischer, Hans Georg, Evangelische Kirche und Demokratie nach 1945. Ein Beitrag zum Problem der politischen Theologie(Lübeck, Hamburg, 1970).

Frevert, Ute, Frauen-Geschichte. Zwischen bürgerlicher Verbesserung und Neuer Weiblichkeit(Frankfurt/M., 1986).

Gailus, Manfred, "Beihilfe zur Ausgrenzung. Die „Kirchenbuchstelle Alt-Berlin" in den Jahren 1936 bis 1945", Jahrbuch für Antisemitismusforschung 2(1993), S.255~280.

Gailus, Manfred(Hrsg.), Kirchengemeinden im Nationalsozialismus. Sieben Bei spiele aus Berlin(Berlin, 1990).

Gailus, Manfred, Mir aber zerriss es das Herz – der stille Widerstand der Elisabeth Schmitz(Göttingen, 2010).

Gerhard, Ute, *Frauenbewegung und Feminismus. Eine Geschichte seit 1789*(München, 2009).

Gerlach, Wolfgang, *Als die Zeugen schwiegen: Bekennende Kirche und die Juden*(Berlin, 1987), 2. Aufl.(Berlin, 1993).

Giere, Jacqueline(Hrsg.), *Die gesellschaftliche Konstruktion des Zigeuners. Zur Genese eines Vorurteils*(Frankfurt/M., 1996).

Gilman, Sander, *Rasse, Sexualität und Seuche. Stereotype aus der Innenwelt der westlichen Kultur*(Reinbek, 1992).

Ginzburg, Carlo, *Hexensabbat. Entzifferung einer nächtlichen Geschichte*(Frankfurt/M., 1997).

Goldhagen, Daniel Jonah, *Hitlers willige Vollstrecker. Ganz gewöhnliche Deutsche und der Holocaust*(Berlin, 1996).

Goldhagen, Daniel Jonah, *Die katholische Kirche und der Holocaust. Eine Untersuchung über Schuld und Sühne*(Berlin, 2002).

Greive, Hermann, *Geschichte des modernen Antisemitismus in Deutschland* (Darmstadt, 1983).

Greschat, Martin(Hrsg.), *Im Zeichen der Schuld. 40 Jahre Stuttgarter Schuldbekenntnis*(Neukirchen, 1984).

Greschat, Martin, "Krieg und Kriegsbereitschaft im deutschen Protestantismus", Dülffer, Jost · Holl, Karl, *Bereit zum Krieg. Kriegsmentalität im Wilhelminischen Deutschland, 1890~1914*(Göttingen, 1986), S.33~55.

Greschat, Martin, "Die Haltung der deutschen evangelischen Kirchen zur Verfol gung der Juden im Dritten Reich", Ursula Büttner(Hrsg.), *Die Deutschen und die Judenverfolgung im Dritten Reich*(Hamburg, 1992), S.273~292.

Greschat, Martin, *Protestanten in der Zeit. Kirche und Gesellschaft in Deutsch land im Kaiserreich bis zur Gegenwart*(Stuttgart, 1994).

Greschat, Martin · Kaiser, Jochen-Christoph(Hrsg.), *Christentum und Demokratie im 20. Jahrhundert*(Stuttgart, 1992).

Greschat, Martin, "'Gegen den Geist der Deutschen.' Marga Meusels Kampf für die Rettung der Juden", Ursula Büttner · Martin Greschat(Hrsg.), *Die verlassenen Kinder der Kirche. Der Umgang mit Christen jüdischer Herkunft im "Dritten

Reich"(Göttingen, 1998), S.70~85.

Groß, Johannes T., *Ritualmordbeschuldigungen gegen Juden im deutschen Kaiserreich(1871~1914)*(Berlin, 2002).

Haag, Herbert, *Teufelsglaube*(Stuttgart, 1974).

Hammer, Karl, *Deutsche Kriegstheologie 1870~1918*(München, 1971).

Hansen, Joseph, *Zauberwahn, Inquisition und Hexenprozeß im Mittelalter und die Entstehung der großen Hexenverfolgung*(München, 1900).

Hauck, Gerhard, *Einführung in die Ideologiekritik*(Hamburg, 1992).

Heinemann, Evelyn, *Hexen und Hexenangst. Eine psychoanalytische Studie des Hexenwahns der Frühen Neuzeit*(Göttingen, 1998).

Heydemann, Günter · Kettenacker, Lothar(Hrsg.), *Kirchen in der Diktatur* (Göttingen, 1993).

Holl, Karl, *Pazifismus in Deutschland*(Frankfurt/M., 1988).

Honegger, Claudia, *Die Hexen der Neuzeit. Studien zur Sozialgeschichte eines kulturellen Deutungsmusters*(Frankfurt/M., 1978).

Huber, Wolfgang · Schwerdtfeger, Johannes(Hrsg.), *Kirche zwischen Krieg und Frieden. Studien zur Geschichte des deutschen Protestantismus*(Stuttgart, 1976).

Hund, Wulf D., *Zigeuner. Geschichte und Struktur einer rassistischen Konstruktion*(Duisburg, 1996).

Hund, Wulf D., *Rassismus. Die soziale Konstruktion natürlicher Ungleichheit* (Münster, 1999).

Jäckel, Eberhard, *Hitlers Weltanschauung. Entwurf einer Herrschaft*(Stuttgart, 1981).

Jersch-Wenzel, Stefi(Hrsg.), *Deutsche – Polen – Juden. Ihre Bezie-hungen von den Anfängen bis ins 20. Jahrhundert*(Berlin, 1987).

Kaiser, Jochen-Christoph, *Frauen in der Kirche. Evangelische Frauenverbände im Spannungsfeld von Kirche und Gesellschaft 1890~1945*(Düsseldorf, 1985).

Kaiser, Jochen-Christoph, "Protestantismus, Diakonie und „Judenfrage" 1933~1942", *Vierteljahrshefte für Zeitgeschichte* 27(1989), S.673~714.

Kaiser, Jochen-Christoph, *Sozialer Protestantismus im 20. Jahrhundert*(München, 1989).

Kaiser, Jochen-Christoph, "Evangelische Judenmission im Dritten Reich", ders. · Martin Greschat (Hrsg.), *Der Holocaust und die Protestanten. Analyse einer Verstrickung*(Frankfurt/M., 1988), S.186~215.

Kaiser, Jochen-Christoph · Greschat, Martin, *Der Holocaust und der Protestantismus. Analysen einer Verstrickung*(Frankfurt/M., 1988).

Kaiser, Jochen-Christoph, *Evangelische Kirche und sozialer Staat. Diakonie im 19. und 20. Jahrhundert*(Göttingen, 2008).

Kammerer, Gabriele, *Aktion Sühnezeichen Friedensdienste*(Göttingen, 2008).

Kampmann, Wanda, Deutsche und Juden. *Die Geschichte der Juden in Deutschland vom Mittelalter bis zum Beginn des Ersten Weltkrieges*(Frankfurt/M., 1979).

Kandel, Johannes, "Verhältnis zu Kirchen und Religionsgemeinschaften", Thomas Meyer · Susanne Miller · Joachim Rohlfes(Hrsg.), *Lern- und Arbeitsbuch deutsche Arbeiterbewegung. Darstellung, Chroniken und Dokumente*, Bd.2(Bonn, 1984), S.337~372.

Kandel, Johannes, "Theorien der Arbeiterbewegung in der Weimarer Republik", Thomas Meyer · Susanne Miller · Joachim Rohlfes(Hrsg.), *Lern- und Arbeitsbuch deutsche Arbeiterbewegung. Darstellung, Chroniken und Dokumente*, Bd.2(Bonn, 1984), S.455~497.

Katz, Jacob, *Vom Vorurteil bis zur Vernichtung. Der Antisemitismus 1700~1933*(München, 1988).

Kenrick, Donald · Puxon, Grattan, *Sinti und Roma. Die Vernichtung eines Volkes im NS-Staat*(Göttingen, 1981).

Kerridge, Eric, *Usury, Interest and the Reformation*(Aldershot, 2002).

Kersting, Andreas, *Kirchenordnung und Widerstand. Der Kampf um den Aufbau der Bekennenden Kirche der Altpreußischen Union aufgrund des Dahlemer Notrechtes von 1934 bis 1947*(Gütersloh, 1994).

Kessler, Rainer · Loos, Erich(Hrsg.), *Eigentum. Freiheit und Fluch. Ökonomische und biblische Entwürfe*(Gütersloh, 2000).

Klee, Ernst, "Die SA Jesu Christi". *Die Kirchen im Banne Hitlers*(Frankfurt/M., 1989).

Klein, Thomas(Hrsg.), *Judentum und Antisemitismus von der Antike bis zur Gegenwart*(Düsseldorf, 1984).

Klepper, Jochen, *Unter dem Schatten deiner Flügel. Aus den Tagebüchern 1938~1942*(München, 1964).

von dem Knesebeck, Julia, *The Roma-Struggle for Compensation in Post-War Germany*(Hatfield, Hertfordshire, 2011).

Köhler, Bruno, "Gotha, Berlin, Dachau", Werner Sylten, *Stationen seines Widerstandes im Dritten Reich*(Stuttgart, 1980).

Kremers, Heinz(Hrsg.), *Die Juden und Martin Luther – Martin Luther und die Juden*(Neukirchen, 1987).

Kupisch, Karl, *Kirchengeschichte*, Bd.1-4(Stuttgart, 1974).

Labouvie, Eva, *Zauberei und Hexenwerk*(Frankfurt/M., 1991).

Lenk, Kurt, *Volk und Staat. Strukturwandel politischer Ideologien im 19. und 20. Jahrhundert*(Stuttgart, 1971).

Lerner, Gerda, *Die Entstehung des feministischen Bewusstseins. Vom Mittelalter bis zur Ersten Frauenbewegung*(Frankfurt/M., 1995).

Levack, Brian, *Hexenjagd. Die Geschichte der Hexenverfolgungen in Europa* (München, 1999).

Ley, Michael, *Genozid und Heilserwartung. Zum nationalsozialistischen Mord am europäischen Judentum*(Wien, 1991).

Ley, Michael, *Kleine Geschichte des Antisemitismus*(München, 2003).

Ludwig, Hartmut, *Die Entstehung der Bekennenden Kirche in Berlin*(Berlin, 1987).

Ludwig, Hartmut, *Die Opfer unter dem Rad verbinden. Das Büro "Pfarrer Grüber". Blinkzeichen der Hoffnung*(Neukirchen-Vluyn, 1993).

Maser, Peter(Hrsg.), *Der Kirchenkampf im deutschen Osten*(Göttingen, 1992).

Meier, Kurt, *Die Deutschen Christen*(Halle, 1967).

Meier, Kurt, *Der Evangelische Kirchenkampf*, Bd.1-3(Halle, 1976-1984).

Meier, Kurt, *Kreuz und Hakenkreuz. Die evangelische Kirche im Dritten Reich*(München, 1992).

Messadié, Gerald, *Teufel, Satan, Luzifer. Universalgeschichte des Bösen*(München, 2002).

Michelet, Jules, *Die Hexe*. Hrsg. Und mit einem Nachwort versehen von Günther Emig(Stuttgart, 1982).

Minkner, Detlef, *Christuskreuz und Hakenkreuz*(Berlin, 1986).

Missalla, Heinrich, *Für Volk und Vaterland. Kirchliche Kriegshilfe im Zweiten Weltkrieg*(Königstein, 1978).

Möller, Bernd, *Deutschland im Zeitalter der Reformation*(Göttingen, 1999).

Mörke, Olaf, *Die Reformation. Voraussetzungen und Durchführung*(München, 2005).

Neubert, Erhart, *Eine protestantische Revolution*(Berlin, 1990).

Neubert, Erhart, *Geschichte der DDR-Opposition*(Berlin, 1997).

Niemöller, Wilhelm, *Die Evangelische Kirche im Dritten Reich*(Bielefeld, 1956).

di Nola, Alfonso, *Der Teufel. Wesen, Wirkung, Geschichte*(München, 1990).

Noonan, John T., *The Scholastic Analysis of Usury*(Cambridge, 1957).

van Norden, Günther, *Zwischen Bekenntnis und Anpassung*(Köln, 1985).

van Norden, Günther · Schoenborn, Paul Gerhard · Wittmütz, Volkmar(Hrsg.), *Wir verwerfen die falsche Lehre. Arbeits- und Lesebuch zur Barmer Theologi schen Erklärung und zum Kirchenkampf*(Wuppertal, 1984).

van Norden, Günther · Wittmütz, Volkmar(Hrsg.), *Evangelische Kirche im Zwei ten Weltkrieg*(Köln, 1991).

Nowak, Kurt, *Geschichte des Christentums in Deutschland*(München, 1995).

Oberman, Heiko A., *Die Reformation. Von Wittenberg nach Genf*(Göttingen, 1986).

Oberman, Heiko A., *Luther. Mensch zwischen Gott und Teufel*(Berlin, 1987).

von der Osten-Sacken, Peter, *Martin Luther und die Juden. Neu untersucht anhand von Anton Margaritha „Der gantz Jüdisch glaub"* (1530/31)(Stuttgart, 2002).

Pagels, Elaine, *Satans Ursprung*(Frankfurt/M., 1996).

Poliakov, Leon, *Geschichte des Antisemitismus*, Bd.1-8(Worms, 1977-1988).

Pressel, Wilhelm, *Die evangelische Kriegspredigt im Ersten Weltkrieg 1914 bis 1918*(Göttingen, 1968).

Prolingheuer, Hans, *Ausgetan aus dem Land der Lebendigen. Leidensgeschichten unter Kreuz und Hakenkreuz*(Neukirchen-Vluyn, 1983).

Prolingheuer, Hans, Kleine politische Kirchengeschichte(Köln, 1984).

Rabe, Karl–Klaus, Umkehr in die Zukunft. Die Arbeit der Aktion Sühnezeichen Friedensdienste(Bornheim-Merten, 1983).

Rehmann, Jan, Kirchen im NS-Staat(Berlin, 1986).

Rengstorf, Karl Heinrich · v. Kortzfleisch, Siegfried(Hrsg.), Kirche und Synagoge. Handbuch zur Geschichte von Christen und Juden, Bd.1-2(Stuttgart, 1968-1970).

Röhm, Eberhard, Sterben für den Frieden. Spurensuche Hermann Stöhr(Stuttgart, 1985).

Röhm, Eberhard · Thierfelder, Jörg, Evangelische Kirche zwischen Kreuz und Hakenkreuz(Stuttgart, 1983).

Rohrbacher, Stefan · Schmidt, Michael, Judenbilder. Kulturgeschichte antijüdischer Mythen und antisemitischer Vorurteile(Reinbek, 1991).

Roskoff, Gustav, Geschichte des Teufels, Bd.1-2(Leipzig, 1869).

Rürup, Reinhard, Emanzipation und Antisemitismus. Studien zur „Judenfrage" in der bürgerlichen Gesellschaft(Göttingen, 1975).

Ruppel, Helmut · Schmidt, Ingrid · Wippermann, Wolfgang, "···stoßet nicht um weltlich Regiment?" Ein Erzähl- und Arbeitsbuch vom Widerstehen im Nationalsozialismus(Neukirchen-Vluyn, 1986).

Schäfer, Wolf, Die unvertraute Moderne. Historische Umrisse einer anderen Natur und Sozialgeschichte(Frankfurt/M., 1985).

Schenk, Michael, Rassismus gegen Sinti und Roma. Zur Kontinuität der Zigeunerverfolgung innerhalb der deutschen Gesellschaft von der Weimarer Republik bis zur Gegenwart(Frankfurt/M., 1994).

Schmidt-Degenhard, Tobias, Vermessen und Vernichten. Der NS-"Zigeunerforscher" Robert Ritter(Stuttgart, 2012).

Schoeps, Julius H. · Schlör, Joachim(Hrsg.), Antisemitismus. Vorurteile und Mythen(München, 1995).

Scholder, Klaus, Die Kirchen und das Dritte Reich, Bd.1-2(Frankfurt/M., 1977–1986).

Schormann, Gerhard, Hexenprozesse in Deutschland(Göttingen, 1981).

Schorn-Schütte, Luise, Die Reformation – Vorgeschichte, Verlauf, Wirkung

(München, 1996).

Schottroff, Luise · Wacker, Marie Theres, Kompendium Feministische Bibelauslegung(Gütersloh, 2007).

Schröder, Beate · Nützel, Gerti, Die Schwestern mit der Roten Karte(Berlin, 1992).

Schwaiger, Georg(Hrsg.), Teufelsglaube und Hexenprozesse(München, 1999).

See, Wolfgang · Weckerling, Rudolf, Frauen im Kirchenkampf. Beispiele aus der Bekennenden Kirche Berlin-Brandenburg 1933 bis 1945(Berlin, 1984).

Skriver, Ansgar, Aktion Sühnezeichen. Brücken über Blut und Asche(Stuttgart, 1962).

Soldan, Gottlieb · Heppe, Heinrich · Bauer, Max, Geschichte der Hexenprozesse (Hanau, 1911).

Solms, Wilhelm, "Kulturloses Volk?" Berichte über "Zigeuner" und Selbst zeugnisse von Sinti und Roma(Seeheim, 2006)(Beiträge zur Antiziganismusforschung Bd.4).

Spotts, Frederic, Kirchen und Politik in Deutschland(Stuttgart, 1976).

Stanford, Peter, Der Teufel. Eine Biografie(Frankfurt/M., 2000).

Stegemann, Wolfgang(Hrsg.), Kirche und Nationalsozialismus(Stuttgart, 1990).

Stöhr, Martin, "Luther und die Juden", Evangelische Theologie 20(1960), S.157~182.

Strohm, Theodor · Thierfelder, Jörg(Hrsg.), Diakonie im Dritten Reich(Heidelberg, 1990).

Strohm, Theodor, Kirche und Demokratischer Sozialismus(Tübingen, 1968).

Stupperich, Robert, Otto Dibelius. Ein Bischof im Umbruch der Zeiten(Göttingen, 1989).

Trachtenberg, Joshua, The Devil and the Jews. The Medieval Conception of the Jews and its Relation to Modern Antisemitism(Philadelphia, 1961).

Vogel, Johann, Kirche und Wiederbewaffnung. Die Haltung der Evangelischen Kirche in Deutschland in den Auseinandersetzungen um die Wiederbewaffnung der Bundesrepublik 1949~1955(Göttingen, 1978).

Vollnhals, Clemens, Evangelische Kirche und Entnazifizierung. Die Last der nationalsozialistischen Vergangenheit(München, 1989).

Vollnhals, Clemens(Hrsg.), *Die Kirchenpolitik von SED und Staatssicherheit*(Berlin, 1996).

Vondung, Klaus, *Die Apokalypse in Deutschland*(München, 1988).

Vuletic, Alexandar-Sasa, *Christen jüdischer Herkunft im Dritten Reich. Verfol gung und organisierte Selbsthilfe 1933~1939*(Mainz, 1999).

Weber, Max, *Die protestantische Ethik*(Göttingen, 1975).

Willems, Susanne, *Lothar Kreyssig. Vom eigenen verantwortlichen Handeln*(Berlin, 1996).

Wippermann, Wolfgang, "Von Luther bis Hitler? Der deutsche Protestantismus und die Judenfrage", Evangelisches Bildungswerk Berlin(Hrsg.), *Wirkungen der Reformation*(Berlin, 1984), S.31~45.

Wippermann, Wolfgang, "Holocaust mit kirchlicher Hilfe", *Evangelische Kommentare* 9(1993), S.519~521.

Wippermann, Wolfgang, *Geschichte der Sinti und Roma in Deutschland. Darstellung und Dokumente*(Berlin, 1993).

Wippermann, Wolfgang, *Geschichte der deutschen Juden. Darstellung und Dokumente*(Berlin, 1994).

Wippermann, Wolfgang, *"Wie die Zigeuner". Antisemitismus und Antiziganismus im Vergleich*(Berlin, 1997).

Wippermann, Wolfgang, "Lizenz zum Töten. Kreuzzüge im Mittelalter und Moderne", *Evangelische Kommentare* 2(1997), S.90~92.

Wippermann, Wolfgang, *Umstrittene Vergangenheit. Fakten und Kontroversen zum Nationalsozialismus*(Berlin, 1998).

Wippermann, Wolfgang, "Kirche im Krieg", Erich Schuppan(Hrsg.), *Kirche in Not. Die Evangelische Kirche in Berlin-Brandenburg im Konflikt mit dem totalen Staat(1933~1945)*(Berlin, 2000), S.305~350.

Wippermann, Wolfgang, "'Kirche in Not.' – Die Dahlemer St. Annenkirche als Erinnerungsort", Michael Juschka · Helmut Ruppel(Hrsg.), *Biblische Texte und Berliner Orte*(Berlin, 2003), S.84~88.

Wippermann, Wolfgang, "Diabolischer Antisemitismus. Luther, der Teufel und die Juden", Palmieri, Vito · Ruppel, Helmut · Schmidt, Ingrid · Wippermann

Wolfgang(Hrsg.), *Durch den Horizont sehen. Lernen und Erinnern im interreligiösen Dialog*(Berlin, 2005), S.113~119.

Wippermann, Wolfgang, ""Synagoge mit Christentünche". Ein unbekannter Ort in der Kastanienalle 22 im Berliner Bezirk Prenzlauer Berg", Vito Palmieri · Helmut Ruppel · Ingrid Schmidt · Wolfgang Wippermann(Hrsg.), *Durch den Horizont sehen. Lernen und Erinnern im interreligiösen Dialog*(Berlin, 2005), S.188~192.

Wippermann, Wolfgang, *Rassenwahn und Teufelsglaube*(Berlin, 2005).

Wippermann, Wolfgang, *"Auserwählte Opfer?" Shoah und Porrajmos im Vergleich. Eine Kontroverse*(Berlin, 2005).

Wippermann, Wolfgang, *Agenten des Bösen. Verschwörungstheorien von Luther bis heute*(Berlin, 2007).

Wippermann, Wolfgang, *Preußen. Kleine Geschichte eines großen Mythos*(Freiburg, 2011).

Wippermann, Wolfgang, *Heilige Hetzjagd. Eine Ideologiegeschichte des Antikommunismus*(Berlin, 2012).

Wippermann, Wolfgang, *Fundamentalismus. Radikale Strömungen in den Weltreligionen*(Freiburg, 2013).

Zillessen, Horst, *Volk–Nation–Vaterland. Der deutsche Protestantismus und der Nationalismus*(Gütersloh, 1971).

Zimmermann, Michael, *Rassenutopie und Genozid. Die nationalsozialistische Lösung der Zigeunerfrage*(Hamburg, 1996).

Zipfel, Friedrich, *Kirchenkampf in Deutschland 1933~1945*(Berlin, 1965).

인명 색인

ㄱ

골드하겐, 다니엘 요나(Daniel Jonah Goldhagen) 137
그렐만, 하인리히 모리츠(Heinrich Moritz Grellmann) 149, 150, 158, 244
그뤼버, 하인리히(Heinrich Grüber) 42, 130, 201, 241

ㄴ

니묄러, 마르틴(Martin Niemöller) 38, 39, 42, 54, 74, 219

ㄷ

돔, 크리스티안 빌헬름(Christian Wilhelm Dohm) 121, 122, 149
디벨리우스, 오토(Otto Dibelius) 48, 205

ㄹ

라트, 에른스트 폼(Ernst vom Rath) 128
랑벤, 율리우스(Julius Langbehn) 125
롬브로소, 체사레(Cesare Lombroso) 155, 157, 245
리터 로베르트(Robert Ritter) 140, 154~159, 161, 162, 245, 248

ㅁ

마르, 빌헬름(Wilhelm Marr) 123~125, 220
마르크스, 카를(Karl Marx) 66, 91, 92, 95, 174
마이네케, 프리드리히(Friedrich Meinecke) 199
모이젤, 마그다(Magda Meusel) 131
뮌처, 토마스(Thomas Müntzer) 18, 26

ㅂ

바그너, 리하르트(Richard Wagner) 125
바울(Paul Apostel) 19, 20, 39, 40, 55, 56, 60, 111, 112, 136, 137, 173, 176, 192, 212
바이틀링, 빌헬름(Wilhelm Weitling) 90~92
베르거, 클라우스(Klaus Berger) 162
베벨, 아우구스트(August Bebel) 193
보댕, 장(Jean Bodin) 187
본회퍼, 디트리히(Dietrich Bonhoeffer) 240, 241
볼테르(Voltaire) 122, 238
블로흐, 에른스트(Ernst Bloch) 105, 169
비네르트, 마르틴(Martin Bienert) 120
비어만, 볼프(Wolf Biermann) 167
비헤른, 요한 힌리히(Johann Hinrich Wichern) 93~96

ㅅ

슈미츠, 엘리자베트(Elisabeth Schmitz) 131, 198~200, 254
슈타리츠, 카타리나(Katharina Staritz) 43, 131, 200~202, 254
슈퇴커, 아돌프(Adolf Stoecker) 97, 98, 125
싱켈, 카를 프리드리히(Karl Friedrich Schinkel) 65

ㅇ

아데나워, 콘라트(Konrad Adenauer) 45, 74, 132
아른트, 에른스트 모리츠(Ernst Moritz Arndt) 65, 68, 125, 239, 240
아모스(Amos) 103

얀, 율리우스 폰(Julius von Jan) 128
에라스무스(Erasmus) 183
에크, 요하네스(Johannes Eck) 183
엥겔스, 프리드리히(Friedrich Engels) 66, 91, 95, 174
예레미야(Jeremia) 111, 137
요한 22세(Johannes XXII) 179
우르바누스 2세(Urban II) 58
이사야(Jesaja) 103, 111, 137, 175

ㅈ

주트너, 베르타 폰(Bertha v. Suttner) 64

ㅋ

칸트, 엠마누엘(Emmanuel Kant) 63, 122, 148, 149, 190, 239, 243
칼뱅, 요하네스(Johannes Calvin) 29, 87, 88, 214
퀴스터, 오토(Otto Küster) 165
크라머, 하인리히(Heinrich Kramer) 180, 181, 187, 250
크란츠, 알베르트(Albert Krantz) 143, 168
클라트, 젠타 마리아(Senta Maria Klatt) 195, 196, 205

ㅌ

토트, 루돌프(Rudolf Todt) 96, 97, 235
틸리히, 폴(Paul Tillich) 82, 99, 100, 101

ㅍ

페퍼코른, 요하네스(Johannes Pfefferkorn) 113~115
프리치, 테오도르(Theodor Fritsch) 125
프리트, 알프레트 헤르만(Alfred Hermann Fried) 64
피셔, 울리히(Ulich Fischer) 167
피카소, 파블로(Pablo Picasso) 77
피히테, 요한 고트리프(Johann Gottlieb Fichte) 122

ㅎ

하이네, 하인리히(Heinrich Heine) 79
헤르더, 요한 고트프리트(Johann Gottfried Herder) 122, 239
호네커, 에리히(Erich Honecker) 49
호헨촐레른, 알브레히트 폰(Albrecht von Hohenzollern) 29, 59
히믈러, 하인리히(Heinrich Himmler) 160~162, 166
히틀러, 아돌프(Adolf Hitler) 27, 37, 42, 70, 79, 97, 98, 120, 125, 134, 229, 240
힌덴부르크, 파울 폰(Paul von Hindenburg) 38